Marco Politi

Der Unvollendete

Marco Politi

Der Unvollendete

Franziskus' Erbe und der Kampf um seine Nachfolge

Aus dem Italienischen von Gabriele Stein

HERDER

FREIBURG · BASEL · WIEN

© Verlag Herder GmbH, Freiburg im Breisgau 2025
Hermann-Herder-Str. 4, 79104 Freiburg
Alle Rechte vorbehalten
www.herder.de

Bei Fragen zur Produktsicherheit wenden Sie sich an
produktsicherheit@herder.de

Satz: Daniel Förster, Belgern
Herstellung: GGP Media GmbH, Pößneck
Printed in Germany

ISBN (Print) 978-3-451-39745-5
ISBN E-Book (EPUB) 978-3-451-83688-6

für
Maia

Inhalt

Kapitel I.
Wirre Zeiten

Verunsicherung prägt den Herbst des Pontifikats von Jorge Mario Bergoglio. Es herrscht ein Klima der Anspannung und Ungewissheit. »Zurzeit ist alles in der Schwebe«, gesteht ein Veteran der Kurienwelt. »Franziskus ist müde ... Die Erwartung eines Wechsels breitet sich aus ... *Wollen wir hoffen, dass er zumindest seine zentralen Ideen verankern kann.*«

Abends brennt kein Licht in dem Appartement im dritten Stock des Apostolischen Palasts. Franziskus hat sich zu Beginn seiner Amtszeit dagegen entschieden und es vorgezogen, in Santa Marta, dem Gästehaus des Vatikans, zu wohnen. Manche hoffen, dass die Lichter in der päpstlichen Wohnung wieder angehen und ein traditionellerer Papst wieder in die Räumlichkeiten seiner Vorgänger einzieht. Andere jedoch – wie Christopher Coyne, Erzbischof von Hartford in den USA – sind der Meinung, der Vatikan solle Rom den Rücken kehren und sich einen anderen Standort suchen, weil der kuriale Stil an den Ufern des Tiber allzu verknöchert und selbstbezüglich sei.[1]

Dieser Seitenhieb eines vom Papst selbst ausgewählten Bischofs zeigt, dass die alten Bezugspunkte nicht mehr so unverrückbar feststehen wie einst. Alles ist in Bewegung. Auch die respektvolle Ehrerbietung der Gläubigen, denen Zutritt zum Apostolischen Palast gewährt wird, scheint zu schwinden. Bei der Gratulationscour zu Ehren der 21 neuen, vom Pontifex im September 2023 kreierten Kardinäle erschien eine buntgemischte Besucherschar, die eher auf ein Kreuzfahrtschiff als in den Apostolischen Palast gepasst hätte. Damen und Herren in Schwarz neben Gruppen in legerer Kleidung, Kaugummi kauende Frauen in Spitzenkleidern, High Heels und Turnschuhe, Krawatten und offene Hemdkragen. Und jede Menge Selfies mit den neuen Purpurträgern.

In den Abendstunden, wenn das Gewimmel der Pilger und Touristen zur Ruhe kommt, wird die Szenerie wieder von den massigen Umrissen des Petersdoms beherrscht. Fassade und Kolonnaden sind geschickt illuminiert. Auf dem nunmehr menschenleeren Platz fallen die großen Fernsehbildschirme ins Auge, die bei den Zeremonien zum Einsatz kommen. Unter Berninis mächtigen Säulen schlagen Gruppen von Obdachlosen ihre Zelte auf. Aus einem Taschenradio klingt Musik.

Ein Hauch von Ewigkeit liegt in der Luft. Doch der Schein trügt.

Nach über zehnjähriger Amtszeit sind Franziskus' Pflichten nicht weniger geworden. Er ist noch immer viel auf Reisen. Er war in der Demokratischen Republik Kongo, im Südsudan, auf dem Weltjugendtag in Portugal, in der Mongolei und auf dem Treffen der Bischöfe des Mittelmeerraums in Marseille. 2024 hat er Luxemburg und Belgien besucht und eine extrem anstrengende Reise in den Fernen Osten – nach Indonesien, Papua-Neuguinea, Osttimor und Singapur – unternommen.

Er hat 30 Nobelpreisträger aus aller Welt in den Vatikan eingeladen, um für eine Wirtschaft einzutreten, die der »Sehnsucht aller Völker nach Gerechtigkeit« Rechnung trägt, und um zu einem weltweiten Waffenstillstand aufzurufen. Er hat bei beiden Versammlungen der Weltsynode der Bischöfe den Vorsitz geführt, seinen Gesandten zu Friedensbemühungen nach Kiew, Moskau, Washington und Peking geschickt, die Veröffentlichung von Dokumenten über den päpstlichen Primat und über die übernatürlichen Phänomene und die Geschichte von Međugorje angeregt und das Apostolische Schreiben *Laudate Deum* verfasst, in dem er die Staaten dazu aufruft, sich der Verantwortungslosigkeit ihres

Handelns bewusst zu werden und ernsthaft gegen die Klimakrise anzugehen.

Franziskus' religiös-sozialer Elan hat keineswegs nachgelassen. Er ist davon überzeugt, dass die Zukunft der Menschheit auf dem Spiel steht. »Das enorme technologische Wachstum«, so schreibt er, »ging nicht mit einer Entwicklung des Menschen in Verantwortlichkeit, Werten und Gewissen einher«.[2] Dieses Missverhältnis werde durch das Aufkommen der künstlichen Intelligenz noch verschärft.

Sein verständnisvoller und fester Blick, seine sanfte Stimme und seine spontanen Gesten sind faszinierend wie eh und je. Und doch weht ihm ein heftiger Wind entgegen. Seine Botschaft der menschlichen Solidarität, mit der er sich vom Petersplatz aus dem Wüten der Covid-Pest entgegenstemmte, ist mit den beinharten Interessen der wirtschaftlichen und politischen Potentaten zusammengestoßen. »Wir sitzen alle im selben Boot. Entweder sind wir alle Brüder und Schwestern, oder es bricht alles zusammen«, hatte Franziskus in jenen dramatischen Monaten des Jahres 2020 ausgerufen, als die Welt in Angst und Trauer zu versinken drohte. Der Chefredakteur einer großen italienischen Tageszeitung wird dieser Aussage später eine etwas andere Pointe geben: »Wir fahren alle über dasselbe Meer – aber die Boote sind unterschiedlich!«

Seit dem Ende der Pandemie ist nämlich nicht nur der Vorschlag einer kostenlosen Vergabe von Lizenzen für Corona-Impfstoffe vom Tisch: Auch von einer größeren Aufmerksamkeit des Wirtschaftssystems für die sozialen Bedürfnisse ist keine Rede mehr. Stattdessen zeigt sich ein stürmisches Wachstum der Ungleichheiten. In den zwei Jahren der Pandemie hat das reichste Prozent der Weltbevölkerung 63 Prozent der gesamten globalen Nettovermögenszuwächse kassiert: 26 von insgesamt 42 Billionen Dollar.[3] Laut Schätzungen der Forschungsgesellschaft Wealth-X besitzt dasselbe eine Prozent zurzeit 59 Prozent aller Wertpapiere weltweit.[4] Zum ersten Mal seit 25 Jahren haben Hunger und absolute Armut auf unserem Planeten wieder zugenommen. 2023 verzeichneten die UN-Agenturen 733 Millionen Menschen, die von Hunger betroffen sind. »Das Überleben der Reichsten« lautet sarkastisch der Titel des Oxfam-Berichts für 2023. Im Jahr 2024 ist die Situation noch dramatischer.

Das Schicksal der Migranten hat sich verschlechtert. Finnland hat seine Übergänge an der Grenze zu Russland geschlossen, wo selbst im Winter Gruppen von verzweifelten Migranten aus Asien über verschneite Straßen mit dem Fahrrad eintrafen. In Polen wird geprüft, wie man das Asylrecht aussetzen kann. In Großbritannien hatte die konservative Regierung Asylsuchende nach Ruanda abschieben wollen, doch diese Pläne wurden gestoppt, als die Labour Party an die Regierung kam – die nun allerdings ihrerseits die Rückführungen forcieren will. In Deutschland und Frankreich sind strengere Einwanderungsgesetze beschlossen worden. Italien ist auf die Idee verfallen, Migranten, die in internationalen Gewässern gerettet wurden, für eine erste Überprüfung in ein eigens zu diesem Zweck errichtetes Zentrum in Albanien zu bringen. Unterdessen wird die Seenotrettung der freiwilligen Helfer auf vielfältige Weise behindert. Die Europäische Union ist hinsichtlich der automatischen Umverteilung der Asylsuchenden auf alle Mitgliedsstaaten noch immer nicht zu einer Einigung gelangt. Und in den Vereinigten Staaten hat der Sieger der Präsidentschaftswahlen, Donald Trump, versprochen, eine Million illegaler Einwanderer zu deportieren.

Franziskus' Worte scheinen auf unfruchtbaren Boden zu fallen. Über zehn Jahre ist es her, dass er nach Lampedusa gereist ist, um die »Globalisierung der Gleichgültigkeit« gegenüber diesen verzweifelten Menschen anzuprangern, die gezwungen sind, sich weit entfernt von ihrem Heimatland eine Zukunft zu suchen. Seither hat sich fast nichts verändert. Wieder und wieder erinnert der argentinische Papst daran, dass die Integration der Migranten mühsam, aber weitsichtig ist. »Im Hinblick auf die schreckliche Geißel der Ausbeutung von Menschen besteht die Lösung nicht in der Ablehnung«, erklärt Franziskus im September 2023 in Marseille vor den versammelten Bischöfen des Mittelmeerraums und Präsident Emmanuel Macron. Die richtige Antwort sei vielmehr, »dank einer ausgewogenen Aufnahme in Europa« im Rahmen der jeweiligen Möglichkeiten eine »Vielzahl von legalen und regulären Einreisemöglichkeiten« zu gewährleisten.[5]

Im selben Jahr empfängt er im Vatikan den kamerunischen Auswanderer Mbengue Nyimbilo Crepin, dessen Frau Matyla und dessen sechsjährige Tochter Marie in der Wüste im Grenzgebiet zwischen Tunesien und Libyen verhungert und verdurstet sind. Franziskus nimmt sich eine Stunde Zeit für ihn. Danach sagt er: »Das ist der leidende Christus [...] unser Christus ist in unserer Nähe, wir müssen nicht weit gehen, um ihn zu finden.«[6]

Es ist eine Zeit, in der die Kluft zwischen den Sichtweisen der katholischen Kirche einerseits und der neuen italienischen Regierung von Ministerpräsidentin Giorgia Meloni andererseits in aller Schärfe zutage tritt. Meloni steht an der Spitze einer Partei mit neofaschistischen Wurzeln, die im Oktober 2022 an die Macht gekommen ist. Für die italienische Kirche und das Papsttum ist dies eine völlig neue Situation. Zum ersten Mal seit dem Ende des Zweiten Weltkriegs liegt die Macht in Rom in den Händen einer Regierungschefin, deren ideologische Positionen in krassem Gegensatz zu den Überzeugungen des amtierenden Papstes stehen. Die Koalition aus Melonis Fratelli d'Italia, Matteo Salvinis Lega und der Forza Italia des verstorbenen Silvio Berlusconi träumt davon, die Boote der Migranten zurück aufs Meer zu schicken, hat sich die schnelle Ausweisung der illegal Eingewanderten auf die Fahnen geschrieben und beschwört sogar das Gespenst eines ethnischen Austauschs herauf.

Als in der Nacht vom 25. auf den 26. Februar 2023 bei stürmischer See an der kalabrischen Küste vor Cutro ein Flüchtlingsboot aus der Türkei Schiffbruch erleidet und 94 Menschen, darunter 35 Kinder, ums Leben kommen, brechen in Italien heftige Kontroversen aus. Viele glauben, dass das Unglück hätte verhindert werden können, wenn die zuständigen Behörden die Lage

nicht unter dem Einfluss des politischen Klimas falsch einge-
schätzt, sondern umgehende Rettungsmaßnahmen in die Wege
geleitet hätten. Ministerpräsidentin Meloni, die wenig später zu
einer außerordentlichen Sitzung des Ministerrats nach Cutro
kommt – bei dieser Gelegenheit soll ein härteres Vorgehen gegen die illegale Einwanderung beschlossen werden –, nimmt sich
nicht einmal die Zeit für eine Geste der Pietät im nahegelegenen
Crotone, wo man die 66 Särge der bis dato geborgenen Opfer in
der Mehrzweckhalle aufgestellt hat. Anders als eine Woche zuvor der Präsident der italienischen Republik Sergio Mattarella, ein
Katholik. In einer Pressekonferenz verkündet Meloni – rechtspo-
pulistische Parolen reinsten Wassers –, dass sie die Schlepperban-
den »auf dem gesamten Erdball« jagen werde – ohne dass in den
darauffolgenden Monaten irgendetwas geschieht.[7]

Italien ist für Franziskus ein schwieriges Terrain geworden.
Die neue Regierung schafft das Grundeinkommen ab (eine Zuwendung für arme Menschen, Langzeitarbeitslose und Arbeitssu-
chende), weigert sich, den in 21 europäischen Ländern bereits geltenden Mindestlohn einzuführen, beschließt Richtlinien, die die
Zahl der prekären Beschäftigungsverhältnisse steigen lassen, und
plant eine differenziert verstärkte Autonomie der Regionen, die
den italienischen Bischöfen Sorge bereitet, weil sie das Land in
reiche und benachteiligte Regionen zu spalten droht.

Die Ministerpräsidentin, die in ihrer Zeit als Oppositionsführe-
rin regelmäßig auf den Treffen der Trump-Anhänger zu finden war,
ist stolz auf ihr Profil: »Ich bin Giorgia, ich bin eine Frau, ich bin
eine Mutter, ich bin Italienerin, ich bin Christin«, hat sie in Madrid
auf einer Kundgebung der spanischen rechtsextremen Partei Vox
gerufen.[8] In ihrer vor den Wahlen von 2022 erschienenen Autobiographie singt sie ein leidenschaftliches Loblied auf Karol Wojtyła:
»[...] ein großer Mann, ein Heiliger [...] der größte Papst der Mo-
derne und der größte Staatsmann des ganzen 20. Jahrhunderts [...]«
Über den argentinischen Papst äußert sie sich eher distanziert: »Ich
muss zugeben, dass ich Papst Franziskus nicht immer verstehe.«[9]

Als sie an die Macht kommt, werden die Beziehungen formell und respektvoll. Nach ihrer Privataudienz beim Pontifex bezeichnet sie die Begegnung auf Twitter als eine »Ehre und ein sehr emotionales Erlebnis« und beschreibt Bergoglio als scharfen Beobachter des politischen Geschehens in Italien. Dann macht sie sich den italienischen G7-Vorsitz zunutze und lädt Franziskus – ein Paukenschlag – zum Treffen nach Apulien ein, wo der Papst eine Rede über die Notwendigkeit hält, die künstliche Intelligenz durch einen verbindlichen internationalen Vertrag zu regulieren.

Dennoch bleibt die Tatsache, dass die kulturelle Kluft zwischen einem amtierenden Papst und einem regierenden Ministerpräsidenten in der gesamten Geschichte der italienischen Republik noch nie so tief gewesen ist. Das macht es dem Papst auf internationaler Ebene nicht eben leicht. In früheren Jahrzehnten waren die Strategien des Vatikans oft von Rom unterstützt worden. Der Ukrainekrieg, der am 24. Februar 2022 mit dem Einmarsch der russischen Truppen begann, hat Franziskus hart getroffen. Die Staats- und Regierungschefs der Nato-Länder begegnen ihm mit frostiger Gleichgültigkeit, weil er sich nicht offen auf die Seite der Ukraine stellt und Wladimir Putin nicht ausdrücklich verurteilt. Der Papst weigert sich, in den Chor derer einzustimmen, die Kiews ›Sieg‹ verlangen, und mahnt immer und immer wieder zu Friedensverhandlungen – selbst wenn das bedeutet, dass man die weiße Fahne schwenken muss. Mit jedem weiteren Jahr des Konflikts wird die diplomatische Isolation des Pontifex in der westlichen Welt deutlicher greifbar.

Auch von jüdischer Seite hagelt es Kritik, als der Papst sowohl den barbarischen Angriff, den die Hamas am 7. Oktober 2023 auf Israel verübte, als auch das brutale Flächenbombardement im Gazastreifen, das im Lauf der Monate über 45 000 zivile Opfer fordern wird, als »Terrorismus« bezeichnet. Die Versammlung der italienischen Rabbiner wirft ihm »eisige Gleichmacherei« vor und stellt den Wert des jahrzehntelangen jüdisch-christlichen Dialogs in Frage. Franziskus antwortet mit einem »Schreiben an die jüdischen Brüder und Schwestern in Israel«, in dem er betont, dass die Kirche jedwede Form von Antijudaismus und Antisemitismus ablehnt und »die Äußerungen des Hasses gegen die Juden und das Judentum« unmissverständlich verurteilt. Gleichzeitig erinnert er daran, dass das Heilige Land sowohl von Israelis als auch von Palästinensern bewohnt wird und die Spirale von Hass und Gewalt daher nur durch das Wort »Bruder« aufgebrochen werden kann.[10]

Erzbischof Paul Gallagher, der Außenminister des Vatikans, weist darauf hin, dass die Lösung des Nahostkonflikts die Anerkennung des Staates Palästina »auf der Basis der internationalen Verträge und der UN-Resolutionen zu den betreffenden Gebieten« voraussetzt.[11] Als Israel beginnt, Beirut zu bombardieren, um die bewaffnete Partei Hisbollah zu vernichten, mahnt Papst Franziskus, dass die Verteidigung immer in einem angemessenen Verhältnis zum Angriff stehen müsse: »Wenn etwas unverhältnismäßig ist, zeigt es eine Neigung zur Dominanz, die jenseits der Sittlichkeit liegt«, und dann kommt es zu »unmoralische[n] Handlungen.«[12]

Unterdessen setzt sich, durch die Säkularisierung befeuert, die große Krise der katholischen Kirche weiter fort. Die Jugendlichen laufen davon, die Frauen laufen davon, die Priesteramtsanwärter laufen davon. Die Gläubigen gehen nicht mehr zu den Sakramenten. Die Beteiligung an Messe und Eucharistiefeier geht dramatisch zurück, kaum jemand interessiert sich noch für die Beichte. Weder dem polnischen noch dem deutschen noch dem argentinischen Papst ist es gelungen, diesen Trend umzukehren. Um die vatikanischen Finanzen ist es ebenfalls schlecht bestellt. 2023 lag das operative Defizit bei 83 Millionen Euro. An der Schwelle des Heiligen Jahres hat der Papst in einem Schreiben an das Kardinalskollegium eine drastische Reduzierung der Kosten gefordert. Jeder Sektor ist aufgerufen, möglichst auch externe Mittel zu beschaffen. Ein »Nulldefizit« ist das Gebot der Stunde. Der Ton des Schreibens verrät eine gewisse Getriebenheit.

Auch der Bürgerkrieg, der den Katholizismus zerreißt, tobt nach all den Jahren weiter. Er war ausgebrochen, als Franziskus auf den beiden Familiensynoden 2014 und 2015 das Verbot, wiederverheirateten Geschiedenen die Kommunion zu spenden, zu den Akten legte: ein Verbot, an dem Johannes Paul II. und Benedikt XVI. hartnäckig festgehalten hatten. Jahr um Jahr feuert die konservative Front ihre Kanonen auf den Pontifex ab, der »vom anderen Ende der Welt« gekommen ist. Die katholische Schriftstellerin Lucetta Scaraffia, die Ratzinger nahestand und unter Papst Benedikt XVI. mit Erfolg die Beilage des *Osservatore Romano* »Frauen Kirche Welt« gegründet und herausgegeben hat, erklärt unumwunden: »Franziskus ist eine Katastrophe für die Kirche in Europa und in der Welt [...] Die Kirche spielt überhaupt keine Rolle, sie interessiert niemanden mehr«. Politisch gesehen sei Franziskus »antiwestlich und vor allem antiamerikanisch«. Und, schlimmer noch, ein Papst, der »sich viel mehr um die Umwelt als um den Antisemitismus kümmert«.[13]

Auch aus seiner Heimat, vom argentinischen Präsidentschaftskandidaten Javier Milei, muss sich Franziskus im Jahr 2023 wüste Beschimpfungen anhören. Auf Wahlkampfveranstaltungen nennt der anarchisch-kapitalistische Politiker den Pontifex einen »Vertreter des Bösen im Haus Gottes«, einen »Dummkopf« und einen »Jesuiten, der den Kommunismus und eine kirchliche Scheißpolitik« fördere. Eine unerhörte verbale Aggression. 71 Pfarrer aus den Elendsvierteln von Buenos Aires und der Generalvikar der Diözese unterzeichnen einen Brief der Solidarität an Franziskus und feiern zur Sühne für diese Beleidigungen eine Messe, an der auch Friedensnobelpreisträger Adolfo Pérez Esquivel teilnimmt. Die Pfarrer werfen dem Präsidentschaftskandidaten vor, dass er den Markt vergöttliche und gegen den Sozialstaat zu Felde ziehe.

Milei gewinnt die Wahl. Der Papst greift ungerührt zum Telefon, um ihm zu gratulieren, und wird vom frischgebackenen Präsidenten mit »Eure Heiligkeit« angesprochen und nach Argentinien eingeladen. Schon im Vorfeld der Stichwahl am 19. November 2023 hatte Milei eine politische Kehrtwende vollzogen und beteuert, dass er Franziskus als Oberhaupt der katholischen Kirche und Staatsoberhaupt respektiere. Als Milei im Februar 2024 zur Kanonisierung der ersten argentinischen Heiligen, »Mama Antula«, nach Rom kommt, fasst er den im Rollstuhl sitzenden Papst überraschend bei den Schultern und umarmt ihn. Bergoglio ist peinlich berührt – das zeigt sich daran, wie er den Kopf des Präsidenten mit der rechten Hand festhält, um dessen zur Schau getragenes Ungestüm zu bremsen. Die Reise nach Argentinien bleibt in der Schwebe.

Regieren zermürbt. Irgendwann macht sich in der vatikanischen Bürokratie – und in Teilen der katholischen Welt – der Eindruck breit, dass das Pontifikat in Dauerschleife läuft. Täglich im Blickpunkt der Öffentlichkeit zu stehen, birgt Risiken. Päpste halten zu viele Ansprachen, treffen zu viele Menschen. Ein Mechanismus, aus dem auch Franziskus nicht ausbrechen kann. Er empfängt katholische Medienvertreter, Studentenseelsorger, Erdbebenopfer, Hals-Nasen-Ohren-Ärzte, den Verein europäischer Eltern, die Spieler des Celtic Football Club aus Schottland, Zirkusclowns und -jongleure, Rektoren von Wallfahrtsorten und Ordensleute aus sämtlichen Kongregationen. Eine endlose Liste. Und bei jeder dieser Gelegenheiten ist Platz für ein Bibelzitat, eine moralische Ermahnung oder eine kurze geistliche Betrachtung. Von den institutionellen Treffen mit kirchlichen Würdenträgern oder Staats- und Regierungschefs gar nicht zu reden.

Es droht ein Abgleiten in die Gleichgültigkeit.

Allmählich schwindet das Interesse der Massenmedien an den Wortmeldungen des Papstes. Auch wichtige Zeugnisse seines Denkens wie das Dokument *Laudate Deum* oder die Botschaften zum Weltfriedenstag und zum Welttag der Migranten werden stillschweigend übergangen. Nach und nach greift unter den Angehörigen der vatikanischen Kurie ein gewisser Überdruss um sich. Das sieht man an den Mienen der Priester und Bischöfe im Verlauf der zahllosen Feiern. Auf der anderen Seite ist eine Flut an Büchern zu verzeichnen, auf deren Cover der Name des Papstes prangt und die seine Gedanken überall verbreiten. Papst Franziskus: *Ich wünsche dir ein Lächeln ... Du bist wundervoll ... Macht Euer Herz stark ... Gott ist jung.* Franziskus gönnt sich sogar so etwas wie eine Autobiographie, *Leben. Meine Geschichte in der Geschichte*, die in mehreren Sprachen gleichzeitig erscheint, und lässt in dem Band *El sucesor* seine Beziehungen zum emeritierten Papst Ratzinger Revue passieren. Und das ist nur ein Bruchteil von dem, was die Regale der Buchhandlungen füllt.

Der Herbst des Pontifikats ist eine kritische Übergangszeit. Franziskus' gesundheitliche Probleme sind zunehmend beunruhigend. Am 4. Juli 2021 unterzieht er sich einer Dickdarmoperation. »Ich lebe noch«, ruft er danach lachend. Ein Pfleger vom vatikanischen Gesundheitsdienst hatte ihn zu dem Eingriff überredet. »Er hat mir das Leben gerettet«, wird der Papst später verraten. Allerdings gab es Probleme mit der Anästhesie. Seither scheut Franziskus vor einer Vollnarkose zurück. Und hat den Krankenpfleger, Massimiliano Strappetti, zum Berater seines Vertrauens gemacht. Es ist schon das zweite Mal, dass eine Pflegekraft ihn vor dem Äußersten bewahrt. Das erste Mal war in Argentinien: Der 21-jährige Bergoglio war mit Wasser in den Lungen ins Krankenhaus eingeliefert worden. Der Arzt hatte eine hohe Dosis Penicillin und Streptomycin verordnet, doch die diensthabende Krankenpflegerin, Schwester Cornelia aus Italien, beschloss heimlich, die Dosis zu verdoppeln, »denn sonst ...«[14] Den Jesuiten in der Slowakei wird der Pontifex später erzählen, dass man ihn in Kurienkreisen schon aufgegeben hatte: »Ich weiß, dass es sogar Treffen unter Prälaten gegeben hat, die meinten, der Zustand des Papstes sei ernster, als gesagt wurde [...] Sie haben schon das Konklave vorbereitet. Geduld! Gott sei Dank geht es mir gut.«[15]

Zwei Jahre später, im März 2023, erkrankt Franziskus an einer Atemwegsinfektion. Wieder bringt man ihn in den zehnten Stock der Gemelli-Klinik, den »Vatikan Nummer drei«, wie Johannes Paul II. diesen Flügel nannte, als er noch für ihn reserviert war. Er wird im Ambulanzwagen dorthin gefahren, weil er nach der Generalaudienz über heftige Schmerzen in der Brust und

19

über Atemprobleme geklagt hatte. Das vatikanische Presseamt lässt zunächst verbreiten, Anlass der Einlieferung sei eine »zuvor geplante Untersuchung« gewesen. Später wird bekannt, dass der Pontifex sich eine Bronchitis zugezogen hatte, die mit Antibiotika behandelt wurde.

Franziskus verbringt drei Nächte im Krankenhaus. »Ich hatte keine Angst«, sagt der Papst zu den umstehenden Journalisten.[16] Dann aber erinnert er sich an ein Erlebnis in Argentinien: »Ein alter Mann, älter als ich, hat in so einer Situation einmal zu mir gesagt: Padre, den Tod selbst habe ich nicht gesehen, aber ich habe ihn kommen sehen … und er ist hässlich, oh ja!« Am Ausgang des Klinikums küsst und umarmt er eine weinende Frau. Sie und ihr Mann haben sich gerade von ihrer kleinen Tochter verabschieden müssen, die an einer Erbkrankheit gestorben ist. Es ist die Karwoche. Wegen der Kälte muss der Papst auf die Teilnahme am Kreuzweg im Kolosseum verzichten. Die liturgischen Feiern im Petersdom finden allesamt unter dem »Vorsitz« des Pontifex statt, doch die Zelebration am Altar überlässt er einem Kardinal. Zwei Monate später wird der Papst erneut ins Gemelli-Krankenhaus eingeliefert und einer Laparotomie, einer Bauchoperation, unterzogen. Die Rekonvaleszenz dauert wenig mehr als eine Woche. Der Papst verlässt die Klinik mit der inzwischen obligatorischen Bemerkung: »Ich lebe noch.«

Doch die Gesundheit lässt ihm in diesem besonderen Jahr 2023 keine Ruhe. Es ist der 25. November. Am darauffolgenden Freitag soll der Papst eigentlich nach Dubai fliegen, um auf der UN-Klimakonferenz COP 28 einen Vortrag zu halten. Das Programm ist soeben veröffentlicht worden. Am selben Tag jedoch lässt der Vatikan lakonisch verlauten, dass »die für heute Morgen vorgesehenen Audienzen des Heiligen Vaters wegen eines leichten grippalen Infekts abgesagt werden«. Tags darauf erscheint Papst Franziskus im Fernsehen mit einem auffälligen Pflaster auf dem rechten Handrücken, wo die Infusionskanüle für das Antibiotikum gelegen hat. »Heute kann ich mich [zum Angelusgebet] nicht am Fenster zeigen, weil ich dieses Problem mit der Lungenentzündung habe«,[17] erklärt er überraschend mit müder Stimme und dunklen Ringen unter den Augen. Seine sonntägliche Betrachtung wird von einem seiner Mitarbeiter vorgelesen. Am Montag gibt der Vatikan bekannt, dass eine Lungenentzündung ausgeschlossen werden konnte. Am Dienstag, dem 28. November, heißt es in einem Kommuniqué, dass der grippale Infekt und die Entzündung der Atemwege sich gebessert, die Ärzte den Papst jedoch gebeten hätten, nicht zu reisen. Der Flug nach Dubai wird gecancelt. Die Zickzack-Kommunikation über die Gesundheit des Pontifex sorgt für ständige Unruhe.

Inzwischen hat der Rollstuhl wieder Einzug im Vatikan gehalten. Erneut ist ein römischer Pontifex gezwungen, vor aller Augen den Thron seiner Schwäche zu besteigen. Für Wojtyła war er das Zeichen des unerbittlich fortschreitenden Verfalls gewesen, dem er sich mit seiner eisernen Entschlossenheit, »nicht vom Kreuz herabzusteigen«, entgegengestemmt hatte. Und so wurde der Rollstuhl schon bald zum Symbol seines Martyriums. Im Herbst des Bergoglio-Pontifikats sind der Stock, auf den er sich stützt, wenn er mühsam auf seinen eigenen Beinen geht, und der Rollstuhl Zeichen seiner Gebrechlichkeit, die der zähe und hartnäckige argentinische Papst nun einkalkulieren muss. Anfangs, hat er zugegeben, habe er sich geschämt, auf den Rollstuhl angewiesen zu sein. Doch irgendwann nahm er die Sache mit Humor: »Früher haben die Päpste die *Sedia gestatoria* benutzt. Heute sind wir fortschrittlicher!«[18]

Die Gläubigen und vor allem die Prälaten im Vatikan achten ängstlich auf seinen zuweilen keuchenden Atem und auf sein Gesicht, das an manchen Tagen aufgedunsen wirkt und an anderen wieder die gewohnten Züge trägt. Erschöpfung und Elan scheinen sich bei Franziskus ständig abzuwechseln.

Doch auch im Rollstuhl ist sein Drang, zu kommandieren und sich zu äußern, ungebrochen. Seine kritischen Worte auf der Klimakonferenz COP 28, die Kardinal Pietro Parolin in Dubai verlas, sind von großer religiöser und politischer Tragweite. Franziskus wettert gegen die Negationisten, die die menschlichen Ursachen des Klimawandels leugnen; er prangert die Länder und Konzerne an, die nach wie vor nur dem eigenen Profit nachjagen; er kritisiert diejenigen, die den Armen ihren Kinderreichtum vorwerfen; er weist darauf hin, dass fast die Hälfte – die ärmere Hälfte! – der Weltbevölkerung für gerade einmal zehn Prozent der Schadstoffemissionen verantwortlich ist; und er erinnert an die enorme Ressourcenverschwendung durch Kriege und Wettrüsten. »Es ist Aufgabe dieser Generation, […] die Grundlagen für einen neuen Multilateralismus zu schaffen«, erklärt er.[19] Damit nicht zufrieden, verschickt er außerdem eine Videobotschaft anlässlich der Einweihung des Glaubenspavillons in Dubai.

2023 markiert einen Wendepunkt in Franziskus' Pontifikat. Joseph Ratzinger stirbt, der erste Papst der Neuzeit, der von seinem Amt zurückgetreten ist. Drei Tage lang wird sein Leichnam im Petersdom aufgebahrt. Am 5. Januar, einem Donnerstag, leitet Papst Franziskus die feierlichen Exequien auf dem Petersplatz. Über 400 Bischöfe und 4000 Priester konzelebrieren, wie das Opus Dei bekannt gibt. Die päpstliche Homilie ist ungewöhnlich kurz. Ein knappes Wort über den Wunsch, in die Fußstapfen seines Vorgängers zu treten, ein Hauch von Poesie bei der Beschreibung seiner »Weisheit, seines Feingefühls und seiner Hingabe«, und der abschließende Ausruf: »Benedikt, du treuer Freund des Bräutigams (Christus), möge deine Freude vollkommen sein, wenn du seine Stimme endgültig und für immer hörst!« – und schon ist die Gedenkpredigt zu Ende.[20] Ein deutscher Bischof merkt an: »Es war, als wollte er sagen: Lieber Benedikt, bleib im Himmel und komm nicht zurück.«

Für den argentinischen Papst ist Ratzingers Ableben das Ende einer permanenten Ambivalenz, die sein Pontifikat Monat um Monat und Jahr um Jahr begleitete. Zwei Päpste im Vatikan – das hatte es noch nie gegeben. Die beiden weißen Gewänder und auch die Wahl des Titels, »emeritierter Papst«, hatten zu Situationen geführt, die schwer auszuhalten waren. Beide Seiten mussten äußerst diplomatisch vorgehen und einander mit Wertschätzung, ja Zuneigung begegnen. Und doch war es eine pausenlose Anstrengung, die durch den Ausbruch des Bürgerkriegs innerhalb der katholischen Kirche – die ständige Suggestion der Konservativen, dass Joseph Ratzinger der einzige Papst sei, der die wahre Tradition verkörpere – noch erschwert wurde.

Tatsächlich hatte der abgedankte Papst nicht damit gerechnet, dass er nach seinem Rücktritt noch zehn Jahre leben würde. Als er seine Entscheidung traf, war er völlig erschöpft gewesen. Doch das Schicksal oder die Vorsehung hatten anders entschieden. Das Gleichgewicht zwischen den beiden Päpsten bestand über Jahre hinweg und wurde auf Franziskus' Seite durch etliche Gesten der Ehrerbietung unterstützt. Etwa, dass er sich die Enzyklika *Lumen fidei*, die Benedikt XVI. noch vor seinem Rücktritt praktisch fertiggestellt hatte, zu eigen machte und promulgierte. Oder dass er Ratzinger im Dezember 2015 in die Eröffnung der Heiligen Pforte zu Beginn des Barmherzigkeitsjahres einbezog. Oder dass er ihm in dem kleinen Kloster im Herzen des Vatikans, in das sich der deutsche Ex-Papst zurückgezogen hatte, regelmäßig die neuen Kardinäle vorstellte. Dann aber war es zum Bruch gekommen. Im Januar 2020, als Franziskus entscheiden musste, ob in Notsituationen – wie von der überwältigenden Mehrheit der Bischöfe auf der Amazoniensynode gefordert – der Einsatz verheirateter Priester zulässig sein sollte, hatte Ratzinger gemeinsam mit Kurienkardinal Robert Sarah ein Buch über die unauflösliche Verbindung zwischen Priestertum und Zölibat veröffentlicht.

Noch heute, viele Jahre später, ist der Riss tief, den dieser Schritt im Innern der katholischen Kirche verursacht hat. Aussagen wie die gemeinsam mit Kardinal Sarah getroffene, wonach man nicht vor dem Zölibat »zurückschrecken« müsse, oder auch die allein vom emeritierten Papst verantwortete, wonach das priesterliche Leben »in der Berührung mit dem göttlichen Geheimnis« stehe und daher »eine Ausschließlichkeit für Gott« verlange, »die eine andere, das ganze Leben umgreifende Bindung wie die Ehe neben sich ausschließt«, kamen einer Kriegserklärung an Bergoglios Reformkurs gleich[21] – einer Art Traditionalisten-Eid, der die ultrakonservativen Stoßtrupps im Schoß des Katholizismus und die moderateren Gruppen, die Veränderungen scheuen, bis heute beseelt.

Niemand im Vatikan hat den theatralischen Titel des Buchs *Aus der Tiefe des Herzens* und vor allem das Cover der ersten französischen Auflage vergessen, auf dem – eine Provokation – sowohl Benedikt XVI. als auch Kardinal Robert Sarah als Verfasser firmierten. Und darunter, gut sichtbar, die Fotos der beiden, insbesondere das von Ratzinger in weißem Papstgewand und mit der Kordel des Brustkreuzes um den Hals. Der abrupte Kurswechsel, den die Jesuitenzeitschrift *La Civiltà cattolica* – der Chefredakteur, Pater Antonio Spadaro, ist einer der engsten Vertrauten des Papstes – damals vollzog, zeigt, wie sehr die Affäre Franziskus verunsichert hat. Gleich nach dem Ende der Amazonas-Synode signalisiert die Zeitschrift Offenheit gegenüber möglichen Veränderungen. Die Frage der sogenannten *Viri probati* (ordinierte verheiratete Männer), schreibt Spadaro im November 2019, »gründet mitnichten auf einer Infragestellung des Zölibats, sondern auf der dramatischen Wahrnehmung, dass die Sakramente im alltäglichen Leben vieler Gläubiger fehlen«. Deshalb müsse sie »in eine umfassende und reife, von jedwedem Klerikalismus freie Sicht auf die Kirche hineingestellt werden«, zumal die Laien de facto schon in vielen kirchlichen Gemeinden Leitungsaufgaben wahrnehmen.[22]

Wenige Monate später, als es der Pontifex bereits vermieden hat, in seinem nachsynodalen Schreiben *Querida Amazonia* positiv auf das Anliegen der Amazonasbischöfe zu antworten, ändert die Jesuitenzeitschrift ihren Ton. Die Frage, so heißt es nun, sei Teil eines »Reifungsprozesses, der sich entwickeln wird«.[23]

Die Invasion des Ratzinger-Lagers war ein schwerwiegender Vertrauensbruch vonseiten jenes Mannes, der, als er vom Papstthron herabgestiegen war, seinem Nachfolger »bedingungslose Ehrerbietung [und] bedingungslosen Gehorsam« versprochen hatte.[24]

Den Preis bezahlte Benedikts persönlicher Sekretär Erzbischof Georg Gänswein, der am 15. Januar 2020 umgehend von seinen Verpflichtungen als Präfekt des päpstlichen Hauses – eine Art vatikanischer Protokollchef – entbunden wurde. »Sie bleiben von jetzt an zu Hause. Sie begleiten Benedikt, der Sie braucht, und schirmen ihn ab«, erklärt ihm Franziskus kurz und bündig.[25] Der emeritierte Papst begriff sofort: »Es scheint, dass Papst Franziskus mir nicht mehr traut und möchte, dass Sie den Aufpasser spielen!«, sagt er zu seinem Sekretär.[26] Aus Sicht des argentinischen Papstes ist es seine Schuld, dass er Ratzingers Einmischung nicht verhindert hat. Aus Gänsweins Sicht war es eine Sünde der Loyalität.

Am 28. Februar 2023, nach dem Tod Benedikts XVI., wurde Ratzingers Ex-Sekretär und Testamentsvollstrecker stillschweigend entlassen und auf Anweisung Bergoglios in seine Heimatdiözese Freiburg im Breisgau zurückgeschickt. Als fände sich in keiner der zahllosen kirchlichen Einrichtungen weltweit eine Aufgabe für ihn. »Es ist eine Demütigung vor aller Welt«, sagt Gänswein dem Pontifex während der letzten Audienz.[27] Bei seiner Ankunft in Freiburg wird ihm lediglich mitgeteilt, dass er regelmäßig eine Sonntagsmesse im Münster zelebrieren soll.

Es ist eine exemplarische Strafe. Der Papst kann ihm nicht verzeihen, dass er in einem gleich nach dem Tod Benedikts XVI. erschienenen Buch die Meinungsverschiedenheiten offengelegt und in einem Interview mit der deutschen katholischen Wochenzeitschrift *Die Tagespost* erklärt hatte, Franziskus' Entscheidung, die lateinische Messe drastisch einzuschränken, habe Benedikt das Herz gebrochen.

Gänsweins Exil endet im Juni 2024, als bekannt wird, dass der Papst ihn zum Nuntius für Litauen, Estland und Lettland ernannt hat. In dem kleinen Kloster in den vatikanischen Gärten, wo der emeritierte Papst gelebt hatte, ist inzwischen eine neue Gruppe von Ordensfrauen eingezogen: argentinische Benediktinerinnen aus Buenos Aires. Ihre Aufgabe wird, wie von Johannes Paul II. gewollt, darin bestehen, den amtierenden Papst mit ihren Gebeten zu unterstützen. Ein weiteres Signal, das auf symbolische Weise die Vergangenheit löscht.

Die gleichzeitige Anwesenheit zweier Päpste im Vatikan – der eine im Amt, der andere im Ruhestand – hatte die Regierungsmaschinerie des Pontifikats in den ersten zehn Jahren schwergängig gemacht. Jahrelang hatte Franziskus – im Rahmen einer klaren Strategie der guten Beziehungen zu Ratzinger – Kardinäle auf ihren Kurienposten belassen, die er nicht selbst ausgewählt hatte, die gedanklich nicht auf seiner Linie waren oder, wie Kardinal Gerhard Ludwig Müller, sich ihm sogar offen widersetzten.

Nun, da er endlich frei ist, kann Franziskus 2023 zwei Männer auf Schlüsselpositionen berufen, die sein absolutes Vertrauen genießen: den Amerikaner Robert Francis Prevost an die Spitze des Dikasteriums für die Bischöfe und den argentinischen Theologen Víctor Manuel Fernández an die Spitze des Dikasteriums für die Glaubenslehre. Kardinal Burke, einen systematischen Kritiker des argentinischen Papstes, ereilt die Strafe noch im Jahr 2023, nach Benedikts Beerdigung. Nach dem Ende seiner Amtszeit als Kardinalpatron des Malteserordens am 29. Juni werden ihm Gehalt und Dienstwohnung gestrichen. Zuvor hatte Franziskus während einer Versammlung, die am 20. November im apostolischen Palast stattfand, erklärt, dass der amerikanische Purpurträger »gegen die Kirche und gegen das Papsttum arbeite«, um die Gemeinschaft der Gläubigen zu spalten.[28]

Nie wieder wird es im Vatikan zwei Päpste geben. Franziskus hat angekündigt, dass ein bestimmtes Zeremoniell für die Beisetzung ehemaliger Kirchenoberhäupter ausgearbeitet werden wird. Vor allem aber arbeiten sie im Vatikan seit geraumer Zeit an einem Protokoll für Päpste, die sich zum Rücktritt entschließen. Sie sollen künftig als »emeritierte Bischöfe von Rom« betrachtet werden. Weder der Papsttitel noch das weiße Gewand wird jemals mehr Verwirrung stiften. Ab sofort wird immer nur ein einziger Mensch Papst sein – und er allein.

Rollstuhl hin oder her, Franziskus geht weiter. Zurücktreten? »Das ist mir nie durch den Kopf gegangen. Im Moment nicht, im Moment nicht«, erklärt er, als man ihn zum x-ten Mal fragt, ob er bereit sei, sein Amt aufzugeben.[29] Es knirscht im Gebälk der Welt. Der Dritte Weltkrieg »in Stücken«, von dem der argentinische Papst zu Beginn seines Pontifikats gesprochen hat, bricht sich in unerwarteten und beängstigenden Katastrophen wie den blutigen Konflikten in der Ukraine und im Nahen Osten Bahn. »Heute ist der Dritte Weltkrieg in einer globalisierten Welt im Gange«, warnt er in besorgtem Ton.[30]

Auch im Gebälk der katholischen Kirche knirscht es. Der innere Konflikt hat sich verhärtet. In der letzten Phase seines Pontifikats versucht Franziskus, die Kirche dazu zu bringen, dass sie sich aus einer autokratischen hierarchischen Struktur in eine Gemeinschaft verwandelt, in der das ganze »Volk Gottes«, wie das Zweite Vatikanische Konzil es genannt hat, zur Teilhabe an der Evangelisierungsmission und insbesondere die Frauen zur Mitentscheidung aufgerufen sind. Das ist es, was er unter »Synodalität« versteht. Ein Ziel, das seiner Meinung nach nur verwirklicht werden kann, wenn man »Türen und Fenster öffnet, Mauern einreißt, Ketten sprengt und Grenzen aufhebt.«[31] Und nötigenfalls auch bereit ist, die Richtung zu ändern.

Im Vatikan vermag und wagt keiner vorherzusagen, was der argentinische Papst noch erreichen wird.

Unmittelbar nach seiner Wahl tauchte ein Graffito von Franziskus im Superman-Kostüm auf. Jetzt zeigt ihn der Karikaturist Mauro Biani in *la Repubblica* im Rollstuhl auf der Spitze einer Felsnadel. Ringsherum klaffen Abgründe.

Kapitel II.
Sturz eines Mächtigen

»Becciu, Giovanni Angelo, wird zu einer Freiheitsstrafe von fünf Jahren und sechs Monaten verurteilt [...] sowie einem lebenslangen Verbot, öffentliche Ämter zu bekleiden.«[1] Es ist der 16. Dezember 2023. In einem schmucklosen Saal ohne den ehrwürdigen Nimbus der vatikanischen Paläste verliest der vorsitzende Richter Giuseppe Pignatone – in schwarzer Robe mit einem senkrechten blutroten Streifen auf der Brust – das Urteil. An der Wand hinter ihm hängt ein Kruzifix, etwas weiter weg an der Seite ein Foto von Papst Franziskus. Die Ausstattung des Saales wirkt provisorisch, improvisiert. Das Richterpult und die Tische der Anwälte sind, wie bei einer Theatervorführung, mit bräunlichen Stoffbahnen bedeckt. Die ganze Szenerie wird diskret von zwei Videokameras überwacht. Tatsächlich ist dieser Ort gar kein Gerichtssaal, sondern ein Multifunktionsraum in den Vatikanischen Museen.

Es ist das erste Mal in der neueren Geschichte, dass ein Kardinal der Heiligen Römischen Kirche wegen Missmanagements verurteilt wird. »Amtsunterschlagung« lautet der juristische Fachbegriff. Historisch Interessierte glauben, dass man, um einen ähnlich gelagerten Fall zu finden, etwa fünf Jahrhunderte zurückgehen muss. Das Gericht verurteilt Becciu und die anderen Beschuldigten zu einer Entschädigungssumme von insgesamt mehr als 186 Millionen Euro. Und noch etwas ist neu und versetzt die alten Kuriengenerationen in Aufruhr: Der ehemalige Purpurträger, der seinen Status als Erzbischof gleichwohl behält, ist von einem Gericht verurteilt worden, das aus Laienrichtern besteht.

Es ist das Ende des großen Schweigens, mit dem der Vatikan in früheren Zeiten die heikelsten und anrüchigsten Affären zu überdecken pflegte. Zwei Prozesse prägen die Ära des Jorge Mario Bergoglio. Der erste zu Beginn seines Pontifikats gegen den Nuntius in der Dominikanischen Republik, Erzbischof Józef Wesołowski, der des Missbrauchs an Minderjährigen überführt und deshalb vor ein Kirchengericht gestellt worden war, endete 2014 mit dem Ausschluss des Angeklagten aus dem klerikalen Stand. Auf Anweisung des Papstes wurde auch ein Strafverfahren nach vatikanischem Recht eingeleitet. Die erste Anhörung fand am 11. Juli 2015 statt und dauerte gerade lange genug, um die Anklagepunkte zu verlesen. Wesołowski hatte am Nachmittag zuvor über Unwohlsein geklagt und war ins Krankenhaus eingeliefert worden. Am 27. des darauffolgenden Monats erlitt er einen Infarkt. Man fand ihn tot in seinem Fernsehsessel.

Der zweite exemplarische Prozess ist – nicht zuletzt wegen der Kontroverse, die er auslösen wird – der Fall Becciu. Giovanni Angelo Becciu ist eine Persönlichkeit, die bis in die höchsten Ebenen der vatikanischen Regierung aufgestiegen ist. Von 2011 bis 2018 bekleidete er das Amt des Substituten, war also so etwas wie ein stellvertretender Innenminister. Ein Mann der Macht, der seine Zuständigkeitsbereiche im vatikanischen Apparat wie ein echter Boss handhabe und ein weit gespanntes Netz aus Beziehungen pflegte. Er machte als Diplomat Karriere und war Nuntius auf Kuba. Danach ernannte ihn Benedikt XVI. zum Substituten. Kardinalstaatssekretär war damals Tarcisio Bertone. Auch unter Franziskus verläuft seine Karriere zunächst reibungslos. Der argentinische Papst versteht sich sehr gut mit dem Prälaten, der aus Sardinien stammt, sie haben einen persönlichen Draht zueinander. 2018 ernennt ihn Franziskus zum Kardinal und Präfekten der Kongregation für die Selig- und Heiligsprechungsprozesse. Beccius Bewunderer halten ihn sogar für *papabile*.

Dann aber gerät er auf seinem Weg nach oben ins Stolpern und stürzt. Schuld sind Fehlinvestitionen in dreistelliger Millionenhöhe. Zwischen 2013 und 2014 entscheidet Becciu, damals noch nicht Kardinal, im Rahmen seiner Befugnisse als Substitut, Anteile am Hedgefonds *Athena Capital Commodities* im Wert von 200 500 000 Dollar zu zeichnen. Die Investition beinhaltet den Kauf eines Gebäudes in der Londoner Sloane Avenue Nr. 60: einer ehemaligen Harrods-Lagerhalle im Nobelviertel Chelsea, die zu Luxusappartments umgebaut werden soll. Eingefädelt wird die Operation von dem Finanzier Raffaele Mincione. Der Vatikan erhält 45 Prozent der Anteile an dem Gebäude, aber keinerlei Handlungsbefugnis.

Eigentlich sollte das Ganze üppige Gewinne abwerfen, doch die Dinge laufen alles andere als gut. Auf Drängen des Börsenmaklers Gianluigi Torzi beschließt man, auch die restlichen 55 Prozent der Anteile zu kaufen.

Der Vatikan ist gezwungen, weitere 40 Millionen britische Pfund auszugeben. In der Zwischenzeit hat im Staatssekretariat ein neuer Substitut sein Amt angetreten: der venezolanische Erzbischof Edgar Peña Parra. Und das ist noch nicht alles. Es stellt sich heraus, dass der Vermittler Torzi 1000 Aktien mit Stimmrecht und damit die Handlungsmacht zurückgehalten hat. Also muss der Vatikan Torzi für diese Anteile weitere 15 Millionen Euro bezahlen. (Der vatikanische Gerichtshof wird Torzi später wegen schweren Betrugs und Erpressung verurteilen.)

Insgesamt – Honorare, Provisionen und andere unvorhergesehene Kosten mit eingerechnet – werden so im Ofen der Sloane Avenue über 300 Millionen Euro verbrannt. Ein Riesenskandal. Ein finanzielles und mediales Desaster. Die Gelder, die Becciu für die erste Investition verwandt hat, stammen aus dem Sondervermögen des Staatssekretariats, das sich unter anderem aus dem Peterspfennig, das heißt aus Spenden von Gläubigen in aller Welt, speist. Als der Vatikan letztes Endes beschließt, das Gebäude in der Sloane Avenue wieder zu verkaufen, wird ein Preis von nur 186 Millionen Pfund Sterling erzielt: für die vatikanischen Finanzen ein Verlust von insgesamt 140 Millionen Euro. In einem 2022 unter dem Pseudonym *Demos* veröffentlichten Memorandum schätzt der australische Kardinal Pell, der von 2014 bis 2019 als Präfekt des Wirtschaftssekretariats fungierte, den Verlust deutlich höher, nämlich auf 217 Millionen Euro.

Franziskus tobt. Doch etwas ist anders als sonst. Der Skandal wird nicht durch die Presse oder durch geheime Informanten enthüllt. Dank der unter Ratzinger begonnenen und unter Bergoglio fortgeführten Reformen sind es diesmal die Institutionen selbst, die Alarm schlagen. Als das Staatssekretariat vom IOR einen Vorschuss von 150 Millionen Euro verlangt, lehnt die Vatikanbank ab und geht der Sache gemeinsam mit dem Büro des Generalrevisors – einer von Franziskus neu eingeführten Instanz im vatikanischen Apparat – auf den Grund. Im Juli 2019 wird die Angelegenheit dem *Promotor Iustitiae*, der vatikanischen Staatsanwaltschaft, zur Anzeige gebracht.

»Es ist der erste Topf im Vatikan, der nicht von außen, sondern von innen aufgedeckt wird«, sagt Franziskus zufrieden zu den Journalisten. Um gleich im Anschluss zu enthüllen, dass er die Justizbehörden persönlich dazu ermächtigt hat, die Ermittlungen aufzunehmen. »Der Generalrevisor des Vatikans ist zu mir gekommen und hat gesagt: Hier ist etwas faul … Sind Sie sicher?, habe ich ihn gefragt. Ja!, hat er mir geantwortet … Was soll ich tun?« Die Antwort des Papstes ist kurz und bündig: »Es gibt die vatikanische Justiz. Gehen Sie und erstatten Sie Anzeige beim Staatsanwalt.«[2]

Dann trifft Bergoglio eine historische Entscheidung. Als ihn die vatikanische Staatsanwaltschaft über die ›Schieflage‹ der Bilanzen und den Korruptionsverdacht in Kenntnis setzt und um die Erlaubnis bittet, eine Reihe von Büros im Staatssekretariat zu durchsuchen, gibt Franziskus grünes Licht: »Ich habe die Autorisierung dafür unterzeichnet. Fünf Büros wurden durchsucht.«[3] Ein noch nie dagewesenes Vorgehen, das bei nicht wenigen Angehörigen der Kurie Befremden und Unmut hervorruft. Mit einigen Notverordnungen setzt der Papst Ausnahmeregelungen in Kraft, um alles aus dem Weg zu räumen, was die Ermittlungen behindern könnte.

Ein Jahr später, im September 2020, wird Kardinal Becciu geschasst. Ganze 23 Minuten dauert die Audienz beim Papst, in der er seine Kardinalsrechte verliert: Er wird nicht am Konklave teilnehmen, das den nächsten Papst wählt. Bei der Pressekonferenz gibt sich der ehemalige Kardinal kämpferisch und erklärt entschieden: »Ich bin nicht korrupt ... Für die Immobilie in London ist der Peterspfennig nicht angerührt worden.« Er wolle den Papst nicht herausfordern, versichert Becciu, aber er frage sich, ob Franziskus nicht manipuliert worden sei. »Vielleicht liegen ihm falsche Informationen vor.«[4] Das Verfahren beginnt am 27. Juli 2021. Es ist ein Mammutprozess: Zehn Angeklagte, dazu vier Gesellschaften, die als Nebenkläger auftreten oder gegen die ermittelt wird, und 69 Zeugen. 600 Stunden Befragungen, 124 000 Seiten Dokumentation, 20 000 Seiten von der Verteidigung, 48 000 von den Nebenklägern, 86 Anhörungen ... Das Ganze verteilt über einen Zeitraum von zweieinhalb Jahren, von denen eines fast vollständig mit Verfahrensfragen vergeht.

Vor Prozessbeginn hat Franziskus die Regeln geändert. Er hat beschlossen, dass Kardinäle und Bischöfe von Laienrichtern verurteilt werden können, und durch eine Reihe von Geheimdekreten – sogenannten *Rescripta* – die Ermittlungsbefugnisse der vatikanischen Staatsanwaltschaft ausgeweitet. Das Eindringen der Gendarmen in den bis dato unantastbaren Raum des Staatssekretariats löst Schockwellen aus. Vor Prozessbeginn hat die vatikanische Staatsanwaltschaft fast zwei Jahre Zeit gehabt, um ohne vorherige richterliche Genehmigung Befragungen, Abhöraktionen, Durchsuchungen, Beschlagnahmungen und sogar Verhaftungen vorzunehmen.

Auf der Anklagebank sitzen neben Becciu drei weitere Personen, die an zentralen Stellen des Staatssekretariats beschäftigt waren: Beccius Sekretär, der Prälat Mauro Carlino, Msgr. Alberto Perlasca, der Verantwortliche des Verwaltungsbüros, und der im selben Büro tätige Funktionär Fabrizio Tirabassi. Ferner drei Akteure aus der Finanzwelt: Raffaele Mincione, Gianluigi Torzi und Enrico Crasso, der sich als »Finanzberater« des Vatikans bezeichnet, sowie der Anwalt Nicola Squillace und die Unternehmerin Cecilia Marogna aus Sardinien. Und schließlich zwei Angehörige der vatikanischen Finanzkontrollbehörde AIF: ihr Präsident René Brühlhart und ihr Direktor Tommaso Di Ruzza. Becciu wird überdies Amtsmissbrauch und Zeugenbeeinflussung vorgeworfen.

Der Prozess ist reich an bühnenwirksamen Effekten, und der Blick hinter die Kulissen offenbart vatikanische Verhältnisse, die von Manövern, Intrigen, Ambitionen, Skrupellosigkeit und obszöner Rede geprägt sind. Auffällig ist laut der von der vatikanischen Staatsanwalt vorgelegten 500-seitigen Anklageschrift die Beteiligung von »Subjekten, die der kirchlichen Struktur fernstehen: nicht selten fragwürdigen oder gar indiskutablen Akteuren eines verkommenen, räuberischen und lukrativen Systems, das mitunter durch eine begrenzte, aber durchaus wirksame Duldung und Beihilfe von innen ermöglicht wurde«.[5] Die Staatsanwälte seien »Schweine«, sagt Becciu zu Perlasca, als der Monsignore ihm erzählt, dass die Ermittler ihn gefragt hätten, in welchem Verhältnis der Kardinal und die sardische Managerin Marogna zueinander stünden. So steht es in Perlascas Zeugenaussage.[6] Monsignore Perlasca selbst ist eine Figur wie aus einem Groschenroman. Als Chef des Verwaltungsbüros besetzt er eine Schlüsselposition im Staatssekretariat. Der traditionalistischen Webseite *Silere non possum* zufolge hat er »Dokumente unterzeichnet und gegengezeichnet, die dem Heiligen Stuhl enormen Schaden zugefügt haben«.[7] Seine Kritiker bescheinigen ihm einen äußerst schwachen Charakter: »Ein Mann, dessen psychologische Standfestigkeit gegen null geht.«[8] Tatsache ist, dass er die Rolle eines der Hauptangeklagten in Windeseile gegen die des Kronzeugen eingetauscht hat. Am 31. August 2020 übergibt er ein Dossier mit Vorwürfen gegen Kardinal Becciu, der zum damaligen Zeitpunkt de facto sein hierarchischer Vorgesetzter ist. Wenige Tage später lädt Perlasca den Kardinal, ohne ihm irgendetwas zu sagen, zu einem freundschaftlichen Abendessen in das alteingesessene römische Restaurant »Scarpone« ein und zeichnet das Tischgespräch heimlich auf.

Allerdings scheint das Dossier nicht gänzlich auf seinem Mist gewachsen zu sein. In seiner Angst vertraut sich Perlasca einer langjährigen Freundin an, Geneviève Ciferri. Nicht die einzige Frau, die in dieser romanesken Geschichte eine Rolle spielt. Die Franziskanertertiarin hat zwischen 2005 und 2012 als Analystin für die italienischen Geheimdienste, genauer gesagt für den *Dipartimento delle Informazioni per la Sicurezza* (DIS) gearbeitet. Ciferri verlebt ihren Ruhestand in einem Haus auf dem Land, in einem entlegenen Teil der Region Latium unweit des kleinen Dorfs Greccio, wo der heilige Franziskus vor acht Jahrhunderten die erste Lebendkrippe erfand. Das Haus ist Eigentum von Msgr. Perlasca. Vor dem Richter betont Ciferri, sie und Perlasca würden einander siezen, doch den Anwesenden entgeht nicht, dass sie ihn hin und wieder *volpetto*, »Füchschen«, nennt.

Als Perlascas enge Freundin wendet sich Ciferri direkt an Becciu und fordert ihn auf, beim Pontifex zu intervenieren, um den Monsignore zu entlasten. Als Becciu keinen Finger rührt, sagt sie ihm ins Gesicht: »Ich werde ihre Feindin sein!«[9] In der Folge wendet sie sich an eine italienische Journalistin, die wiederum zu Francesca Chaouqui Verbindung aufnimmt. Und von diesem Moment an bekommt die Geschichte geradezu burleske Züge.

Chaouqui ist eine alte Bekannte der vatikanischen Justiz. Die Journalistin und PR-Expertin, die unter anderem bei Ernst & Young tätig war, ist aufgrund ihrer Verwicklung in den Skandal Vatileaks 2.0 – bei dem geheime Dokumente des Heiligen Stuhls in Umlauf gebracht worden waren – im Vatikan schon einmal zu zehn Monaten Haft (auf Bewährung) verurteilt worden. Dank der Protektion des mit ihr befreundeten, inzwischen ebenfalls (zu 18 Monaten) verurteilten Monsignore Lucio Ángel Vallejo Balda war sie in die COSEA, die Prüfungskommission für die Neuorganisation der Wirtschaftsstrukturen des Heiligen Stuhls, berufen worden, die Franziskus 2013 eingerichtet hatte.

Zwischen den beiden Frauen, Ciferri und Chaouqui, entsteht eine Verbindung. Chaouquis beständiger Input beeinflusst das Dossier Perlascas, dem weisgemacht wird, die Ratschläge kämen von einem »älteren Amtsträger«. Vor Gericht jedoch beschuldigen die beiden Frauen sich gegenseitig. Ciferri gibt an, Chaouqui habe sie mit einer Flut von Nachrichten unter Druck gesetzt und sogar bedroht und behauptet, sie stehe mit der vatikanischen Gendarmerie und den Ermittlern in Kontakt. Chaouqui bestreitet dies und erklärt mit Nachdruck, sie habe ausschließlich mit Ciferri telefoniert, keinerlei Verbindung zu Gendarmerie oder Staatsanwaltschaft gehabt und dem Papst lediglich helfen wollen, »den Betrug zu durchschauen, dem er seit Jahren ausgesetzt war«.[10]

Zur allgemeinen Verwirrung trägt auch die Tatsache bei, dass Ciferri trotz ihrer Nähe zu Perlasca dem Monsignore nichts von ihrer Verbindung zu Francesca Chaouqui erzählt hat, die aufgrund ihrer Verurteilung 2016 in Teilen der Kurie keinen guten Ruf genießt. Und die Verwirrung wird sogar noch größer, als verlautet, Perlasca habe sich durch Chaouquis extrem resolutes Auftreten dazu bewegen lassen, seine Version der Geschichte in einer Reihe von Tonbandaufnahmen darzulegen, die bei Gericht hinterlegt und, wie die italienisch-marokkanische PR-Frau betont, auf ihr Betreiben hin auch dem Papst zugestellt worden seien. Beweisen lässt sich das nicht. In einer spontanen Erklärung sagt Becciu vor Gericht: »Der Racheplan der Signora ist aufgegangen.« Es ist ein offenes Geheimnis im Vatikan, dass der Kardinal dagegen war, Chaouqui in die COSEA-Kommission zu berufen.

Die Anhörungen im Lauf des Verfahrens bringen Verhältnisse ans Licht, die an den byzantinischen Kaiserhof erinnern. Als Monsignore Perlasca, der in Santa Marta logiert – dem Gästehaus, wo auch Franziskus lebt –, eines Tages benommen und nicht ganz zurechnungsfähig vor Gericht erscheint, äußert Geneviève Ciferri sofort den Verdacht, sein Erzfeind Becciu habe versucht, ihn zu vergiften. Die Wahrheit ist banaler: Ein Arzt vom vatikanischen Gesundheitsdienst hatte ihm nach einer Nervenkrise Valium verschrieben. Unterdessen ergattert Chaouqui – immer bestrebt, sich ins Rampenlicht zu drängen – das Privileg des »Baciamano«, also das Vorrecht, den Pontifex im Rahmen der Generalaudienz persönlich zu begrüßen. Becciu ist gekränkt und verfasst einen Brief an Franziskus. Darin wirft er dem Papst vor, er habe sich dadurch, dass er »sie empfangen habe, indirekt mit ihr solidarisiert« und so de facto die Version bestätigt, die ihn, Becciu, als den Schuldigen darstelle. Franziskus – das päpstliche Schreiben wird von Becciu vor Gericht verlesen – bittet schriftlich um Entschuldigung.[11]

Doch es kommt noch schlimmer für den Ex-Kardinal, der nicht nur wegen der Londoner Investition vor Gericht steht. Ihm wird außerdem vorgeworfen, Gelder des Staatssekretariats an eine soziale Kooperative auf Sardinien transferiert zu haben, die von seinem Bruder Antonino geleitet wird. Ferner wird er beschuldigt, einer selbsternannten Geheimdienstexpertin, der sardischen Unternehmerin Cecilia Marogna, über eine halbe Million Euro – ebenfalls aus besagtem Sondervermögen – für die Befreiung einer Ordensfrau gezahlt zu haben, die in Mali von Terroristen entführt worden war. Wie diese Operation stattgefunden haben soll, bleibt offen. Hingegen liegen dem Gericht Quittungen vor, die belegen, dass die Dame beträchtliche Summe für Luxusgüter ausgegeben hat.

In dieser Situation ruft der ehemalige Kardinal den Pontifex an, um ihn zu der Aussage zu bewegen, er habe die Operation genehmigt. Doch Franziskus zögert. Die italienische Finanzpolizei wird später herausfinden – und das ist der eigentliche Skandal –, dass das Gespräch von einem anderen Telefon aus aufgezeichnet wurde, das einer Bekannten Beccius, Maria Luisa Zambrano, gehört. Sie hält sich während des fünfeinhalbminütigen Telefonats zwischen dem Ex-Purpurträger und dem Papst im selben Raum auf. Becciu setzt den Papst unter Druck: »Ich kann Sie nicht als Zeugen vor Gericht laden lassen, das würde ich mir niemals erlauben, aber ich brauche eine Erklärung von Ihnen ...« Becciu will, dass der Papst eine schriftliche Aussage, wonach er die Ausgaben für die angebliche Befreiung der Ordensfrau nicht genehmigt habe, zurücknimmt und eine neue Erklärung zu Beccius Gunsten abgibt: »Ich (der Papst, *Anm. d. Red.*) habe Monsignore Becciu in seiner damaligen Eigenschaft als Substituten dazu ermächtigt, besagte Operation durchzuführen.«

Es ist der Juli des Jahres 2021. Franziskus ist nach einer komplizierten Dickdarmoperation gerade erst aus dem Krankenhaus entlassen, und am Telefon ist deutlich zu hören, dass er sich quält. Das Gespräch fällt dem Pontifex unverkennbar schwer. »Schreiben Sie mir das alles auf«, sagt er zu dem Ex-Kardinal. »Ich kenne diese ganzen Verfahrensweisen nicht ... Schicken Sie mir ein bisschen was und erklären Sie mir, was ich schreiben soll.«

Das alles wird ohne Wissen des Papstes Wort für Wort aufgezeichnet.[12] Den Pontifex heimlich abzuhören – ein solches Manöver wäre schon bei einem Staatsoberhaupt oder Regierungschef undenkbar und inakzeptabel, ganz gleich ob im Weißen Haus, im Berliner Kanzleramt oder im Elyséepalast in Paris. Um wie viel mehr also im Vatikan. Auf der Aufnahme ist sogar zu hören, wie Becciu Zambrano vor dem Gespräch mit dem Pontifex fragt: »Bist du bereit?« »Bereit«, antwortet die Frau. Diese Episode wird Beccius Glaubwürdigkeit vollends untergraben. Doch die Finanzpolizei ist mit ihren Ermittlungen noch nicht am Ende. Der Papst »will meinen Tod«, macht sich der ehemalige Substitut im Sprachchat mit einer Freundin der Familie Luft, dessen Wortlaut von der Agentur *Adnkronos* veröffentlicht wird. »Ich hätte nicht gedacht, dass er so weit gehen würde«, jammert er. »Er ist ein großer Feigling, aber du musst kämpfen!«, antwortet die Frauenstimme. Becciu scheut vor nichts zurück, um seine Ziele zu erreichen. Als bekannt wird, welche Vorwürfe Msgr. Perlasca gegen ihn erhebt, kontaktiert er den Bischof von Como und späteren Kardinal Oscar Cantoni, damit dieser den Chef des Verwaltungsbüros des Staatssekretariats dazu bringt, die Vorwürfe fallenzulassen. Cantoni, der Diözesanobere und »geistliche Leiter« des Monsignore, sucht Perlasca auf und spricht mit ihm. Doch vergebens.

In diesem Gewirr aus Intrigen bringt Franziskus dem sardischen Kardinal paradoxerweise noch immer eine gewisse Zuneigung entgegen. Seit seiner Wahl hat der Papst an jedem Gründonnerstag außer während der Coronapandemie mit ihm zu Mittag gegessen. 2021, als er Becciu bereits die Kardinalsrechte entzogen hat, feiert er sogar die Gründonnerstagsmesse in der Kapelle des Palazzo del Sant'Uffizio, wo der ehemalige Substitut nach wie vor seine Wohnung hat. Im darauffolgenden Jahr lädt ihn Franziskus zur Teilnahme am Konsistorium zur Kreierung der neuen Kardinäle und zur Kardinalsversammlung ein, auf der die Kurienreform analysiert werden soll.

Für den Heiligen Stuhl ist die Affäre Becciu etwas noch nie Dagewesenes. Vorsitzender Richter ist Giuseppe Pignatone aus Sizilien, der im Lauf seiner Karriere immer wieder mit dem Kampf gegen die Mafia und das organisierte Verbrechen auf Sizilien, in Kalabrien und in Rom befasst gewesen ist. Von 2012 bis 2019 war er leitender Staatsanwalt in Rom, im Oktober 2019 ernennt ihn Franziskus zum Präsidenten des Gerichts des Vatikanstaats, der ersten Instanz der vatikanischen Gerichtsbarkeit. Die Verteidigung der Angeklagten erkennt an, dass er ihren Argumentationen während des Verfahrens denkbar großen Raum zugebilligt hat. Als *Promotor Iustitiae*, Staatsanwalt, fungiert Alessandro Diddi, ein römischer Anwalt und Professor für Strafprozessrecht, der Pignatone im sogenannten »Mafia-Capitale«-Prozess als Verteidiger eines der Hauptangeklagten, Salvatore Buzzi, gegenübergestanden hatte. Der Papst hat ihn im September 2022 zum vatikanischen Staatsanwalt ernannt. Sowohl Diddi als auch Pignatone werden im Kurienmilieu kritisiert, weil sie über keinerlei Erfahrung im Kirchenrecht verfügen. Unter den Nebenklägern vertritt Paola Severino, ehemalige Justizministerin im Kabinett Monti, die Interessen des Staatssekretariats.

Der Prozess, der von Juli 2021 bis Dezember 2023 dauert, erschüttert und spaltet die Kurie und die katholische Welt und löst auch außerhalb konfessioneller Kreise Kontroversen aus. Fragen wirft unter anderem die Tatsache auf, dass Staatsanwalt Diddi sich – entgegen der Anweisung des vorsitzenden Richters – zunächst weigert, der Verteidigung die Videoaufzeichnungen der Befragung des Hauptzeugen Perlasca auszuhändigen. Diddi stellt lediglich eine Zusammenfassung zur Verfügung und beruft sich dabei auf Perlascas Recht auf Privatsphäre. Als die Verteidigung die Mitschnitte schließlich erhält, sind sie unvollständig. Die Geschichte wiederholt sich, als der Staatsanwalt – mit Verweis auf organisatorische Probleme – die Frist verstreichen lässt, die der vorsitzende Richter für die Übergabe der forensischen Duplikate der auf den beschlagnahmten Handys, Computern und anderen elektronischen Geräten der Beklagten gespeicherten Daten angesetzt hat.[13] Die Handydaten, so habe man ihnen gesagt, könnten wegen der laufenden Ermittlungen nicht freigegeben werden, erklärt Beccius Verteidiger, Rechtsanwalt Viglione. Doch auch nach Abschluss der Ermittlungen habe man nichts erfahren – weder über die Daten noch über die Ermittlungsergebnisse.[14]

Und noch ein befremdliches Element offenbart ein Klima der Intrigen, wie man es aus vergangenen Jahrhunderten kennt. Am 25. November 2022 nimmt Beccius Verteidigung Msgr. Perlasca zum ersten Mal ins Kreuzverhör. Am selben Abend beginnt die Verbündete des Monsignore, Geneviève Ciferri, Staatsanwalt Diddi mit WhatsApp-Nachrichten auf seinem Privathandy zu bombardieren. »Prof. Diddi …, ich flehe sie auf Knien an, Msgr. Perlasca zu helfen, der heute unter dem Druck der Verteidigung und gegen seinen Willen die Rolle des unglaubwürdigen Zeugen gespielt hat.« Danach folgt eine Reihe von Anschuldigungen gegen Francesca Immacolata Chaouqui, die sich – hierfür gibt es keinerlei Beweise – damit gebrüstet habe, über sämtliche Ortswechsel des Staatsanwalts und sogar über »alles, was er zu den laufenden Ermittlungen gesagt hat, und auch über die täglichen Wege des Papstes selbst« informiert zu sein.

In den darauffolgenden Tagen schickt Ciferri dem Staatsanwalt eine ganze Flut von WhatsApp-Nachrichten: 126 an der Zahl, wie die vatikanische Gendarmerie auf Anfrage präzise dokumentiert. Darunter auch vier Audiofiles und vier Bilddateien. Die der Verteidigung vorgelegte Liste weist erhebliche Lücken auf. Nur acht der Nachrichten sind lesbar.[15] Von den Audio- und Bilddateien fehlt jede Spur. Die Geschichte des Verfahrens bleibt rätselhaft.

Am Ende verurteilt das Gericht Becciu und Mincione wegen Amtsunterschlagung. Der ehemalige Kardinal wird der Veruntreuung des in das Sloane-Avenue-Geschäft investierten Kapitals für schuldig befunden, weil er »gegen die Vorschriften über die kirchliche Vermögensverwaltung« gemäß Kanon 1284 des Kirchenrechts verstoßen hat. Sein früherer Sekretär Mauro Carlino wird freigesprochen, die Leiter der Finanzinformationsbehörde René Brühlhart und Tommaso Di Ruzza müssen nur eine Geldstrafe zahlen, weil sie es versäumt haben, die Angelegenheit zu melden und bei der vatikanischen Staatsanwaltschaft zur Anzeige zu bringen. Gegen die übrigen Angeklagten werden unterschiedlich lange Haftstrafen verhängt.

Die Begründung des erstinstanzlichen Urteils ist deutlich genug: Becciu soll nicht nur wegen der Londoner Investition, sondern auch deshalb fünfeinhalb Jahre in einer Zelle im Vatikan einsitzen, weil er dem Bistum Ozieri auf Sardinien 125 000 Euro überwiesen hat, die der sozialen Genossenschaft seines Bruders Antonino Becciu zugutekommen sollten. Zwar sei der Zweck zulässig gewesen, so das Gericht, doch das vatikanische Strafrecht untersage die Vermischung von Amtshandlungen und Privatinteressen und der Kodex des kanonischen Rechts verbiete die Veräußerung öffentlichen Kirchenvermögens zugunsten von Verwandten ersten bis vierten Grades. Und in noch einem Punkt wird der ehemalige Kardinal der Amtsunterschlagung für schuldig befunden: weil er – »mit der nicht wahrheitsgemäßen Begründung, das Geld solle dazu verwendet werden, die Freilassung einer in Afrika entführten Ordensfrau zu erreichen« – die Zahlung von 570 000 Euro an die Unternehmerin Cecilia Marogna veranlasst hat.[16]

Das finanzielle Unwetter, das auf den degradierten Purpurträger niedergeht, ist überaus heftig. Neben den Millionen, die als Entschädigung gezahlt werden müssen, soll Becciu allein 125 000 Euro und mit anderen Angeklagten zusammen insgesamt 200 500 000 Dollar sowie weitere 700 000 Euro zurückerstatten. Ihm wird jedoch zugutegehalten, dass er keinen einzigen Cent für sich genommen hat. Das Missmanagement, für das er im Fall der Londoner Affäre bestraft wird, besteht darin, dass er ein Drittel des Sondervermögens des Staatssekretariats aufs Spiel gesetzt hat. Schon vor dem Urteilsspruch hat Franziskus entschieden, dass die ›Kasse‹ des Staatssekretariats künftig der Kontrolle der APSA (der Güterverwaltung des Apostolischen Stuhls) unterstehen und klar vom Peterspfennig getrennt werden soll.

Doch die Geschichte ist damit nicht zu Ende. Beccius Verteidiger, Rechtsanwalt Fabio Viglione, hat bereits am 18. Dezember 2023 sein Schlussplädoyer gehalten. Der Prozess, so Viglione im Gerichtssaal, habe darauf abgezielt, den Kardinal durch absurde und haltlose Anschuldigungen und vergiftete Zeugenaussagen als »Monster« darzustellen. Die Ermittlungen, fügt er hinzu, seien »nicht unvoreingenommen« geführt worden. Becciu selbst wird im April 2024, am Vorabend des Karfreitags, einen Brief an das Kardinalskollegium schreiben, in dem er erklärt, er fühle sich wie Christus, der ebenfalls »die Demütigung des Spotts, des Scheiterns, der Verurteilung ohne wahre Gründe« erleben musste.[17]

Die Befürworter von Bergoglios Reformkurs glauben dagegen, dieser Jahrhundertprozess habe die Händler aus dem Tempel gejagt. In der Kurie mischen sich die unterschiedlichsten Gefühle. »Das wird keine leichte Zeit für Kardinal Becciu, und wir werden ihm beistehen«, sagt der Vizedekan des Kardinalskollegiums

Leonardo Sandri. Nicht ohne im selben Atemzug die vom Papst vorgegebene Marschrichtung zu bekräftigen: »Es braucht mehr Aufmerksamkeit und Transparenz, und darin müssen wir ihm folgen.«[18] Die heftigen Kontroversen, die die Affäre begleiten, verdeutlichen die tiefe und sich weiter vertiefende innere Spaltung der Kirche in der Endphase des Bergoglio-Pontifikats. Die Raketen in diesem Krieg werden von den wichtigsten Blogs aus abgeschossen und schlagen – mit Umwegen über die verschiedensten Sprachen und Webseiten der katholischen Welt – im Apostolischen Palast ein. Sandro Magister, der den Auffassungen Wojtyłas und Ratzingers nahesteht, schreibt auf seiner häufig besuchten Website, dass Franziskus bereits am 24. September 2020 sein Urteil über Becciu gefällt und »der Angeklagte nicht einmal einen Scheinprozess, geschweige denn die Gelegenheit bekommen [habe], sich zu verteidigen«. Nachdem er die Regeln mehrfach geändert habe, sei es kaum verwunderlich, dass die Kirchenleitung unter Bergoglio wie eine »ins Äußerste getriebene absolutistische Monarchie« erscheine.[19]

Auch aus anderer Richtung kommt harsche Kritik. Luis Badilla, Gründer des internationalen Blogs *Sismografo*, stellt den Prozess als ein Ereignis dar, das so designt worden sei, dass es das Narrativ von Franziskus' Kampf gegen die Korruption verstärke. Die Reform des Papsttums sei dringend notwendig, schreibt er. Weil alle Päpste Fehler begangen hätten – doch die Fehler, in die sich Bergoglio verstrickt habe, wögen überaus schwer. Seine negativen Eigenschaften seien: »mangelnde Transparenz, autoritäre Opazität und ein laxes Verhältnis zur Wahrheit«.[20] Vorsichtiger äußert sich die Gruppe der Traditionalisten im Umfeld der Webseite *Silere non possum*. Es wäre besser gewesen, betonen sie, die Frage keinem Gericht, sondern einer aus Kardinälen gebildeten Untersuchungskommission vorzulegen. Auf diese Weise wäre die nötige Diskretion gewährleistet und das Amt des Papstes geschützt worden. Doch auch diese konservative Strömung fällt ein eindeutiges Urteil: »Diese Entscheidung ist ganz klar am Schreibtisch des Papstes getroffen worden.«[21] Das sind gravierende Anschuldigungen.

Obwohl er von allen Seiten beschossen wird, tut Franziskus, als sei nichts gewesen. Doch die erbitterte Kritik setzt sich fort. Wenige Tage später gesteht der Papst beim Weihnachtsempfang für die römische Kurie: »Manchmal laufen wir […] Gefahr, uns wie reißende Wölfe zu verhalten: Wir versuchen sofort, die Worte des anderen zu verschlingen, ohne wirklich zuzuhören, und stülpen ihm sofort unsere […] Urteile über.«[22] Im Vatikan bricht sich die Wahrnehmung Bahn, dass nun auch die Affäre Becciu eine der Fronten ist, an denen sich der argentinische Papst – in der Endphase seiner Amtszeit – denen wird entgegenstellen müssen, die ihm die Glaubwürdigkeit absprechen. Geraldina Boni, Dozentin für Kirchenrecht an der altehrwürdigen Universität Bologna, bemängelt, dass das derzeitige Pontifikat von einer hektischen und chaotischen Abfolge einander überlappender Gesetze gekennzeichnet sei. In einer Analyse des »Jahrhundertprozesses« zeigt Professorin Boni mit dem Finger auf die vier *Rescripta*, die geheimen Papstdekrete, die die Ermittlungsbefugnisse der Staatsanwaltschaft im Vorfeld des Prozesses auf Kosten der Verteidigung erweitert haben, und betont, die Anomalien seien »derart auffällig« gewesen, dass sie »die Gerechtigkeit des gesamten Prozesses beeinträchtigt« hätten.[23]

Am Vorabend der Urteilsverkündung im Fall Becciu erinnert der Kirchenhistoriker Alberto Melloni an Kardinal Giovanni Morone, den Papst Paul IV. Carafa zwischen 1557 und 1559 verhören, verhaften, in der Engelsburg festsetzen und schließlich verurteilen ließ. Weil der Papst einige geltende Bestimmungen zu seinem Vorteil korrigiert hatte, wurde der Kardinal unter seinem Nachfolger rehabilitiert. Wird es Becciu genauso ergehen? Die Urteilsbegründung, die das vatikanische Gericht am 30. November 2024 veröffentlicht, umfasst über 700 Seiten und hebt hervor, dass, obwohl der Angeklagte nicht in eigenem Gewinninteresse gehandelt habe, der Straftatbestand der Amtsunterschlagung dennoch erfüllt sei, weil ohne die nötige Vorsicht und verantwortungsvolle Überprüfung der Partner, auf die man sich verließ,

Gelder für gewagte und hochspekulative Investitionen verwendet worden seien.[24]

Ein Detail, das in der Begründung des Gerichtshofs erwähnt wird, wirft ein besonders negatives Licht auf den ehemaligen Substituten. Es geht um die in Mali entführte kolumbianische Ordensfrau. Zunächst zahlte das Staatssekretariat 575 000 Euro an die britische Agentur Inkerman, die auf Entführungen spezialisiert ist. Zu einem späteren Zeitpunkt wurde die gleiche Summe in mehreren Raten noch einmal überwiesen, diesmal an Cecilia Marognas Firma LOGSIC, die »am Tag vor der ersten Zahlung ad hoc gegründet wurde«.[25] Nichts weist darauf hin, dass das Geld zu humanitären Zwecken verwendet worden ist.

Die ganze Geschichte hat einen üblen Beigeschmack und lastet schwer auf Bergoglios Pontifikat. Allerdings müssen die Geschehnisse vor dem Hintergrund der früheren Finanzskandale des Vatikans bewertet werden. Bergoglio stand der große Skandal der Vatikanbank IOR unter Karol Wojtyła vor Augen, als sich herausgestellt hatte, dass Erzbischof Paul Marcinkus in den Zusammenbruch des *Banco Ambrosiano* verwickelt gewesen war, und man den Bankier Roberto Calvi erhängt unter der Blackfriars Bridge in London gefunden hatte.

Nach komplexen Verhandlungen mit den internationalen Gläubigern hatte der Vatikan eine Zahlung von 250 Millionen Dollar leisten müssen, die man im Kirchenstaat jedoch nicht als Schuldeingeständnis, sondern als Geste des guten Willens verstanden wissen wollte. Nach dem Amtsantritt von Papst Franziskus erklärte Kardinal George Pell – damals Präfekt des Wirtschaftssekretariats –, dass in Wirklichkeit 406 Millionen Dollar gezahlt worden seien. Beinahe eine halbe Milliarde, Geld, das der Kirche und den Armen gehörte, zum Fenster hinausgeworfen. Ohne dass damals irgendjemand im Vatikan den Mund aufgemacht hätte.

Kapitel III.
Aufräumen

Schnell noch Ordnung machen. Die letzte Phase, in der Jorge Mario Bergoglio das Ruder in der Hand hält, ist von dem Bemühen geprägt, mit den geradezu feudalen Strukturen aufzuräumen, die sich unter seinen Vorgängern in der Kirche etabliert haben: der aggressiven Blockade der Kreise, die die Messe ausschließlich auf Latein feiern; der Superdiözese des Opus Dei; der lebenslangen Amtsausübung an der Spitze der kirchlichen Bewegungen. Der Papst will die Manipulationen des Charismas ausrotten: »Personalismen, Zentralisierung der Funktionen … Anzeichen von Selbstbezüglichkeit«.[1]

Der spektakulärste Schlag trifft das Motuproprio, mit dem Benedikt XVI. die lateinische Messe genehmigt hatte. Mit den Jahren, erklärt Franziskus, hätten sich Gegensätze aufgebaut, die »die Kirche verletzen«. Der argentinische Papst hat das Entgegenkommen, das der deutsche Papst den Lefebvre-Anhängern – Leugnern des Zweiten Vatikanischen Konzils – signalisierte, nie gutgeheißen. Vielleicht hätte er seine Maßnahme noch eine Weile aufgeschoben, wenn sich Joseph Ratzinger in jenem schicksalhaften Jahr 2020 nicht öffentlich gegen die Möglichkeit ausgesprochen hätte, verheiratete Männer zu Priestern zu weihen. Doch Ratzinger war sich der Tragweite seiner Geste nicht bewusst gewesen, und das Gleichgewicht mit Franziskus war dahin.

In seiner Zeit als Papst hatte Benedikt XVI. die Hoffnung gehegt, dass die Anhänger des Bischofs Marcel Lefebvre – der,

45

weil er die Konzilsreformen ablehnte, die schismatische Pries-
terbruderschaft St. Pius X. gegründet hatte und daraufhin von
Johannes Paul II. exkommuniziert worden war – in den Schoß der
Kirche zurückkehren würden. Im dritten Jahr seines Pontifikats
hatte Benedikt XVI. den vorkonziliaren Nostalgikern mit dem
Motuproprio *Summorum Pontificum* einen Freibrief ausgestellt.
Ab sofort durften sie an jedem beliebigen Tag mit Ausnahme
des österlichen Triduums und bei jeder beliebigen Gelegenheit –
Beichten, Trauungen, Taufen, Firmungen, Krankensalbungen –
das alte, unter Johannes XXIII. neu herausgegebene Rituale des
heiligen Pius V. verwenden.[2] Das alte römische Messbuch, so
Papst Benedikt, sei niemals abgeschafft worden – eine Aussage,
die schon damals unter den Bischöfen in aller Welt für Unmut
sorgte. Doch der deutsche Papst ließ sich nicht beirren: Das nach
dem Konzil eingeführte Messbuch sollte die ordentliche, das
Messbuch des heiligen Pius V. hingegen die »außerordentliche«
Ausdrucksform des einen und einzigen römischen Ritus sein.

Die Geschichte aber schreitet unerbittlich voran. Im Januar
2020 sabotiert Ratzinger die Beschlüsse der Amazonas-Synode,
und im Juli 2021 demontiert Papst Franziskus Ratzingers Dokument *Summorum Pontificum*. Im Titel von Bergoglios Motuproprio versteckt sich eine feine Ironie. Sein Vorgänger hatte sich
auf die *Summi Pontifices*, die Päpste der Vergangenheit, berufen.
Demgegenüber bezeichnet Franziskus die Bischöfe, die in Gemeinschaft mit dem Papst stehen, als *Traditionis custodes*, Hü-
ter der Tradition. Anschließend erklärt der Papst kurz und bündig, dass es in der Kirche für das »Gesetz des Betens« nur eine
Ausdrucksform, mithin nur eine Form des römischen Ritus gebe,
nämlich die der von Paul VI. und Johannes Paul II. bestätigten
nachkonziliaren Liturgiereform. Anschließend folgt eine Liste
von Anweisungen und Verboten: Nur der Bischof kann die Feier
nach dem römischen Messbuch von 1962 gestatten; der alte Ritus darf nicht in Pfarrkirchen zelebriert werden; es dürfen keine
neuen Personalpfarreien errichtet werden; die Orte und Tage, an

denen eine solche Feier möglich ist, müssen genau bestimmt werden; es ist nicht zulässig, neue Gruppen zu bilden, die die vorkonziliare Messe pflegen. Die Lesungen während der Messe müssen ausnahmslos in der Volkssprache vorgetragen werden.

Vor allem ist zu gewährleisten, dass diejenigen Gruppen, die die Messe nach dem alten Ritus feiern möchten, »die Gültigkeit und die Legitimität der Liturgiereform« und, wie Franziskus ausdrücklich schreibt, »der Bestimmungen des Zweiten Vatikanischen Konzils« nicht ausschließen. Denn genau darum geht es im Grunde.

Ferner wird – mit subtilem Sarkasmus an die Adresse der Traditionsideologen – darauf hingewiesen, dass der Priester, der den alten Ritus feiert, über eine »Kenntnis der lateinischen Sprache« verfügen soll, »die es ihm erlaubt, die [...] liturgischen Texte vollständig zu verstehen«.[3]

Der argentinische Papst hat nicht aus dem Stegreif agiert. Über ein Jahr lang hatte die Kongregation für die Glaubenslehre eine Konsultation der Episkopate durchgeführt und Fragebögen in alle Weltgegenden verschickt. Die Ergebnisse bestätigen Franziskus' drastische Entscheidung. Es trifft nicht zu, dass die Zugeständnisse – wie Papst Ratzinger gehofft hatte – die Autorität des Konzils nicht angetastet und die Pfarrgemeinden nicht gespalten hätten. Im Gegenteil, wie Papst Franziskus in einem Schreiben an alle Bischöfe erklärt: Das Entgegenkommen des deutschen Papstes ist benutzt worden, um »die Abstände zu vergrößern, die Unterschiede zu verhärten« und »Gegensätze aufzubauen, welche die Kirche verletzen«. Das beweist die wachsende »Ablehnung nicht nur der Liturgiereform, sondern des Zweiten Vatikanischen Konzils unter der unbegründeten und unhaltbaren Behauptung, dass es die Tradition und die ›wahre Kirche‹ verraten habe.«[4]

In der Zwischenzeit hat sich die Bewegung, die sich für den alten Ritus starkmacht, eine Struktur gegeben. Die Internationale Vereinigung der Unterstützer der alten Messe wurde gegründet, und 2012 wurde die Initiative einer jährlichen Rom-Wallfahrt des

Populus Summorum Pontificum ins Leben gerufen, eines ›Volkes‹ aus Ratzinger-Anhängern. Der italienische Theologe Nicola Bux, der gemeinsam mit dem sri-lankischen Kardinal Malcom Ranjith die Idee zu der ersten Wallfahrt hatte, leugnet nicht, dass Franziskus Grund hat, besorgt zu sein. Der Lefebvre-Aufstand, sagt er, ist eine Tatsache. Manche erbitterten Traditionalisten wüssten nur wenig über das Konzil. Doch der größte Teil der Bewegung, die sich den alten Ritus zurückwünscht, bestehe aus konservativen Katholiken, die das II. Vaticanum nicht ablehnen, sondern der Auffassung sind, dass es, wie von Benedikt XVI. gewollt, im Sinne der Tradition interpretiert werden müsse.

Die übliche Sonntagsmesse, so Bux, werde von Frauen und alten Menschen besucht, »doch in der Messe nach dem alten Ritus sieht man viele Männer und viele junge Leute«. In Frankreich, fügt er hinzu, komme ein Drittel aller Seminaristen aus der Tradition des alten Ritus, in den Vereinigten Staaten seien zahlreiche Seminaristen auf derselben Linie. Und auch in Deutschland gebe es einen tiefen Katholizismus, der sich im derzeitigen kirchlichen Establishment nicht wiedererkenne.

Der Grund? »Die Sehnsucht nach einer Begegnung mit dem Heiligen, die nicht von der Selbstdarstellung des Priesters gestört wird … Im alten Ritus spricht der Priester fast gar nicht.« Man könne in die Messe gehen, weil man unterhalten werden wolle, so Bux, oder weil man »vor Gott stehen und sein Wort hören will … und dazu braucht es Feierlichkeit, … eine Sammlung im Angesicht jener Gegenwart, die die Juden Schechina nennen.«[5]

Die in *Traditionis custodes* ausgesprochenen Verbote rufen Proteste hervor. In Frankreich schreiben zwölf traditionalistische Gruppierungen einen offenen Brief an die Bischöfe. Darin bitten sie um eine Mediation beim Vatikan und klagen, sie würden »misstrauisch beäugt und ausgegrenzt«. Kardinal Robert Sarah, damals Präfekt der Kongregation für den Gottesdienst, wendet sich unverzüglich an den Pontifex, um gegen das Verbot der traditionalistischen Messfeiern an den Seitenaltären des Petersdoms zu protestieren, und verlangt die Zurücknahme von Vorschriften, die »weder der Wahrheit noch dem Recht entsprechen«.[6] In ähnlicher Weise äußert sich auch das Trüppchen der unverbesserlichen Konservativen unter den Purpurträgern: Raymond Burke, Gerhard Ludwig Müller und Walter Brandmüller.

Doch Franziskus geht seinen Weg weiter. Im Februar 2023 weist er den Präfekten des Dikasteriums für den Gottesdienst, Kardinal Arthur Roche, noch einmal nachdrücklich auf die Notwendigkeit hin, die Vorschriften in aller Strenge umzusetzen. Wenn ein nach der Promulgation von *Traditionis custodes* geweihter Priester die Messe nach dem alten Ritus feiern will, kann die Genehmigung dazu nur vom Heiligen Stuhl erteilt werden.

Plötzlich tauchen in den an den Vatikan angrenzenden Straßen Protestplakate auf. Auf einigen prangt ein Zitat Benedikts XVI.: »Was früheren Generationen heilig war, bleibt auch uns heilig und groß; es kann nicht plötzlich rundum verboten oder gar schädlich sein.«[7] In den Vereinigten Staaten entzieht Thomas Paprocki, der Bischof von Springfield, aus Trotz gegenüber dem Papst einer Kirche ihren Status als »Pfarrkirche«, damit die Messe dort weiterhin uneingeschränkt nach dem alten Ritus gefeiert werden kann.

Vor allem in Paris machen seit 2021 traditionalistische Gruppen mobil, die sich als »Beschützer der traditionellen Messe« bezeichnen. Seit einiger Zeit treffen sie sich wöchentlich zu Gebetswachen vor der vatikanischen Nuntiatur und später vor den Büros des Erzbistums. Wiederholte Umfragen, so betont Louis Renaudin, Mitorganisator der Kundgebungen, hätten bestätigt, dass ein Drittel der praktizierenden Katholiken in Frankreich sich der traditionellen Liturgie verbunden fühlt und mehr als die Hälfte ein Nebeneinander beider Riten befürwortet. »Wir haben immer noch nicht verstanden, weshalb einige Leute wollen, dass wir unseren katholischen Glauben ändern«, erklärt er.[8]

Im Großen und Ganzen agieren die französischen Bischöfe mit Vorsicht. Christian Marquant, der Vorsitzende der Vereinigung Coetus Internationalis Summorum Pontificum, die die jährliche Rom-Wallfahrt der Traditionalisten organisiert, ist zufrieden: »Hier in Paris ist die Situation luxuriös. Die alte Messe wird in sechs Pfarrkirchen, einer Kapelle und drei weiteren Pfarreien der Piusbruderschaft (der Lefebvre-Anhänger) gefeiert. Die Bischöfe sind kompromissbereit, sie wollen keinen Krieg.«[9]

Frankreich ist keine Ausnahme. Denn der Traditionalismus ist – dessen wird man sich in der katholischen Kirche allmählich bewusst – keine Angelegenheit, die nur die Nostalgie einiger Splittergruppen betrifft. Er ist ein altes Phänomen, das sich aber mit neuer Hartnäckigkeit präsentiert. Obwohl am Wendepunkt des Zweiten Vatikanischen Konzils entstanden – einem Trauma für alle, die nicht in der Lage waren, sich von den beinahe ein halbes Jahrtausend alten theologischen und ideologischen Strukturen des Trienter Konzils zu lösen –, ist der religiöse Traditionalismus (und zwar nicht nur bei den Katholiken!) heute wieder auf dem Vormarsch. Er scheint sich parallel zu bestimmten Erscheinungen in Politik und Gesellschaft zu entwickeln: identitären Strömungen oft reaktionärer Prägung, die sich seit einigen Jahren in mehreren europäischen Ländern manifestieren. Und nicht nur dort: Auf der anderen Seite des Atlantiks – man denke an Donald Trump in den USA und Jair Bolsonaro in Brasilien – sieht es ähnlich aus.

In dieser Rückwärtsbewegung mischen sich liturgischer Traditionalismus, Pro-Life-Aktivismus und Bewegungen gegen die Homo-Ehe und die Gendertheorie. »Die Neokonservativen gewinnen an Einfluss und an Gewicht«, meint Pierre Vignon, ehemaliger Kirchenrichter in Lyon. »Ihr Antrieb ist die Angst und die Sehnsucht nach einer Zeit, in der ihrer Meinung nach alles gut war.« Vignon ist der Priester, der im Bistum Lyon die öffentliche Meinung mobilisierte und eine Petition mit über 100 000 Unterschriften initiierte, um den damaligen Kardinal Philippe Barbarin zum Rücktritt zu zwingen, der über die Missbrauchsverbrechen des Priesters Bernard Preynat geschwiegen hatte. Zwar hatte Preynat die Verbrechen unter Barbarins Vorgängern begangen, doch der Kardinal hatte sie, nachdem er davon erfahren hatte, nicht zur Anzeige gebracht und musste 2020 seinen Rücktritt einreichen. »Die Rückwärtsgewandten«, so Vignon, »wollen ›die Schrauben anziehen‹, sie haben Angst vor der Freiheit und suchen in der allgemeinen Orientierungslosigkeit nach einfachen Lösungen.«[10]

»Je ›flüssiger‹ die Kirche in puncto Moral und Katechismus wird, desto mehr erkennen sich die Leute in den traditionellen Formen wieder«, betont dagegen Marquant, Leiter von Coetus Internationalis. Die Hochburgen liegen in Frankreich und den Vereinigten Staaten, doch die traditionalistische Bewegung, erklärt er, sei auch in Italien, Deutschland, Spanien, Portugal und Lateinamerika aktiv und auf dem Vormarsch. 2021 habe der Vorsitzende der Italienischen Bischofskonferenz, Kardinal Matteo Zuppi, bei der Vesper im Rahmen der traditionalistischen Rom-Wallfahrt eine Ansprache gehalten: »Die Kirche gehört allen«, habe er erklärt. Mit einem Mal, so Marquant weiter, seien Initiativen in Südkorea, Japan und Hongkong entstanden. Auf der Wallfahrt 2023 sei sogar das chinesische Festland mit einer Abordnung vertreten gewesen.

Der Mönch und Bibelwissenschaftler Enzo Bianchi, der Franziskus in seinem Reformkurs unterstützt und seinerzeit von ihm zum Konsultor des päpstlichen Rats für die Einheit der Christen ernannt wurde, ist davon überzeugt, dass sich die katholische Kirche mit diesem Phänomen auseinandersetzen muss. »Manche traditionalistischen Klöster in Frankreich sind echte Oasen«, sagt er. »Die Mönche, denen man dort begegnet, die in den Weinbergen arbeiten und Brot backen, sind jung. Sie haben sympathische, offene Gesichter und feiern eine perfekte benediktinische Liturgie.« Es wäre falsch, diese Realität zu ignorieren: »Minderheiten müssen ernstgenommen werden.«[11] Man müsse umgehen mit dem, was in Europa, in den Vereinigten Staaten und auch in Afrika geschieht.

Die Partie ist noch nicht entschieden. Im Petersdom in Rom sind alle traditionalistischen Zelebrationsformen unters Fallbeil gekommen. Nur eine Frühmesse in den vatikanischen Grotten darf noch auf Latein gefeiert werden. Elf Jahre lang war die Traditionalistenwallfahrt Ende Oktober mit einer feierlichen Messe am Altar der Kathedra zu Ende gegangen. Selbst in den beiden Jahren nach der Veröffentlichung des Motuproprios von 2021 war der Vatikan nicht eingeschritten. Doch seit 2023 ist das vorbei. Kardinal Arthur Roche, Präfekt der Gottesdienstkongregation, lehnt jedes Treffen mit Vertretern von Coetus Internationalis kategorisch ab.

Es ist schwierig einzuschätzen, wie groß die Bewegung tatsächlich ist. Das Bergoglio-Pontifikat ist von der Koexistenz auseinanderstrebender Tendenzen gekennzeichnet, die zur Tribalisierung neigen. Marquant erkennt in Franziskus' Pontifikat einen demagogischen Zug, den Trend, »mit dem Strom zu schwimmen«, und insgesamt einen Mangel an Kohärenz. Überraschend zeigt sich der Vorsitzende von Coetus Internationalis offen für die Idee der *Viri probati*, also die Möglichkeit, verheiratete Männer zu Priestern zu weihen. Diakoninnen? Nein. Verheiratete Priester? Vielleicht.

Die katholische Landschaft ist bunt, komplexer als das schlichte Schwarz oder Weiß. Unmut, Unbehagen und identitäre Bestrebungen gehen nahtlos ineinander über. Bis sich alle Triebkräfte in der Schlacht des nächsten Konklaves entladen werden.

Das Verbot der lateinischen Messe ist nicht die einzige Diskontinuität mit der Ära Wojtyła und Ratzinger. Franziskus verspürt das Bedürfnis, auf dem Feld der kirchlichen Bewegungen Ordnung zu schaffen, die in der zweiten Hälfte des 20. Jahrhunderts ins Kraut geschossen sind. 1998 hatte Johannes Paul II. dem 20. Jahrhundert gleichsam sein Siegel aufgedrückt und auf dem zum Bersten gefüllten Petersplatz erklärt, der Wind des Geistes habe die Kirche ergriffen, die Menschen mitgerissen und sie auf »neue Wege des missionarischen Engagements für den radikalen Dienst am Evangelium« geführt.[12] Es war der Vorabend des Pfingstfests und man begann, von einer neuen Etappe im Leben der Kirche zu sprechen. Einige Gründer neuer Bewegungen wurden vom Papst persönlich begrüßt: Chiara Lubich von der Fokolarbewegung, Kiko Argüello vom Neokatechumenalen Weg, Jean Vanier von der Arche und Luigi Giussani von Comunione e Liberazione.

Kaum 14 Jahre später gerät die Fraternität Comunione e Liberazione in eine schwere Krise. In den 1970er Jahren hatte die Bewegung mit einer Mischung aus Leidenschaft und Fundamentalismus brillant die Bühne erobert und den neomarxistischen Bewegungen der 68er eine eigene Bewegung entgegengesetzt, die auf dem »christlichen Faktum« basierte: einem Ereignis, so der Gründer Don Luigi Giussani, das in die Menschheitsgeschichte eingetreten sei. Gemeinsam mit den »Memores Domini«, zölibatären Laiinnen und Laien, hatte sich Comunione e Liberazione mit Macht im akademischen, kulturellen, verlegerischen und sozialen Bereich ausgebreitet und auch ökonomische Aktivitäten entfaltet, die sich in Genossenschaften und Firmen unter dem Dach der Wirtschaftsvereinigung Compagnia delle Opere niederschlugen. In verschiedenen Ländern der Welt entstanden Ableger. Ein Mitglied, Angelo Scola, stieg in der Kirche zu hohen Würden auf: Patriarch von Venedig, Erzbischof von Mailand und nach dem Rücktritt Benedikts XVI. sogar *Papabile* auf dem Konklave von 2013.

Der politische Arm von Comunione e Liberazione, der Movimento Politico, war zunächst mit der Democrazia Cristiana verbandelt, ehe er in den Dunstkreis von Silvio Berlusconi geriet. Genau dieses politische Abenteuer brachte die Bewegung ins Straucheln. Anfang der 2010er Jahre wird Roberto Formigoni, der erfolgreichste CL-Politiker – Mitglied des italienischen und des europäischen Parlaments und schließlich mehrfach wiedergewählter Präsident der Region Lombardei – in eine Reihe von Ermittlungen und Skandalen verwickelt, die 2019 in seiner endgültigen Verurteilung gipfeln: fünf Jahre und zehn Monate Haft wegen Korruption.[13]

Im schicksalhaften Jahr 2012 verfasst der Priester Julián Carrón, der seit Giussanis Tod die Leitung von Comunione e Liberazione übernommen hat, einen tieftraurigen und selbstkritischen Artikel für die Tageszeitung *la Repubblica*, in dem er die Verflechtung von religiöser Begeisterung und politisch-ökonomischer Machtgier beschreibt. In der öffentlichen Meinung, klagt er, werde Comunione e Liberazione immer wieder »mit der Anziehungskraft der Macht, des Geldes, des Lifestyles in Verbindung gebracht«, die mit den eigentlichen Zielsetzungen der Bewegung nicht das Geringste zu tun hätten. Eine Läuterung sei unabdingbar.[14]

Es bleibt nicht bei dieser einen Abirrung. Anfang des neuen Jahrtausends ziehen auch über der Gemeinschaft der Arche, die 1998 an dem großen Treffen mit Johannes Paul II. teilgenommen hatte, dunkle Wolken auf. Die Geschichte des Gründers liest sich wie ein erbauliches Gleichnis. Jean Vanier, ein Marineoffizier, der am Zweiten Weltkrieg teilgenommen hat, beginnt, sich existenzielle Fragen über den eigenen Weg zu stellen. Er gibt seine Militärlaufbahn auf, wird Philosophiedozent und ist – so wird erzählt – eines Tages tiefbetroffen beim Anblick eines behinderten Kindes. Nachdem er in dem Dominikanerpater Thomas Philippe einen geistlichen Leiter gefunden hat, gründet er 1964 die Arche-Gemeinschaft für Menschen mit geistiger Behinderung und später gemeinsam mit Marie-Hélène Mathieu die Internationale Vereinigung Glaube und Licht.

Vaniers Idee ist es, Menschen mit geistiger Behinderung in Hausgemeinschaften, in ein familiäres und freundschaftliches Umfeld zu integrieren und an Entscheidungsprozessen zu beteiligen.

Das Arche-Modell ist außerordentlich erfolgreich. Der ersten Gemeinschaft folgen weitere, und schließlich sind es 160 in 37 Ländern: von Argentinien bis Bangladesch, von Australien bis Kroatien und Burkina Faso. Vanier, 1998 Protagonist einer langen Umarmung mit Papst Wojtyła auf dem Petersplatz, erhält den Orden der Ehrenlegion, den Pacem in Terris Award und den Templeton-Preis. 2010 wird der neue Asteroid 8064 nach ihm benannt. Die Mitglieder der Bewegung und die Bewunderer seines Engagements sind von ihm fasziniert. Vanier gibt ihnen spirituelle Nahrung. In einem Brief an seine Anhänger erzählt er: »Ich bin gerne bei Ihm (Jesus), der jeden Menschen liebt, unabhängig von seiner Kultur, seinem Alter, seiner Religion, seiner Geschichte, seinen Schwächen und Stärken.«[15] Franziskus besucht eine seiner Gemeinschaften, »Chicco«, in Rom. 2019, kurz vor seinem Tod, telefoniert er noch mit ihm. »[Er wusste] um die christliche Fruchtbarkeit […], die im Geheimnis des Todes, des Kreuzes, der Krankheit, im Geheimnis derer, die in der Welt verachtet und verworfen werden, liegt […] und ich danke Gott, dass er uns diesen Mann […] gegeben hat.«[16]

Die Bombe platzt nach seinem Tod. Jean Vanier wird für schuldig befunden, erwachsene Frauen unter dem Deckmantel der ›geistlichen Begleitung‹ manipuliert und missbraucht zu haben. Die Vorfälle erstrecken sich über einen Zeitraum, der von den frühen Siebzigern bis ins Jahr 2005 reicht. »Jesus liebt dich durch mich …«, sagte er zu den Frauen, oder: »Du bist auserwählt … du bist etwas Besonderes … das ist ein Geheimnis.«[17] Zwei aufeinanderfolgende Untersuchungen bringen ans Licht, dass er mit mindestens 25 Frauen – Singles, Ehefrauen und Gottgeweihten – Beziehungen unterhalten hat. Beziehungen, die laut Untersuchungsbericht in einigen Fällen als übergriffig und in anderen als missbräuchlich einzustufen sind und in denen er sich einer vom Hohelied oder von religiösen Bilderwelten inspirierten Sprache bediente. Stephan Posner und Stacy Cates Carney, die neuen internationalen Leiter der Arche-Gemeinschaften, zeigen sich erschüttert: »Wir verurteilen diese Handlungen uneingeschränkt. Sie stehen in krassem Gegensatz zu den von Jean Vanier vertretenen Werten«, sind »unvereinbar mit den elementarsten Regeln des Respekts und der Unversehrtheit der Person und widersprechen den Grundprinzipien unserer Gemeinschaften«. Die Ermittlungen ergeben, dass keiner der Menschen mit Behinderung, die der Obhut der Arche anvertraut sind, zu den Opfern gehörte.[18] Die französischen Bischöfe bringen ihre Bestürzung und Trauer zum Ausdruck.

Angesichts der rasch wachsenden Zahl an neuen Gemeinschaften, die sich kaum kontrollieren lassen, greift Franziskus zu einer drastischen Maßnahme, um die spirituelle und psychologische Herrschaft zu brechen, die die Leitenden kraft ihres Charismas womöglich über die Mitglieder der Gemeinschaft ausüben. Der Vatikan ordnet an, dass alle Oberen nicht mehr als zwei Mandate in Folge wahrnehmen dürfen. Es ist das Jahr 2021. Ein Dekret des Dikasteriums für die Laien schreibt fest, dass in allen, privaten wie öffentlichen, internationalen Vereinigungen von Gläubigen Leitung und Mandate in den zentralen Leitungsgremien auf fünf Jahre beschränkt sein müssen. Niemand darf sein Mandat länger als zehn Jahre in Folge ausüben.[19] Auf diese Weise will der Papst oberflächliche Schwärmereien unterbinden und verhindern, dass eine übermäßige Verehrung des Leiters oder der Leiterin »schweren Verletzungen der persönlichen Würde und Freiheit [und] Missbräuchen im eigentlichen Sinne« Vorschub leistet.[20]

Es scheint offensichtlich, dass sich Franziskus in der Schlussphase seines Pontifikats bemüht, den grundlegenden Strukturen der katholischen Kirche – den Bistümern und Pfarreien – ihre Vorrangstellung zurückzugeben. Luca Diotallevi, ein Soziologe, der lange mit der Italienischen Bischofskonferenz zusammengearbeitet hat und den Katholizismus aus der marktwirtschaftlichen Perspektive »des religiösen Angebots und der religiösen Nachfrage« analysiert, vertritt die Auffassung, die Aufwertung der Bewegungen sei aus der Idee entstanden, »die Kirche aus einem Unternehmen in eine Holding zu verwandeln. Eine kompakte Kirche, die viele Segmente kontrolliert«. Das aber funktioniere nur, solange die Kirche stark sei. In Wirklichkeit, erklärt er, ließen sich die Bewegungen nicht mit der kirchlichen Gesamtstruktur vereinbaren, weil sie »dazu neigen, ihren eigenen Klerus und ihren eigenen Katechismus zu haben und Nischen zu bilden«.[21]

Das komplexe Panorama der heutigen katholischen Welt wieder zu einer organischen Einheit zu formen ist überaus schwierig. Der Katholizismus des 21. Jahrhunderts ist keine kompakte Pyramide, an deren Spitze der römische Pontifex die Befehle gibt und wo sich jedes Rädchen in dieselbe Richtung dreht. Die neuen Gemeinschaften haben eine Vielzahl an Experimenten hervorgebracht: gemischte Gemeinschaften aus Männern und Frauen, Gemeinschaften aus ledigen Frauen und Männern und verheirateten Paaren mit Kindern. Utopien, von denen man im Vatikan allmählich wieder Abstand nimmt. Die neue, von Franziskus verfochtene Linie hat Überprüfungen, kommissarische Leitungen und Auflösungen zur Folge.

Franziskus weiß, dass die neuen Bewegungen der Kirche frische Impulse gebracht haben. Er weiß aber auch, dass sie zu einer Selbstbezüglichkeit neigen, die den Katholizismus in einen Stammesverband zu verwandeln droht.

Im selben Jahr, in dem das Dekret über die Neuordnung der Leitungsämter in den Bewegungen erlassen wird, trifft der argentinische Papst mit den Vertretern aller neuen Gemeinschaften zusammen und warnt sie davor, in einer »Parallelwelt« zu leben und sich an falschen Sicherheiten zu berauschen. Die schonungslose Offenheit, mit der er die faulen Stellen in den kirchlichen Strukturen aufdeckt, macht diese Ansprache, die er am 16. September 2021 in der Audienzhalle hält, zu einer der außergewöhnlichsten seines Pontifikats. Im Vatikan, so der Papst, seien sie damit beschäftigt, die Vereinigungen zu überprüfen, die in den letzten Jahrzehnten der Nachkonzilszeit entstanden sind. »Es ist seltsam, es ist sehr seltsam. Viele, sehr viele [...] sind in sehr harte Situationen geraten [...], sie sind in schändliche Sünden abgeglitten.« Viele seien als Erlöser aufgetreten und hätten sich dann in schmutzige Dinge hineinziehen lassen. Der Papst prangert Machtdrang und Aneignung des Gründungscharismas an und erzählt vom Fall einer Ordensfrau, die sogar zu Wahlversprechen bereit war. Als würde man sagen: »Ja, haltet Wahlen ab, aber ich habe das Kommando.«[22] Franziskus kennt sie gut, die Laster der alten und neuen kirchlichen Welt, und prangert sie lautstark an. Und je weiter er geht, desto größer werden der Beifall und der Hass, den er erntet.

Der härteste Schlag in dieser Zeit des großen Aufräumens aber trifft das Opus Dei, dem Franziskus 2022 seine Privilegien entzieht. In der zweiten Hälfte des 20. Jahrhunderts war das Opus das Wunderkind der kirchlichen Hierarchie. Schon der Name war ambitioniert: Werk Gottes. Der Gründer, Josémaria Escrivà de Balaguer, wird mit 23 Jahren Priester. Mit 26 glaubt er, eine Vision zu haben, und als er 39 Jahre alt ist, wird sein »Werk« auf Diözesanebene als fromme Vereinigung anerkannt. 1950 dann erfolgt vonseiten des Heiligen Stuhls die Errichtung als Säkularinstitut. Es sind betriebsame Jahre. Das Opus verlegt seinen Hauptsitz nach Rom, während sich seine Initiativen in Europa, den Vereinigten Staaten, Kanada und Lateinamerika ausbreiten. Die Opus-Dei-Universität in Navarra wird ins Leben gerufen, in Rom entsteht das berufsbildende Zentrum ELIS, und in der Provinz Huesca in Aragonien gründet das Werk seinen eigenen Marienwallfahrtsort Torreciudad. Es folgen weitere Initiativen wie die angesehene IESE Business School in Barcelona, die private Pan-Atlantic University in Nigeria oder das Palliativzentrum Laguna in Madrid. Als Escrivà 1975 stirbt, zählt die Organisation eigenen Angaben zufolge bereits 60 000 Mitglieder in 60 Nationen.

Der endgültige Durchbruch gelingt während des Pontifikats von Karol Wojtyła, der dem Opus 1982 den Status einer »Personalprälatur« verleiht. Neun Jahre später wird Escrivàs Nachfolger, Prälat Álvaro del Portillo, von Johannes Paul II. persönlich zum Bischof geweiht. Das Opus wird – ein Sonderfall – zu einer Art bistums- und länderübergreifender Diözese: Seine Mitglieder, Kleriker und Laien, unterstehen der obersten Autorität des Prälaten, der gleichzeitig Bischof ist. Auch in Rom eröffnet das

Opus eine internationale Universität. Seine Priester werden in der Priestergesellschaft vom Heiligen Kreuz zusammengefasst. Ungewöhnlich schnell wird Escrivà 1992, kaum 17 Jahre nach seinem Tod, selig- und 2002 heiliggesprochen. Beide Feiern finden unter dem Vorsitz von Papst Johannes Paul II. statt. Zwölf Jahre später wird auch Álvaro del Portillo seliggesprochen.

Die Leitidee, die zur Folge hat, dass das Opus in den Wohlstandsgesellschaften der nördlichen Hemisphäre vertreten ist und gleichzeitig auf der Südhalbkugel in die Nähe derjenigen Gesellschaftskreise kommt, die nach einer Modernisierung streben, besteht in der Vorstellung, dass Heiligkeit keine Trennung von der Welt voraussetzt, sondern im lebendigen Alltag der beruflichen Arbeit erlangt wird. Arbeiten heißt, sich zu heiligen und den Willen Gottes zu erfüllen. Die Struktur der Organisation ist differenziert. Es gibt »Numerarier«, zölibatäre Akademiker, die in den Zentren des Opus Dei tätig sind; »Assoziierte«, die nicht heiraten, aber in ihrem familiären Umfeld oder allein leben; »Supernumerarier«, die heiraten dürfen; »Mitarbeiter«, die weder katholisch noch christlich noch überhaupt gläubig sein müssen, aber an sozialen und pädagogischen Aktivitäten des Opus mitwirken und seine Spiritualität teilen; und schließlich »Hilfsnumerarierinnen«, die sich vor allem durch Hausarbeit um die materielle Versorgung der Opus-Dei-Zentren kümmern.

In der langen Wojtyła-Ratzinger-Ära macht der Mix aus modernen und katholisch-identitären Ansätzen, dogmatischem Traditionalismus (einschließlich der Ermutigung zu körperlichen Abtötungen), professioneller Effizienz und dem Willen, wie die Jesuiten zur Zeit der Gegenreformation Einfluss auf die herrschenden Klassen auszuüben, das Opus zu einer treibenden Kraft im Projekt der »Neuevangelisierung« der rasch verweltlichenden Gesellschaft. Im Rampenlicht stehen in jenen Jahren Persönlichkeiten wie der Journalist Joaquín Navarro-Valls, Pressesprecher Johannes Pauls II., und Raffaello Cortesini, der erste italienische Chirurg, der eine Niere von einem Lebendspender transplantiert und später eine Dreifachtransplantation von Niere, Bauchspeicheldrüse und Darm durchgeführt hat. Beide sind Numerarier. Cortesini wird später heiraten und das Opus verlassen.

In der Zeit nach dem Konzil entflammen immer wieder heftige Debatten. Umstritten ist unter anderem die Geheimhaltung der Statuten und Regeln des Opus; der Eintritt von Jugendlichen ohne Wissen ihrer Eltern; die Verpflichtung der Mitglieder, bei Opus-Dei-Priestern zu beichten; die über die Mitglieder ausgeübte Kontrolle; und der Druck, mit dem erreicht werden soll, dass Testamente zugunsten der Organisation abgefasst werden. Ein entschiedener Gegner der Eigenständigkeit, mit der das Opus agiert, ist in den 80er Jahren des vergangenen Jahrhunderts der englische Kardinal Basil Hume.

Auch in Spanien kommt es zu Kontroversen, als einige Opus-Dei-Mitglieder zwischen Ende der 50er und Anfang der 70er Jahre – in der sogenannten Zeit der ›Technokraten‹ – Regierungsämter übernehmen. Andere in den Medien geführte Polemiken betreffen die direkte oder indirekte finanzielle Macht des Opus.

Für negative Reaktionen sorgen in jener Zeit nicht zuletzt die schwerwiegenden psychologischen Mittel, mit denen man versucht, Austrittswillige zum Bleiben zu bewegen. In ihrem Buch *Hinter der Schwelle* beschreibt María del Carmen Tapia ihren dramatischen Weg aus der Organisation als eine zermürbende Reihe von Befragungen, die schließlich in einem stürmischen Zusammentreffen mit Escrivà gipfelte. Dabei habe er ihr gedroht, damit sie die Interna des Opus nicht publik mache, sie angeschrien und als »Hure« und »Schlampe« beschimpft.[23] Das Buch erschien 1992, im Jahr von Escrivàs Seligsprechung. Neun Jahre später allerdings, im Jahr vor der Heiligsprechung, veröffentlichte die Nachrichtenagentur ANSA eine Erklärung der inzwischen 76-jährigen Autorin, die möglicherweise – wie manche glauben – unter Druck zustande gekommen sein könnte. Darin schreibt Tapia – die ihr Buch gleichwohl nicht widerruft –, dass gravierende Fehler, die in einer Institution unter Umständen begangen würden, kein Grund seien, »die Heiligkeit des Opus-Dei-Gründers in Zweifel zu ziehen«.[24] 2021 jedoch rebellieren 43 Hilfsnumerarierinnen des Opus – die Haushälterinnen der Organisation – in Argentinien, Paraguay, Bolivien und Uruguay und klagen über Ausbeutung, aufreibende Arbeitszeiten und mangelnde Aufmerksamkeit vonseiten ihrer Oberen. Auch dem Vatikan geht eine Abschrift ihrer Beschwerde zu.[25]

Die Jahre unter Wojtyła und Ratzinger sind für das Opus Dei ein goldenes Zeitalter. Zwei seiner Mitglieder erhalten den Purpur: Johannes Paul II. macht Juan Luis Cipriani, den Erzbischof von Lima, und Julián Herranz, den Präsidenten des päpstlichen Rates für die Gesetzestexte (eine Art Verfassungsgericht des Vatikans), zu Kardinälen. Benedikt XVI. wird Herranz später die heikle Aufgabe anvertrauen, die Untersuchungskommission zu leiten, die mit dem ersten großen Vatileaks-Skandal befasst ist. Mit dem Amtsantritt von Papst Franziskus aber dreht sich der Wind. Das Opus Dei – obwohl es aufgrund seiner Lehrtradition konservativere Positionen vertritt, als sie in gewissen spontanen reformorientierten Entscheidungen des argentinischen Papstes zum Ausdruck kommen – zieht den Kopf ein und lässt sich in keine der Auseinandersetzungen verwickeln, die dessen Pontifikat Jahr um Jahr erschüttern.

Franziskus ist vom Opus-Modell weniger begeistert als seine Amtsvorgänger. Der erste Warnschuss ist deutlich zu hören: Die Seligsprechung von Escrivàs erstem Nachfolger Prälat Bischof Álvaro del Portillo – das Verfahren war noch unter Benedikt XVI. abgeschlossen worden – soll, so entscheidet Franziskus, nicht auf dem Petersplatz, sondern in Madrid gefeiert und der neue Selige nicht vom Papst proklamiert werden. Nach del Portillos Tod 1994 hatte ein weiterer Prälat und Bischof, Javier Echevarría, die Leitung des Opus übernommen. Als Echevarría 2016 stirbt, tritt im Januar 2017 Msgr. Fernando Ocáriz seine Nachfolge an, wird aber von Franziskus nicht zum Bischof geweiht. Ein Jahr vergeht, fünf Jahre vergehen: Die Botschaft ist klar.

2022 senkt sich das Fallbeil über die Superdiözese Opus Dei. Mit einem Motuproprio nimmt der Pontifex die Konstruktion der Prälatur auseinander. Es bedürfe, so der Papst, »einer Leitungsform, die mehr auf dem Charisma als auf hierarchischer Autorität beruht«.[26] Der Prälat ist ab sofort kein Bischof mehr und wird dies auch in Zukunft nie wieder sein. Damit untersteht die Prälatur nicht mehr dem Dikasterium für die Bischöfe, sondern dem für den Klerus. Das Opus wird seine Statuten ändern und sich durch jährliche Berichte einer permanenten Kontrolle unterziehen müssen. Ein Jahr später erklärt ein zweites Motuproprio das Opus Dei zu einer einfachen priesterlichen Vereinigung päpstlichen Rechts. Dem Prälaten, der künftig als »Moderator« fungiert, unterstehen lediglich die Priester und Diakone der Priestergesellschaft vom Heiligen Kreuz, während sich die Laien wie alle Gläubigen vor den örtlichen Pfarrern und Bischöfen zu verantworten haben.

Es ist ein harter Schlag, und er trifft das Rückgrat des Opus Dei. Die Kraft der Prälatur nämlich, erklärt der Kirchenhistoriker Pater Giancarlo Rocca, beruhe auf den Laien. Während dem Opus ungefähr 2000 ordinierte Numerarier und der Priestergesellschaft vom Heiligen Kreuz noch einmal etwa genauso viele Priester angehören, die in ihren Diözesen inkardiniert bleiben, beläuft sich die Zahl der engagierten Gläubigen auf 93.600 Personen, die, so verlangt es Franziskus, künftig mit der Prälatur besondere ›Verträge‹ über ihre Zusammenarbeit abschließen müssen. Keine leichte Bewährungsprobe für das Opus. Die aktuelle Reform, die mit dem Dikasterium für den Klerus ausgehandelt wurde, erfordert tiefgreifende Veränderungen in der Organisation. Jahrzehntelang hatten das sehr eigenwillige Zugehörigkeitskonzept und die Neigung zur Geheimhaltung dafür gesorgt, dass ein Austritt aus dem Opus Dei immer schwierig und psychologisch mühselig war. Escrivá machte keinen Hehl daraus, dass er einen solchen Schritt als Verrat betrachtete. Anders als andere Ordensvereinigungen veröffentlicht die Prälatur keine eigenen Statistiken über die Austritte, die es gleichwohl gegeben hat und unter denen sich bedeutende Namen finden: der Theologe Raimon Panikkar beispielsweise oder Antonio Pérez, der ehemalige Generalsekretär des Opus. In Quellen der Organisation ist von 300 bis 400 Austritten pro Jahr die Rede. Länder mit steigenden Zuwachsraten sind die Vereinigten Staaten, Brasilien und Nigeria. In jedem Fall ist das Opus Dei zu 90 Prozent in Europa und Nordamerika verwurzelt.

Dabei hatte man bereits begonnen, sich dem neuen Klima des Bergoglio-Pontifikats anzupassen, und etwa klargestellt, dass Jugendliche zwischen 16-einhalb und 18 Jahren sich dem Werk nur mit ausdrücklicher Zustimmung der Eltern annähern dürfen. In einem 2018 auf der Webseite des Opus veröffentlichten Artikel heißt es, dass für den Austritt aus der Organisation lediglich ein Brief an den Prälaten erforderlich sei: »Darin muss keine Begründung gegeben, sondern lediglich der freie, eindeutige und ausdrückliche Wille auszutreten erklärt werden.«[27] Beim nächsten Konklave wird das Opus gleichwohl eine Rolle spielen.

Kapitel IV.
Das Rätsel der Jugend

Franziskus kommt nach Lissabon und schwärmt vom Meer. »Hier … wo das Land endet und das Meer beginnt«, ruft er mit den Worten des Nationaldichters Luís de Camões. Auch Buenos Aires liegt am Meer: Aus den Worten des Papstes spricht ein Hauch von Heimweh. »Klangvolles Meer, Meer ohne Boden, Meer ohne Ende«, fährt er mit einem Zitat aus dem Werk der Dichterin Sophia de Mello fort. In Anwesenheit des portugiesischen Präsidenten und des diplomatischen Korps erklärt der Pontifex, dass Grenzen nicht als Trennlinien, sondern als Zonen der Berührung gedacht werden müssten. Eine geteilte Welt, warnt er, sei nicht in der Lage, sich mit den inzwischen global gewordenen Problemen auseinanderzusetzen: den weltweiten Ungerechtigkeiten, den Kriegen, den Klima- und Migrationskrisen, die sich rascher entwickeln als die Fähigkeit und oft auch der Wille, sich derartigen Herausforderungen zu stellen.

In manchen Momenten scheint es, als ob Franziskus innehielte, um den Weg, der hinter ihm, und das Streckenstück, das noch vor ihm liegt, in den Blick zu nehmen. Die Zeit, in der wir leben, hat er einmal zu den Mitgliedern der römischen Kurie gesagt, sei eine Zeit des »Epochenwandels«. In der portugiesischen Hauptstadt, wo er am 2. August 2023 zum Weltjugendtag eintrifft, hält er noch einmal fest, welche Punkte ihm besonders am Herzen liegen. Wenige Monate zuvor hatte er mit einer Entzündung der Atemwege in die Gemelli-Klinik eingeliefert werden müssen. Seit seiner Wahl sind zehn Jahre vergangen. Diese Reise gibt ihm die Gelegenheit, die zentralen Themen seines Pontifikats noch einmal aufzugreifen.

Im Mittelpunkt seiner Überlegungen steht die geopolitische Situation. Der Ukrainekrieg dauert schon viel zu lange. Europas politische Nicht-Präsenz erfüllt den Papst mit Trauer. Er konstatiert »das Fehlen eines mutigen Friedenskurses« auf dem stürmischen Meer der Gegenwartsgeschichte. In Lissabon, wo 2007 der Vertrag über die Reform der Europäischen Union unterzeichnet wurde, erinnert Franziskus an das Kernstück des Dokuments – die Vision einer Union, die einen vielfältigen Beitrag leistet: »zu Frieden, Sicherheit, globaler nachhaltiger Entwicklung …«. Die Liste ist lang und enthält unter anderem den Einsatz für die Solidarität zwischen den Völkern, für freien und gerechten Handel, für die Beseitigung der Armut und für den Schutz der Menschenrechte.

Der Papst hat seine Brille aufgesetzt, er spricht lebhaft, und als die Rede auf den »alten Kontinent« kommt, unterbricht er sich für einen Moment: »Den betagten, könnten wir sagen«[1] – eine scherzhafte Bemerkung, die die anwesenden Regierungsvertreter mit spontanem Applaus quittieren. Franziskus wendet sich an Europa, als wäre es eine Person, die hoffentlich wieder jünger wird: »Wohin steuerst du, wenn du der Welt keinen Friedenskurs vorschlägst, keine kreativen Wege, um dem Krieg in der Ukraine und den vielen Konflikten, die die Welt mit Blut beflecken, ein Ende zu bereiten?« Der ganze Westen ist aufgerufen, sich Fragen zu stellen.

»Welchen Kurs verfolgst du, Westen?«, fragt der Papst aus dem Globalen Süden. »Deine Technologie, die den Fortschritt markiert und die Welt globalisiert hat, reicht allein nicht aus.« Dann zählt er die verschiedenen Baustellen auf, die als zentrale Elemente seiner religiösen und sozialen Botschaft in Erinnerung bleiben werden. Die Baustelle Umwelt, um die wir uns mit Blick auf die kommenden Generationen dringend kümmern müssen. Die Notwendigkeit, dem Geburtenrückgang entgegenzuwirken und die jungen Menschen vor einem Schwinden der Lebenslust zu bewahren. Die Wiederentdeckung des Gemeinschaftsgefühls, das Gegensätze überwindet. »Wie schön ist es, wenn wir uns als Brüder und Schwestern wiederentdecken«, ruft er aus.[2]

Wenige Stunden später, bei der Vesper mit Bischöfen, Priestern und Ordensleuten im Hieronymitenkloster, rüttelt Franziskus die Anwesenden aus der »Müdigkeit der Guten« auf. Der Müdigkeit eines Klerus, der insbesondere in den Ländern alter christlicher Tradition den Eindruck hat, leere Netze in Händen zu halten. Eines Klerus, der deprimiert mitansieht, wie die Glaubenspraktiken mehr und mehr aufgegeben werden, und mit Resignation und Pessimismus auf die Enttäuschung und Wut derer reagiert, die die Kirche kritisieren.

Die Beschreibung ist präzise: Genau das geschieht in großen Teilen Westeuropas, die Franziskus bisher nicht hat besuchen wollen. Der Papst weiß, welche Risiken es birgt, »wenn man sich daran gewöhnt und sich langweilt und die Mission zu einer Art ›Job‹ wird«. Er spricht von einer bitteren Resignation, die die Seele zerfrisst wie ein Wurm. »Brüder und Schwestern«, sagt er, »was wir erleben, ist sicher eine schwierige Zeit, das wissen wir, aber der Herr fragt diese Kirche heute: ›Willst du aus dem Boot [dem Fischerboot der Apostel] aussteigen und in Enttäuschung versinken, oder mich einsteigen lassen […]?‹.«

Wenn eines Tages ein anderer im Vatikan auf dem Stuhl Petri sitzt, wird man sich daran erinnern, mit welcher Klarheit der argentinische Papst auf die Frustration und Depression hingewiesen hat, die die Priester nach jahrelanger Arbeit in den Pfarrgemeinden ergreift. Man wird sich auch daran erinnern, dass Bergoglio, dem oft ein Mangel an Mystik vorgeworfen wird, stets die Begeisterung in sich wachgehalten hat, wieder aufzustehen. »So ist das Leben: hinfallen und neu beginnen, müde werden und sich wieder neu […] von Jesus die Hand reichen lassen.«[3] Es ist allerhöchste Zeit, davon ist Franziskus überzeugt, die zunehmend säkularisierte Gesellschaft aufzurütteln, sie wieder die Unruhe des

Evangeliums verspüren zu lassen, die Netze wieder auszuwerfen und sich freizumachen von – er wiederholt die beiden Begriffe – der »süßlichen Traurigkeit« und dem »ironischen Zynismus«. Wir müssen Lust haben, wieder »Menschenfischer« zu werden. Das sei kein Proselytismus, erklärt er entschieden: Es bedeute nur, »das Evangelium zu verkünden, das herausfordert«.

In Lissabon bekräftigt Franziskus sein geistliches Testament. »Lebt nicht als Ankläger: ›Das ist eine Sünde, das ist keine Sünde‹!«,[4] ruft er den Bischöfen und Priestern, den engagierten Laien und den Ordensleuten zu. »Bitte verwandelt die Kirche nicht in ein Zollhaus: Hier geht man hinein, die Gerechten, diejenigen, bei denen alles in Ordnung ist, diejenigen, die ordentlich verheiratet sind, und dort draußen alle anderen.« Das ist nicht das Antlitz der Kirche, das der argentinische Papst den Zeitgenossen und den Menschen, die nach uns kommen, zeigen will. »Nein. Die Kirche ist nicht dies. Gerechte und Sünder, gute und schlechte Menschen, alle, alle, alle.«[5]

Bei der Abschlussmesse am 6. August im Tejo-Park mit Blick auf die Mündung des Flusses ins Meer verbindet sich sein leidenschaftlicher Aufruf, alle mit ausgebreiteten Armen zu empfangen, mit dem beharrlichen Appell »Habt keine Angst!«.[6] Ihr dürft keine Angst haben, sagt der alte Pontifex, der auf die 90 zugeht, zu den Jugendlichen. Ihr dürft euch nicht entmutigen lassen, ihr dürft euch nicht für unzulänglich halten, ihr dürft nicht aufhören, die Welt verändern zu wollen. »›Habt keine Angst!‹ In einer kurzen Stille wiederhole jeder von euch, in seinem Herzen, diese Worte: Habt keine Angst.« Zehnmal wiederholt Franziskus, der seine Predigt auf Spanisch hält, diese Aufforderung. Er hämmert sie der Menge – an die 1,4 Millionen Menschen – förmlich ein, er meißelt sie ihnen in die Köpfe. Es sind dieselben Worte, die Karol Wojtyła der Welt in der Messe zum Beginn seines Pontifikats zugerufen hat.

Im Wechsel der päpstlichen Amtszeiten kann es geschehen, dass ein Papst das Staffelholz an einen anderen weiterreicht. Johannes Paul II. hatte kurz vor seinem Tod das Thema der göttlichen Barmherzigkeit besonders am Herzen gelegen. Und nun entdeckt Franziskus, der die Barmherzigkeit zum Dreh- und Angelpunkt seiner Verkündigung gemacht hat, angesichts der Probleme und Tragödien des 21. Jahrhunderts den alten Wojtyła-Ruf wieder: »Habt keine Angst!« Bei der Pressekonferenz wenige Stunden später auf dem Rückflug nach Rom erzählt er den Journalisten von einem Jugendlichen, der ihn angesprochen habe: »,Darf ich Ihnen eine Frage stellen? Was denken Sie über Selbstmord?' Er sprach nicht eine unserer Sprachen, aber ich verstand gut, und wir haben angefangen, über Selbstmord zu sprechen. Und am Ende hat er mir gesagt: ›Danke, denn letztes Jahr war ich unschlüssig, ob ich es tun soll oder nicht‹.«[7]

Die Weltjugendtage waren eine Erfindung des Wojtyła-Pontifikats. Sie wurden ins Leben gerufen, um junge Katholiken in aller Welt für den Papst und den Glauben zu begeistern. Der pyrotechnische Effekt funktioniert natürlich immer. Was aber bleibt? Was bewirken diese Erlebnisse im alltäglichen Leben der neuen Generationen? Die Bilder der enthusiastischen Massen stehen in diametralem Gegensatz zu der bitteren Wirklichkeit der sonntäglichen Leere in den Kirchen Europas. Für die Amtskirche sind die Zahlen beängstigend. In Frankreich liegt der sonntägliche Messbesuch bei drei bis vier Prozent, in Spanien bei zehn Prozent, in Deutschland befindet sich der Gottesdienstbesuch im freien Fall: 1950 ging über die Hälfte der Katholiken sonntags in die Messe, heute sind es nur mehr fünf bis sechs Prozent. Im Abendland, Wiege und Festung des römischen Katholizismus, steckt das Glaubensleben in einer Krise – und diese Krise ist real, auch wenn der Beifall, der dem Papst während seiner Auftritte auf dem Petersplatz oder auf seinen Reisen entgegenbrandet, sie vorübergehend vergessen machen kann.

In Italien, dem Stammland des römischen Papsttums, ist die Lage besonders alarmierend. Die Messe sei »verblasst«, erklärt Luca Diotallevi und legt Daten vor, die ein flächendeckendes Fernbleiben der jungen Generationen abbilden. Demnach gehen etwa zehn Prozent der jungen Menschen zwischen 16 und 34 Jahren regelmäßig in die Sonntagsmesse, in der Generation zwischen 35 und 44 Jahren sind es leicht über zehn Prozent. Früher, so der Soziologe, habe der sonntägliche Kirchbesuch in dieser Altersklasse bei 30 Prozent gelegen. Und auch der regelmäßige Kontakt zur Pfarrgemeinde gehe immer schneller verloren – eine Entwicklung, die früher nach der Firmung eingesetzt habe, sich heute aber oft schon nach der Erstkommunion zu manifestieren beginne.[8] Ein zweites und aus psychologischer Sicht für die Amtskirche womöglich noch besorgniserregenderes Phänomen ist die sich rasch verringernde Kluft zwischen weiblicher und männlicher Beteiligung. In der Vergangenheit wurde die eher kleine Anzahl der männlichen Kirchgänger durch die massive Präsenz der Frauen ausgeglichen. Gegenwärtig geht der Unterschied gegen null. Die jungen Frauen bleiben der Messe ebenso fern wie die jungen Männer.

Nun, da sich Franziskus' Pontifikat dem Ende zuneigt, ist unschwer zu erkennen, dass es den letzten drei Päpsten Wojtyła, Ratzinger und Bergoglio – bei aller Unterschiedlichkeit ihrer Herangehensweisen, theologischen Positionen und Temperamente – nicht gelungen ist, die Abwanderung der jungen Menschen aus den kirchlichen Strukturen aufzuhalten oder gar umzukehren. Roberto Cipriani, Vorsitzender der italienischen Soziologenvereinigung und altgedienter Religionssoziologe, zeigt in seinem Buch *L'incerta fede* (»Der ungewisse Glaube«) anhand präzise erhobener Daten die wachsende Attraktivität einer »Religion auf meine Art«. Die Antworten auf die Frage nach dem »Gefühl« gegenüber Gott liefern ein präzises Abbild der Verhältnisse. 28 Prozent beschreiben dieses Gefühl als positiv, 23 Prozent als negativ. Frappierend ist die Zahl derer, die »neutral« angekreuzt haben: 48,6 Prozent. Fest steht, dass nur die Wenigsten noch bereit sind, sich vorschreiben zu lassen, wie sie sich in puncto Sexualität verhalten sollen: 65 Prozent folgen hier ihrem eigenen Urteil und nicht mehr dem der Päpste und Bischöfe.

Für die italienische Amtskirche – die noch unter Benedikt XVI. erfolgreich mobil gemacht hatte, um Gesetzesänderungen zur künstlichen Befruchtung zu blockieren und ein Gesetz über eingetragene Lebenspartnerschaften zu verhindern, das dann später, nach Franziskus' Wahl, verabschiedet wurde – ist es ein Schock, wie gelassen, unaufgeregt und selbstverständlich die jungen Generationen der Kirche den Rücken kehren. Besonders beunruhigend ist es aus Sicht der Bischöfe und der Kurie, dass in einer so gemeinschaftsbasierten Religion wie dem Christentum – in der sich alles um den Priester dreht: Messe, Beichte, Ehe, Taufe, Sterbebegleitung … – fast die Hälfte aller Befragten antwortet: »Das mit Gott kann jeder selbst regeln, dazu braucht man weder Priester noch Kirche.«

Im Zeitalter der *Likes* kann Papst Bergoglio in bestimmten Situationen immer noch Zustimmungswerte zwischen 60 und 80 Prozent erzielen. Dass er mit den traditionellen Strukturen des Vatikans bricht und Gegenmaßnahmen ergreift, wird deutlich wahrgenommen. Gleichzeitig denkt die Mehrzahl der Befragten, dass er sich mehr für soziale Belange engagiert, als spirituelle Impulse zu geben. Alles ist sehr stark im Fluss. Professor Cipriani stützt sich bei seinen Forschungen nicht nur auf Umfrageergebnisse, sondern auch auf direkt geführte Interviews. Die Antworten sind frappierend. »Ich bin nicht strenggläubig, ich mache mir nicht die Mühe, sonntags zur Messe zu gehen, ich gehe nicht zur Beichte und auch nicht regelmäßig zur Kommunion, aber ich habe schon meine persönliche Art, zu glauben und nach christlichen Grundsätzen zu praktizieren«, erklärt eine Interviewteilnehmerin.[9]

In Nordeuropa ist diese Haltung schon seit geraumer Zeit verbreitet. Für den Vatikan ist es eine dramatische Wendung, sich eingestehen zu müssen, dass Italien keine Ausnahme mehr darstellt. Je weiter man sich von Rom entfernt und in die einfachen Pfarrgemeinden geht, desto brutaler wird die Begegnung mit der Realität. Der Priester Luigi Berzano ist Jahrgang 1939. Seit 50

Jahren ist er Pfarrer in einer Gemeinde unweit der norditalienischen Stadt Asti. Die Kirche ist klein, das Dorf besteht aus einer Handvoll Häuser und hat, Ferienhausbesitzer nicht eingerechnet, um die 60 Einwohner. Berzano ist nicht nur Pfarrer, sondern auch Wissenschaftler: Er forscht an der Universität Turin über kulturelle Prozesse. Sein Fazit ist drastisch: »Die Organisation des Konzils von Trient funktioniert nicht mehr.« Das sei das eigentliche Problem.

Die Wende des Konzils, die Liturgiereform, die theologische Erneuerung, die Neuordnung der Seminare, die neu eingeführten Formen der Partizipation im Leben der katholischen Kirche, der Dialog mit der modernen Kultur und mit anderen Religionen, kurzum, alles, was in den letzten 60 Jahren geschehen ist, sei im Grunde nur auf die vom Tridentinischen Konzil ererbten Strukturen aufgepfropft worden.

»Das System der territorialen Pfarreien funktioniert nicht mehr«, so Berzano, »weil die Leute früher im selben Viertel zur Welt kamen und starben. Heute ist das anders. Sie leben in verschiedenen ›Welten‹: Schule, Wohnort, Arbeitsplatz. Das System der Seminare funktioniert nicht mehr. Das Messbuch funktioniert nicht mehr, weil es voraussetzt, dass sich der Priester während der Messe auf das Lesen der Messtexte und die Gemeinde aufs Antworten beschränkt.«

Der wöchentliche Messbesuch, so der Priesterprofessor, sei den Jugendlichen nicht mehr zuzumuten. Die Hälfte von ihnen arbeitet sonntags oder treibt Sport. Das aber bedeutet, dass Glaube und Katechese die Jugendlichen bis zur Firmung emotional mitreißen müssen. Wenn nicht, sei es sinnlos, auf Gehorsam zu pochen. »Entweder verlieben sich die jungen Leute in den Rabbi aus Galiläa, oder sie gehen weg.« Sonntags füllt sich das Kirchlein in dem kleinen Dorf. Don Berzano lässt die Jugendlichen in der Apsis sitzen, auf Stühlen rund um den Altar. Die Erwachsenen stehen in den Bänken. Doch es ist eine »Beziehungsgemeinde«, wie er es nennt: Die Kirchgänger sind Leute aus dem Dorf, aber auch viele andere, die seinen Freitagsbrief lesen: eine wöchentliche Betrachtung über Glauben und Leben, die er per E-Mail verschickt. Kein Blog, nur eine Einladung, nachzudenken und vielleicht zu beten.

Berzanos Einschätzung ist sogar noch dramatischer als die amtlichen Zahlen über den Messbesuch. Italienische Umfragen beziffern den Anteil der wöchentlich Praktizierenden in der Regel auf 19 bis 23 Prozent, doch in den städtischen Zentren liegen die Zahlen deutlich darunter. Berzano hat seine Jugendlichen in sechs Gemeinden der 70 000-Einwohnerstadt Asti geschickt. In keiner davon lag der Anteil derer, die sonntags regelmäßig in die Kirche gehen, über fünf Prozent. Eine Ausnahme bilden die Übergangsriten, wie er es nennt: Gebetswachen, Trauungen, Taufen, Rosenkranzandachten, Beerdigungen. An diesen Riten nehmen die Gläubigen teil, weil sie damit einen konkreten Zweck verbinden und sich einer bestimmten Gemeinschaft zugehörig fühlen, in der sie kollektiv ihre Freude oder ihren Schmerz zum Ausdruck bringen können. Emotionen eben.

Nur diese emotionale Teilnahme an »Übergangsriten«, davon ist der Priesterprofessor überzeugt, hat eine Zukunft oder übt zumindest eine reale Anziehungskraft auf junge Menschen aus: Weltjugendtage, Wallfahrten, Aufenthalte in einem Kloster oder in einer Gemeinschaft wie Taizé. Das sind Orte, an denen die jungen Gläubigen »sich öffnen, aktiv werden, reden«, wo Musik gemacht oder ein Gedicht aufgesagt wird.[10]

Am anderen Ende des soziologischen Spektrums vertritt Luca Diotallevi die entgegengesetzte Meinung: Events seien ja schön und gut, aber man könne nicht nur von Events leben. »Die Weltjugendtage sind ein Spektakel, das im Grunde eine oberflächliche Vorstellung von Glauben vermittelt.« Sie bleiben etwas Emotionales. Es bestehe die Gefahr, dass die Pfarrer in den Gemeinden um die Aufmerksamkeit der Jugendlichen buhlen und zu Entertainern werden. »Wenn du lernen willst, ein Instrument zu spielen, gehst du ja auch nicht in ein Konzert, sondern aufs Konservatorium.« Mit anderen Worten, der Glaube erfordert auch Studium,

Einsatz und Lektüre. Nicht nur Events.[11] Diotallevi macht sich keine Illusionen: Angesichts der Krise des Messbesuchs ist ein *performance-centered ritual* auf dem Vormarsch, ein Ritual, das von der zentralen Rolle des Zelebranten und seines engsten Mitarbeiterkreises lebt.

Wieder andererseits ... Ist es denn wirklich notwendig, dass jeder wichtige Moment des christlichen Lebens von einer Eucharistiefeier begleitet wird? Diese Frage wird in der Kirche immer häufiger gestellt. In Spoleto hat Bischof Renato Boccardo, der große Organisator der Papstreisen unter Johannes Paul II., festgelegt, dass bei Taufen, Trauungen und Begräbnissen nur noch das Proprium verwendet wird und keine Messfeier stattfindet. Die Pfarrer sind einverstanden. In einem Hirtenbrief hat der Bischof erklärt, es sei nicht zu übersehen, dass viele Menschen, die an diesen Riten teilnehmen, »die Eucharistiefeier nicht verstehen und dennoch die Kommunion empfangen wollen«, während andere gar keinen Wert darauf legten. Als Papst Franziskus im Flugzeug nach Lissabon sitzt, hat Bischof Boccardo bereits eine drastische Umstrukturierung seiner Diözese vorbereitet: Die 71 Gemeinden werden in 16 Pfarrbezirke umgewandelt. Was soll er auch anderes tun, wenn für alle Gemeinden zusammen nur 29 Priester zur Verfügung stehen, die jünger sind als 75 Jahre?[12]

Im Westen weht ein heftiger Wind: Die Sonntagsgottesdienste veröden, die Zahl der aufgelösten Pfarreien geht in die Tausende und die Priesterberufungen befinden sich im freien Fall. Von den Vereinigten Staaten bis nach Deutschland, von Frankreich bis nach Australien sind die Probleme überall dieselben. Die Coronapandemie 2020/21 hat die Situation noch verschlimmert: Die geschlossenen Kirchen und die Online-Messen haben die Liturgiefeier zu etwas Abstraktem werden lassen, und auch nachdem wieder Normalität eingekehrt ist, bleibt ein signifikanter Teil der Gläubigen den Kirchen fern. Viele ziehen es vor, die Sonntagsliturgie auf dem Bildschirm zu verfolgen. »Einige halten die Fernsehmesse nicht nur für bequemer, sondern auch für gleichwertig«, und das bringe »das Risiko einer Do-it-yourself-Spiritualität« mit sich, klagt Gianmarco Busca, Bischof von Mantua und Präsident der Liturgiekommission der Italienischen Bischofskonferenz.[13]

Franziskus und sein Pontifikat sind im Gewirr eines großen Übergangs verstrickt, bei dem die organisatorischen und mentalen Strukturen der Kirche allenthalben aus den Fugen geraten. »Die jungen Menschen sind [...] religiös, sie suchen einen nicht schwierigen, nicht künstlichen, nicht legalistischen Glauben, eine Begegnung mit Jesus Christus«, hat Franziskus auf dem Rückflug von Lissabon erklärt. »Und das ist nicht einfach«, hat er sodann hinzugefügt. »Es ist eine Erfahrung.«[14]

Die Begegnung der jungen Menschen mit Jesus wird auch durch die liturgische Sprache und die archaische Mentalität erschwert, die sich hinter diesem Sprachgebrauch verbirgt: Begriffe, mit denen die heutigen Generationen nichts mehr anzufangen wissen. Der Mönch und Bibelwissenschaftler Enzo Bianchi erklärt ausdrücklich, dass sich die Jugendlichen in der Messe mit »veralteten Formeln« konfrontiert sehen, »mit einer Sprache, die wir nicht mehr sprechen, mit mittelalterlichen Gebeten ... Was bedeutet ›göttliche Majestät‹ ..., ›Opfer‹ ..., ›Steh ab vom Zorn‹? Was ist gemeint, wenn wir von der Realpräsenz des Leibes Christi bei der Eucharistie sprechen?«[15] Der innerste Kern des Glaubens – Inhalte wie die Auferstehung Jesu oder das ewige Leben – gerät ins Wanken.

Andrea Monda, Chefredakteur des *Osservatore Romano*, des amtlichen Presseorgans des Heiligen Stuhls, und seit vielen Jahren auch als Religionslehrer an Schulen tätig, betont: »Die jungen Menschen meiden Strukturen, meiden jegliche Struktur. Sie suchen Spiritualität, Glauben vielleicht ... aber er darf nicht nach Religion riechen!« Mag sein, dass eine Begegnung sie in die Kirche lockt – aber zur Messe gehen sie nicht.[16]

Die Theologin Cettina Militello, langjährige Dozentin an der päpstlichen Universität Angelicum, nimmt kein Blatt vor den Mund: »In den vergangenen Jahrhunderten hat man die Zeremonie über sich ergehen lassen, doch die Menschen heute, die nach der Jahrtausendwende geboren worden sind, können die Gesten und die Theologie, die dem Ritus mit seinen patriarchalen – wenn nicht gar offen frauenfeindlichen – oder süßlichen Gebeten zugrunde liegt, nicht mehr verstehen.«[17] Es brauche den Mut, sagt sie, zur Einfachheit der Ursprünge zurückzukehren, als die Christen sich versammelten, um miteinander das Brot zu brechen und des Todes und der Auferstehung Christi zu gedenken.

Militello hat gemeinsam mit anderen Theologinnen und Theologen ein modernes Credo verfasst: ein Bekenntnis zum Glauben an »den Gott Abrahams, Isaaks und Jakobs, den Gott Jesu Christi, Vater-Mutter voller Liebe, Quell des Lebens, barmherzig und treu«. Auch Don Berzano in seinem Dörfchen in den piemontesischen Hügeln hat ein neues Credo geschrieben. Darin heißt es: »Ich glaube an den einen Gott, Vater und Mutter aller Dinge, sprudelnde Quelle allen Lebens, aller Güte und aller Schönheit.« Ein Text, der einen anderen Ton anschlägt als das offizielle Glaubensbekenntnis des Konzils von Nizäa (vor 1700 Jahren), das so beginnt: »Ich glaube an den einen Gott, den Vater, den Allmächtigen, der alles geschaffen hat, Himmel und Erde ...« Die beiden Gebete sind auf die Vorder- und die Rückseite eines gelben Pappkärtchens gedruckt, das die Gläubigen während der Messe benutzen. »Bei der Firmung, wenn der Bischof kommt, werden wir das nizänische Credo auf der Vorderseite beten«, sagt der Priesterprofessor beruhigend. Auffällig ist, dass beide Alternativgebete, sowohl Berzanos als auch Militellos Credo, den Hinweis auf den »Allmächtigen« gestrichen haben – als könne man den Generationen des dritten Jahrtausends diese Vorstellung nicht länger zumuten.

Weil Papst Franziskus es so wollte, hat sich 2018 eine komplette Synode mit dem Thema Jugend beschäftigt. In seinem nachsynodalen Schreiben *Christus vivit* räumt er in Übereinstimmung mit den Schlussfolgerungen der Versammlung ein, dass eine beträchtliche Zahl von Jugendlichen der Kirche in ihrem Leben keine Bedeutung beimisst und ausdrücklich in Ruhe gelassen werden will, ja die kirchliche Präsenz als lästig oder sogar irritierend empfindet. Die Gründe sind vielfältig: sexuelle und finanzielle Skandale, mangelnde Vorbereitung der Priester, schlampige Predigten, die den Jugendlichen zugewiesene passive Rolle...

Franziskus weiß sehr wohl um die Holzhammermethoden mancher Moralprediger. Selbst wenn es gelungen sei, in den jungen Menschen »eine intensive Gotteserfahrung, eine Begegnung mit Jesus [auszulösen], der ihre Herzen berührte«, komme, so schreibt er, irgendwann der Zeitpunkt, da nur noch über die Übel der heutigen Welt, über Keuschheit, Ehe und Geburtenkontrolle gesprochen werde – mit dem Ergebnis, dass sie »sich langweilen [und] das Feuer der Begegnung mit Christus verlieren«.[18]

Der argentinische Papst kennt die Probleme der Jugendlichen. Und doch gibt es im Vatikan Bischöfe und Kardinäle, die der Meinung sind, Franziskus sei zwar von einer echten pastoralen Offenheit gegenüber den Jugendlichen und von einem echten Willen beseelt, ihre Motivationen, Nöte und Ängste, ihre Kritik und ihre Gefühle zu verstehen, aber aufgrund seiner persönlichen Geschichte noch allzu sehr an die Muster der Volksfrömmigkeit seines Heimatkontinents gebunden. Dem Papst, so ihre Überzeugung, mangele es an Erfahrung mit den tiefgreifenden sozio-kulturellen Veränderungen, die die Kirche in Europa in ihren Grundfesten erschüttern. »Franziskus«, so ein Kurienbischof, »versteht nicht, wie dramatisch die europäische Problematik tatsächlich ist.«

Kapitel V.
Die Frauen – verärgert und müde

Mit ausgebreiteten Armen und nach oben gerichteten Handflächen wie auf den frühchristlichen Bildern in den Katakomben steht Monika am Altar und spricht das eucharistische Hochgebet: »Du Gott des Lebens und der Liebe, Du schenkst uns Deine Nähe im Mahl Deines auferstandenen Sohnes ...«[1] Die Frau ist an der Spitze einer kleinen Prozession in die Kirche eingezogen, in weißer Bluse und schwarzer Hose, an den Füßen schlichte schwarze Sandalen, in der Hand einen glatten Stock, ähnlich einem Schilfrohr – den Hirtenstab. Hinter ihr schreiten der neue Pfarrer und ein Kapuzinermönch, ein Diakon in weißem Gewand, die regenbogenfarbene Stola diagonal über der Brust, und schließlich eine junge Pastoralassistentin in weißer Kutte. Die liturgische Farbe des Tages ist Grün. Monika trägt kein kirchliches Gewand, doch ihr leichter Blouson ist zartgrün. Auch auf ihre Halskette aus schwarzen Kugeln – und einer goldenen – hat sie nicht verzichtet.

Während der Wandlung von Brot und Wein ist es der neue Pfarrer, der die Hostie und den Kelch in die Höhe hält, doch die Gebete am Altar, Nachhall der Worte Christi, sprechen sie gemeinsam: »Nehmet und esset alle davon, das ist mein Leib, der für euch hingegeben wird ... Nehmet und trinket alle daraus, das ist der Kelch des neuen und ewigen Liebesbundes Gottes mit allem, was lebt.« Und auch beim Vaterunser ist sie es, Monika Schmid, 22 Jahre lang ›Pfarrerin‹ der Kirche St. Martin im Dörf-

chen Effretikon in der Schweiz, die mit fester Stimme die neu-
gefassten Worte mitspricht: »Gott des Himmels, mütterlich und
väterlich …« Seit sie den Altarraum betreten haben, sind sie und
die anderen Konzelebranten barfuß – in Erinnerung an die Geste
des Mose vor dem brennenden Dornbusch, in dem Gott verbor-
gen war. Monika Schmid hält die Predigt: »Danke … das ist kein
leichter Tag«, gesteht sie, während ihr die Tränen kommen. Dann
fasst sie sich wieder. Dass ausgerechnet am Tag des heiligen Augustinus (mit seiner problematischen Sexualmoral) eine Frau die
Predigt hält, müsse, so sagt sie, eine Fügung von oben sein. Gleich
anschließend erzählt sie – und betont dabei jedes Wort –, dass ein
Gedanke des Augustinus ihr allabendliches Gebet sei: »Unruhig
ist mein Herz, bis es Ruhe findet in Dir, o Herr.«

Die Zeremonie, die am 28. August 2022 gefeiert und über die
sozialen Netzwerke verbreitet wird, entwickelt sich zu einem nationalen Ereignis: aus amtskirchlicher Sicht ein Skandal. Joseph
Marie Bonnemain, Bischof von Chur und Mitglied des Opus
Dei, erteilt den beiden Priestern und den anderen Konzelebranten einen formellen Verweis. Monika Schmid wird vom Bistum
einbestellt, streng verwarnt und mit einem Verbot belegt, rituelle
Handlungen gleich welcher Art zu vollziehen. Nach einiger Zeit,
so erzählt sie selbst, wird dieses Verbot wieder aufgehoben – vor-
ausgesetzt, sie wird zu einem Notfall gerufen. Sie solle die Angelegenheit aber diskret behandeln. Felix Hunger, der neue Pfarrer,
verzichtet nach der Ermahnung aus Protest auf das Amt des Dek-
ans im Bistum Chur (Zürich) und tritt auf dem diözesanen Pries-
terrat aus. Der Pfarrer übt ausdrückliche Kritik an der Leitungs-
kultur des Bistums Chur.

Was Monika Schmid bleibt, ist die Erfahrung, mehr als zwei
Jahrzehnte lang wirklich die Seelsorgerin ihrer Gemeinde gewe-
sen zu sein. »Ich durfte taufen, Beerdigungen halten und jeden
Sonntag den Wortgottesdienst mit Kommunion leiten«, das heißt
die schon konsekrierten Hostien an die Gläubigen austeilen.[2] Die
Krankensalbung durfte sie nicht spenden: Dieses Sakrament ist

Priestern vorbehalten. Doch im Seniorenheim hat sie den Bewoh-
nern, die sie oft mit »Frau Pfarrer« ansprachen, den Ritus trotz-
dem nicht verweigert. Heiratswillige Paare fragte sie, ob sie auf
einen der oft anderweitig beschäftigten Priester warten wollten
oder sich einen von ihr gefeierten Ritus wünschten, der allerdings
im kanonischen Sinne nicht rechtsgültig sei. »Das habe ich ihnen
im Vorfeld gesagt, und in der Regel haben die Brautleute es vorgezogen, die Trauung mit mir zu feiern, also mit der Person, mit
der sie den Alltag in der Gemeinde erlebten. Das war eine Frage
der Spiritualität, nicht des Kirchenrechts.«

Es ist in der Schweiz – und in vielen anderen Ländern auch –
keine Seltenheit, dass eine Frau Verantwortung in der Gemeinde
übernimmt. Doch die Amtskirche hat Angst vor den Wörtern.
Im Bistum Chur hießen solche Frauen zunächst »Gemeindeleiterinnen« – bis dieser Titel auf den einer »Gemeindebeauftrag-
ten« zurechtgestutzt wurde. Wie in Effretikon zieht es die Hierarchie letztlich vor, die Leitung der Pfarrei wieder in die Hände
männlicher Geistlicher zu legen. Auch wenn man diese aus Polen, Indien oder Afrika importieren muss. »Das ist Flickschus-
terei«, sagt Monika Schmid, »denn dann kommen Menschen mit
einer anderen Kirchentradition. Für sie ist es normal, dass Frauen
nicht in Leitungspositionen sind.« In der Schweiz hingegen »finden sich durchaus junge Frauen, die bereit sind, Priesterinnen zu
sein«. Und einige, die insgeheim in den Diözesen bereits als solche agieren.

Immer mehr Frauen »bekennen inzwischen freimütig, dass sie
in ihren Gemeinden längst schon nicht nur priesterlich leben und
arbeiten, sondern Priesterinnen sind, wenn auch ohne kirchliche
Anerkennung«, erklärt Schwester Philippa Rath in ihrem Kloster
in Rüdesheim, einer Gründung der heiligen Hildegard von Bingen.[3] Schwester Philippa, Benediktinerin, ist Delegierte beim Synodalen Weg der deutschen katholischen Kirche. In einem ihrer
Bücher – mit dem vielsagenden Titel: »… weil Gott es so will« –
hat sie die Geschichten von 150 Frauen zusammengetragen, die

von ihrer Berufung zur Diakonin und Priesterin erzählen. Eine von ihnen gehörte 2002 zu den sieben Pionierinnen, die sich von einem argentinischen Bischof der sogenannten »Katholisch-Apostolischen Charismatischen Kirche Jesus König« zu Priesterinnen weihen ließen. Sie wurden umgehend exkommuniziert. Besagtes Buch enthält aber auch das Zeugnis einer Frau, die sich als Priesterin *praeter legem*, außerhalb des Gesetzes, bezeichnet. Eine Mutter von drei Kindern, die das kirchliche Leben schon seit Jahren angezogen und fasziniert hatte, bis die Begegnung mit einer Untergrundpriesterin sie dazu brachte, sich zur Priesterin weihen zu lassen. Wenn sie in liturgischen Gewändern am Altar steht, so erklärt sie, sei das für viele Menschen eine Hilfe: »Weil sie dann mit eigenen Augen sehen, dass Gott mich nicht mit einem Blitz erschlägt«, wenn sie die Wandlungsworte spricht.[4]

Die Zeugnisse der unzähligen Frauen, die sich danach sehnen, die Priesterweihe zu empfangen, sind beeindruckend. »Die Kirche macht sich das nicht bewusst«, erklärt Schwester Philippa überzeugt. »Ich halte so viele Vorträge, und am Ende kommen dann Frauen zu mir und sagen: ›Wir möchten gerne Priesterinnen werden.‹ Es ist immer dasselbe Muster: Sie erzählen, dass sie nicht ernstgenommen werden und dass die Priester sie belächeln, obwohl viele sich innerhalb der Kirche oder katholischer Organisationen engagieren. Am Ende rennen sie immer mit dem Kopf gegen die Wand. Der Priester entscheidet, denn er hat die Macht.«[5] Die Kirche scheint sich nach wie vor taub zu stellen. »Die Frauen, die bereit wären, sind zwischen 20 und 90 Jahre alt«, fährt Schwester Philippa fort. »Eine hochbetagte Frau, die inzwischen verstorben ist, hat mir im Vertrauen gesagt: ›Ich habe an meiner Berufung vorbeigelebt, und jetzt ist es zu spät.‹ Die Kirche probiert es gar nicht erst mit diesen Frauen. Weil nicht sein kann, was nicht sein darf!«

Inzwischen ist die Rolle der Frau für die katholische Kirche zur entscheidenden Frage und für Franziskus' Pontifikat zu einer heiklen Nagelprobe geworden. Das süßliche und märchenhafte Bild von der Vermählung zwischen Christus und der Kirche – wo Christus durch den männlichen Priester repräsentiert wird, während die Frau dem Vorbild der Muttergottes nacheifern soll – kann die jungen Generationen nicht mehr davon überzeugen, die himmelschreiende Unstimmigkeit und Ungleichheit zwischen den Geschlechtern zu akzeptieren.

Im Judentum, aus dessen Tradition das Christentum die kategorische Ablehnung weiblicher Priester übernommen hat, haben sich Rabbinerinnen etabliert. Im Islam der westlichen Welt finden sich erste Imaminnen, in den reformierten Kirchen und bei den Anglikanern sind seit geraumer Zeit Priesterinnen und Bischöfinnen aktiv. Das Veto der katholischen Kirche ist mittlerweile in sozialer wie kultureller Hinsicht unhaltbar geworden. Bischof Felix Gmür, der Vorsitzende der Schweizer Bischofskonferenz, spricht aus, was viele Bischöfe in aller Welt wissen: »18-jährige Jugendliche verstehen nicht, warum Frauen und Männer nicht Pfarrerinnen und Pfarrer sein können.«[6] Der Bischof, ein vorsichtiger, um Ausgleich bemühter Mann, erklärt, dass die derzeitige kirchliche Ordnung eine lange Geschichte habe, die Jugendlichen aber in der Gegenwart lebten.

1985 organisierte die Theologin Cettina Militello den ersten Kongress über die Frauenfrage, der je auf italienischem Boden stattgefunden hat. Damals durfte sich in den unmittelbar der Autorität des Papstes unterstellten Gebieten nicht der leiseste Hauch von Widerspruch regen. Vonseiten der Kurie und der Bischofskonferenz, erinnert sie sich, »verlangte man Gehorsam und Effizienz. Das Klima war eher unternehmerisch als pastoral, und das patriarchale Modell, das sich seit dem 2. Jahrhundert des Christentums in den tragenden Strukturen der Kirche durchgesetzt hat, hatte nach wie vor Bestand.« Das Pontifikat Johannes Pauls II. war in dieser Hinsicht ambivalent. Auf der einen Seite gelangte er zu einer positiven Neubewertung der Beziehung zwischen Mann und Frau, wies die Schuld Evas zurück, hob Adams Schuld hervor und pries den »weiblichen Genius«. Auf der anderen Seite jedoch, so Militello, wurde durch diese Theologie der Differenz »die mütterliche Dimension auf geradezu obsessive Weise überhöht. Die Frau ist Liebe, ein Subjekt, das auf den anderen ausgerichtet ist – und damit bleibt als Vorbild doch immer wieder nur Maria, die nicht ordiniert worden ist!« Hinzu kam der Schock über die von der anglikanischen Kirche getroffenen Entscheidungen. Bei den Protestanten konnte man immer noch auf die unterbrochene apostolische Sukzession verweisen – »doch bei den Anglikanern war das nicht möglich«.[7]

Subtile dogmatische Fragen, die aber im Wojtyła-Pontifikat eine völlige Verhärtung der Fronten zur Folge hatten: Ich erkläre, so schreibt der polnische Papst in seinem apostolischen Schreiben *Ordinatio sacerdotalis*, »dass die Kirche keinerlei Vollmacht hat, Frauen die Priesterweihe zu spenden und dass sich alle Gläubigen der Kirche endgültig an diese Entscheidung zu halten haben.«[8] Nur dem Drängen des damaligen Kardinals Joseph Ratzinger ist es zu verdanken, dass das Dokument nicht als ex cathedra getroffene Lehrentscheidung deklariert wurde.

Als am 13. März 2013 Jorge Mario Bergoglio zum Papst gewählt wird, gerät plötzlich alles in Bewegung. Wenige Monate nach dem Konklave weist der argentinische Papst darauf hin, dass sich der weibliche Genius nicht nur in der Gesellschaft, sondern auch in der Kirche und dort auf wichtigen Entscheidungsebenen ausdrücken müsse. »Die Herausforderung heute ist: reflektieren über den spezifischen Platz der Frau gerade auch dort, wo in den verschiedenen Bereichen der Kirche Autorität ausgeübt wird.«[9] Im selben Jahr spricht Franziskus in seinem apostolischen Schreiben *Evangelii gaudium* davon, »die Räume für eine wirksamere weibliche Gegenwart in der Kirche« zu erweitern, weil Männer und Frauen dieselbe Würde haben.[10] Der Geruch des Neuen liegt in der Luft. 2016 zeigt sich der Pontifex aufgeschlossen, als ihn eine Ordensschwester beim Treffen mit der internationalen Vereinigung von Generaloberinnen nach dem ständigen Diakonat fragt, der verheirateten und nichtverheirateten Männern vorbehalten ist: »Was hindert die Kirche daran, auch Frauen unter die ständigen Diakone aufzunehmen, genau wie es in der frühen Kirche geschehen ist? Warum setzt man keine offizielle Kommission ein, die diese Frage untersuchen könnte?« Ja, antwortet Franziskus, eine solche Kommission wird es geben. Der Vatikan scheint sich in eine Reformschmiede zu verwandeln.

Drei Jahre später legt die gemischte, aus Männern und Frauen zusammengesetzte Kommission ihre Schlussfolgerungen vor. »Das Ergebnis ist kein großer Wurf«, teilt Franziskus den Generaloberinnen der Frauenorden mit. Eine zweite Kommission wird gebildet, deren Arbeit im Sande verläuft. »Wir leben in einer Situation toxischer Hoffnungen«, kommentiert die ehemalige Pfarrerin von Effretikon Monika Schmid. »Überall macht sich das Gefühl breit, dass sich etwas ändert, doch dann ändert sich gar nichts und wir fangen wieder bei null an.« Das sei zermürbend für die Gläubigen, betont sie.[11]

Verheerend ist auch die Enttäuschung über die Ereignisse im Anschluss an die Amazoniensynode. Über zwei Drittel der Bischöfe hatten unter Einhaltung sämtlicher Regeln ein Schlussdokument verabschiedet, in dem der Papst darum gebeten wurde, geeignete, in der Gemeinde angesehene Männer, die bereits ständige Diakone sind und mit einer »legitimen, stabilen Familie zusammenleben«, zu Priestern zu weihen. Auch in der Frauenfrage drückt sich das Dokument unmissverständlich aus. Es erinnert daran, dass im Vorfeld zahlreiche Konsultationen mit Blick auf die grundlegende Rolle der Ordensfrauen und Laiinnen in den Kirchengemeinden des Amazonasgebiets gefordert hätten, »den ständigen Diakonat für Frauen einzurichten«. Bis es so weit sei, baten die Bischöfe Amazoniens – in Anbetracht der Tatsache, dass es vor Ort praktisch keine Priester gibt und der überwiegende Teil der Gemeinden daher von Frauen geleitet wird – um die Einrichtung eines geeigneten Dienstamts für die »Leiterin einer Gemeinde«.[12]

»Es war ein großer Fehler, dass die Vorschläge der Amazonas-Synode nicht umgesetzt worden sind«, so das Urteil der Benediktinerin Schwester Philippa. Die Frauen sind müde. Die Katholikinnen, die sich gerne engagieren würden, sind zunehmend verärgert. Die Theologinnen aus der ersten Diakonatskommission nehmen es Franziskus übel, dass er nicht bereit war, sich mit ihnen zu treffen und gemeinsam über die Ergebnisse ihrer Arbeit zu diskutieren. Schwester Philippa war Postulatorin des kirchenrechtlichen Verfahrens, das mit der Heiligsprechung Hildegards von Bingen und ihrer Ernennung zur »Kirchenlehrerin« durch Benedikt XVI. endete. Heute sagt sie: »Als ich die 150 Frauen für meine Forschungsarbeit interviewt habe, wollten sie alle zu Priesterinnen geweiht werden. Drei Jahre später sind es nur noch 60 Prozent. 40 Prozent sagen: ›Ich will nicht mehr.‹ Sie haben keine Lust, Teil einer Kirche zu sein, die nach wie vor ein klerikales Machtsystem ist.« Bei vielen, so die Ordensfrau, sei der Geduldsfaden gerissen: »Sie sind müde und resigniert, und für die jüngeren Generationen unter 40 ist Kirche sowieso kein Thema mehr.«

Manchen im Vatikan ist durchaus bewusst, dass die Welt der Frauen nicht länger bereit ist, als stumme Stütze der kirchlichen Strukturen zu dienen. Der Kuriengeistliche Armando Matteo, Professor für Fundamentaltheologie und zurzeit Sekretär der Lehrabteilung des Dikasteriums für die Glaubenslehre, hatte schon vor dem Rücktritt Benedikts XVI. die veränderte Beziehung zwischen den Frauen und der Kirche und die »grundlegende Entfremdung und Verdrossenheit« der nach 1981 geborenen Generationen angesprochen. Die italienische Kirche – so meinte er damals – dürfe die rasche Entfernung von den Glaubenspraktiken, die sich bei einem immer größeren Teil der unter 30-, unter 40- und unter 50-jährigen Frauen manifestiere, nicht unterschätzen.[13] Zehn Jahre später hat sich die Situation verschlechtert – und das nicht nur in Italien. Das Phänomen betrifft die komplette westliche Welt und zieht sogar noch weitere Kreise. Italien fällt deshalb besonders ins Gewicht, weil die Kurie und Teile der kirchlichen Hierarchie sich lange Zeit in der illusorischen Sicherheit gewiegt haben, dieses Land sei anders als andere. Heute, muss Matteo im Palazzo del Sant'Uffizio zugeben, ist es zu einem echten Problem geworden, dass sich die weiblichen Jugendlichen und die erwachsenen Frauen in den Kirchengemeinden nicht mehr zu Hause fühlen. »Für die heutige weibliche Sensibilität ist die alte traditionelle Seelsorge nicht mehr attraktiv.«[14]

Die Pädagogin und ehemalige Präsidentin der italienischen Katholischen Aktion Paola Bignardi verweist auf die harten Zahlen des Toniolo-Instituts: 39 Prozent aller jungen Frauen bezeichnen sich selbst als katholisch – 2013 waren es noch 62 Prozent. Während sich damals 12 Prozent aller jungen Italienerinnen als Atheistinnen betrachteten, sind es heute 39 Prozent. Auf die Frage, wie hoch sie – auf einer Skala von eins bis zehn – ihr Vertrauen in die Kirche veranschlagen würden, antwortet ein Prozent der weiblichen Jugendlichen, sie hätten allergrößtes Vertrauen in die Kirche. 30 Prozent erklärten schon 2021, sie hätten gar kein Vertrauen. Vor diesem Hintergrund ist es in der Tat unbegreiflich, dass eine Frau, wie eine der Befragten es formuliert, »nicht Pfarrerin werden kann und dass diese Rolle den Männern vorbehalten ist«. Doch das Unbehagen reicht tiefer. Den Frauen, so Bignardi, gehe es nicht um Macht in der Kirche, sondern um weitaus mehr: Es gehe ihnen um eine Kirche, die sie nicht auf die Rolle der fürsorgenden Hausfrau reduziert oder für unfähig hält, verantwortungsvolle Aufgaben zu übernehmen und mit Reife zu bewältigen. »Die Frauen«, so ihr Fazit, »werden nicht in der Kirche bleiben, wenn die Kirche es ihnen nicht erlaubt, ihre eigene Auffassung von Familie, Leiblichkeit, Sexualität, von der Arbeit und vom Leben zum Ausdruck zu bringen.«[15]

In dieser Zeit des Epochenwandels, wie Franziskus es nennt, in einer Phase rascher und tumultartiger Veränderungen wird die Partie um die Rolle der Frau in der Kirche nicht mehr bloß zwischen dem Papst und der Kurie oder zwischen dem Papst und der kirchlichen Opposition ausgetragen. Die Partie entscheidet sich in den Räumen der vielen Gesellschaften, in denen der Katholizismus aktiv ist. Im dritten Jahrtausend tritt die Krise eines inzwischen undenkbar gewordenen monolithischen Katholizismus-Modells offen zutage. An seiner Stelle agieren viele und ganz unterschiedliche Stämme: eine Realität, die die Amtskirche verschämt als kulturelle Sensibilitäten bezeichnet.

Die chilenische Theologin Catalina Cerda-Planas ist neben ihrer Kooperation mit der Katholischen Universität von Chile am Institut für Weltkirche und Mission in Frankfurt beschäftigt. Eine von ihr unter 578 Studierenden aus 53 Ländern durchgeführte Umfrage – im Zentrum standen insbesondere Stipendiatinnen und Stipendiaten der deutschen Studienzentren KAAD, IWM und ICALA – hat gezeigt, wie unterschiedlich die Positionen zum Thema Frau und Kirche in den verschiedenen Weltgegenden sind.[16] Auf die Frage, ob die Frauen in den katholischen Gemeinden genügend Gehör fänden und Einfluss nähmen, haben 39 Prozent mit Ja und 44 Prozent mit Nein geantwortet. 59 Prozent sind dafür und 25 Prozent dagegen, dass die Weiheämter für Frauen geöffnet werden. Erwähnt werden muss, dass es sich bei den Befragten ausschließlich um Personen mit Hochschulabschluss handelt, die gut ausgebildet sind, im Westen studiert haben und aus gutsituierten Familien stammen.

Vor allem die regionalen Unterschiede sind ein wichtiger Indikator, wenn es darum geht, den Pulsschlag der Kirche zu messen. »In Lateinamerika antworten insbesondere die jungen Leute mit einem klaren Ja auf die Frage nach der Frauenordination«, erklärt Cerda-Planas. Im Nahen Osten zeichnet sich eine größere Offenheit für die Möglichkeit ab, dass Frauen leitende Positionen übernehmen. In Osteuropa überwiegt die Tendenz, sich auf die Tradition zu berufen. Das hat historische Gründe: »In schwierigen Zeiten haben die Frauen und die Gläubigen ganz allgemein das, was ihnen in religiöser Hinsicht angeboten wurde, nicht hinterfragt. Erst in den letzten 20 Jahren hat sich allmählich ein kritisches Denken entwickelt, das sich auch mit der Rolle der Frau im kirchlichen Bereich auseinandersetzt.«[17] Hinzu kommt ein psychologischer Aspekt. In Osteuropa, so Cerda-Planas, herrsche zuweilen die Wahrnehmung vor, dass der Westen den Osten belehren und ihm sagen wolle, was er zu tun und zu lassen hat. Und dann sei da noch Asien, wo die Christen, außer auf den Philippinen, in der Minderheit sind. Das Selbstbild der asiatischen Frauen sei sehr eng mit der traditionellen Kultur verknüpft.

Insgesamt sei deutlich geworden, dass Katholikinnen, die sich in der Kirche engagieren, vor allem auf den beiden Kontinenten Lateinamerika und Afrika auf einen Wandel und eine Reform der männerzentrierten kirchlichen Machtstrukturen drängen. Die chilenische Theologin weist darauf hin, dass sich die religiöse Landschaft Lateinamerikas in den letzten Jahrzehnten von Grund auf verändert hat. In Brasilien und den Ländern Mittelamerikas werde etwa die Hälfte der Gläubigen inzwischen durch die evangelikalen Bewegungen repräsentiert, die der Vatikan früher als »Sekten« bezeichnet habe. In kulturell eher europäisch geprägten Ländern wie Chile sei der sonntägliche Messbesuch auf neun bis zehn Prozent eingebrochen, während die Schere zwischen bloßen Kulturkatholiken, die nicht praktizieren, und Gläubigen, die unabhängig von den kirchlichen Strukturen ihr eigenes Credo aus Heiligen, Wallfahrten und Marienverehrung pflegen, immer weiter auseinanderklaffe.

Und noch ein weiteres Phänomen spricht Cerda-Planas an, das in Lateinamerika und im gesamten Westen zu beobachten ist: »Unter den Jugendlichen breitet sich eine Mentalität der Entinstitutionalisierung aus: ein Misstrauen gegenüber jedweder Institution in Politik, Schule, Universität, ganz gleich wo. Auch gegenüber der Kirche. Wir erleben eine echte und eigentliche Loslösung von der Institution Kirche, die früher undenkbar gewesen wäre.« Alle diese Aspekte sollten Berücksichtigung finden, wenn der Moment kommt, wo sich der Papst mit den Episkopaten der Welt auseinandersetzen muss. Die Vorstellung eines Pontifex, der wie ein universaler Monarch nach Belieben über die ›Provinzen‹ des Katholizismus gebietet, ist heute illusorisch.

Franziskus liebt Afrika. Im November 2015 hat er das Barmherzigkeitsjahr nicht an der Heiligen Pforte in Rom, sondern in der Kathedrale von Bangui, der Hauptstadt der Zentralafrikanischen Republik, eröffnet. Der argentinische Papst war viermal in Afrika, sowohl im Norden als auch südlich der Sahara, und hat dort insgesamt elf Länder besucht. »Afrika möge selbst der Protagonist seines Schicksals sein!«, lautete sein Appell 2023 in Kinshasa auf seiner letzten Afrikareise. Dem *Annuario Pontificio* 2024 zufolge ist die Zahl der afrikanischen Katholiken von 265 auf 273 Millionen gestiegen. Es ist der Kontinent mit dem stärksten Zuwachs an Gläubigen, und auch die Bischöfe werden zahlreicher. Und es ist ein Kontinent, wo das Engagement für die katholischen Gemeinden definitiv Frauensache ist.

Béatrice Faye, Ordensfrau aus dem Senegal und Professorin für analytische Philosophie, nimmt neben ihrer Lehrtätigkeit zuhause in Dakar auch einen Lehrauftrag in Rabat in Marokko wahr. Faye ist Mitglied der afrikanischen Theologenkommission und der Theologischen Kommission der Weltsynode 2023/2024, und sie stellt unbequeme Fragen. Warum, will sie wissen, hat es nach dem Vatikanischen Konzil 50 Jahre gedauert, bis die Dienste des Lektorats und des Akolythats, die den Männern seit 1972 offenstehen, 2021 auch Frauen zugänglich gemacht wurden? »Warum stellt der Frauendiakonat immer noch ein Problem dar, obwohl es zu diesem Thema so viele Umfragen und Studien gibt? Warum wird den Frauen bei sämtlichen Anliegen Machtstreben unterstellt, während die Männer der Kirche gegen diesen Vorwurf immun sind?«

Faye hat die Situation in den afrikanischen Gesellschaften deutlich vor Augen, die von einer festverwurzelten patriarchalen Mentalität geprägt sind. »Die Priester und Bischöfe«, erklärt sie mit Nachdruck, »sind zu sehr auf ihre eigene Autorität bedacht, die Priester und Bischöfe verlangen manchmal sogar von gebildeten Frauen, dass sie sich ihnen unterordnen.«[18] Der eigentliche Punkt aber ist die große Menge an Basisarbeit, die die Frauen in den Gemeinden leisten. »Frauen leiten Gebete, sitzen im Pfarrgemeinderat und in den verschiedenen – auch finanziellen – kirchlichen Ausschüssen, sie sind die Seele der Gemeinde, und ein großer Teil von ihnen kümmert sich auch um die Katechese.« Doch in den Gremien, wo die eigentlichen Entscheidungen getroffen werden – den Priesterräten beispielsweise –, sind sie nicht vertreten. Faye bezieht sich auf Senegal und Burkina Faso, doch was sie sagt, gilt für den gesamten Kontinent. Auch wenn es – etwa zwischen Algerien und dem subsaharischen Afrika – natürlich Unterschiede gibt.

»Der Frauendiakonat«, betont die senegalesische Ordensfrau und Theologin, »ist in der ganzen Kirche das Gebot der Stunde: in Afrika, Europa, Lateinamerika. Doch jeder hat seinen eigenen Rhythmus und seine eigenen Prioritäten.« In Afrika habe das *Empowerment* Priorität, das darauf abzielt, die Frauen von kulturellen, sozialen und traditionellen Lasten zu befreien, »sie vom Patriarchat zu befreien, vom Machismo, von der in der afrikanischen Gesellschaft so tief verwurzelten Vorstellung, dass Macht Männersache ist.«[19] Auf den kirchlichen Bereich übertragen bedeute das, sie an Entscheidungsprozessen zu beteiligen: »gleiche Teilhabe am Sendungsauftrag der Kirche, wobei Kirche nicht so sehr als Machthierarchie, sondern als Gemeinschaft verstanden wird.« Das Problem der Geschlechtergleichheit, fügt sie hinzu, betrifft in Afrika Kirche und Gesellschaft gleichermaßen.

Ende Oktober 2023, nach ihrer Rückkehr von der ersten Sitzungsperiode der Weltsynode, hat Schwester Béatrice in Dakar eine Schule für Synodalität gegründet. Eines der dort veranstalteten Seminare bekräftigte die Forderung, den Initiativen von Frauen mehr Autonomie und Wertschätzung zu verschaffen. Außerdem wurde mit Blick auf die Bischöfe und Priester klargestellt, dass »die synodale Leitung von ihrem Sockel herabsteigen muss, um zuzuhören, zu unterscheiden, gemeinsam mit anderen Entscheidungen zu treffen [und] eine Autorität auszuüben, die das kollektive Wachstum fördert.«[20]

So wechselt die Kirche in ihrem vielfältigen internationalen Lebensraum allmählich ihre Haut. Papst Franziskus weiß, dass er der Frauenfrage nicht aus dem Weg gehen kann. Zehn Jahre nach seiner Wahl steht er am Scheideweg. Wenn ihm auf diesem Gebiet keine echte Neuerung gelingt, wird die Enttäuschung der reformwilligen Katholiken riesengroß sein und das Urteil über seine Regierungszeit hart ausfallen. Wie sie in Kurienkreisen sagen: »Es ist ja schön und gut, wenn es immer wieder heißt, man müsse zuhören und noch mehr zuhören, in einem synodalen Klima ... aber irgendwann muss man auch mal eine Entscheidung treffen.« Als Franziskus im Hinblick auf das Frauenpriestertum erklärte, die Tür sei zu, hat Kardinal Marx, damals noch Vorsitzender der Deutschen Bischofskonferenz, ihm geantwortet: »Aber man kann wenigstens darüber reden.« Und ein deutscher Bischof, der inzwischen im Ruhestand ist, hat ihn in einer privaten Unterredung mit einem Augenzwinkern gefragt, ob man besagte Tür nicht »einen Spalt weit öffnen« könne.

In der Zwischenzeit hat sich Franziskus, wie es so seine Art ist, auf politische Weise bewegt. Mit der Schildkrötenstrategie. Er hat Fakten geschaffen und der römischen Kurie ein neues Erscheinungsbild verpasst. Wo jahrhundertelang Männer in Soutane die Landschaft prägten, tauchen mit einem Mal Frauen auf. In leitenden Positionen. Francesca Di Giovanni, Mitglied der Fokolarbewegung, ist als Untersekretärin im Staatssekretariat verantwortlich für multilaterale Zusammenarbeit und Beziehungen zwischen den Regierungen. Schwester Alessandra Smerilli ist Sekretärin des Dikasteriums für die ganzheitliche Entwicklung des Menschen. Schwester Simona Brambilla ist Sekretärin des Dikasteriums für die Institute geweihten Lebens. Rota-Anwältin Linda Ghisoni hatte 2019, auf dem Anti-Missbrauchsgipfel im Vatikan, die »heulenden Wölfe« – das heißt die Männer der Kirche – angeprangert, die über die Opfer von Gewissens-, Macht- und sexuellem Missbrauch herfallen: Heute ist sie gemeinsam mit der Universitätsprofessorin Gabriella Gambino Untersekretärin des

Dikasteriums für die Laien. Die Juristin Charlotte Kreuter-Kirchhof ist Vizekoordinatorin des Wirtschaftsrats. Und eine weitere Ordensfrau, Raffaella Petrini, ist Generalsekretärin des Governatorats der Vatikanstadt, während die Anwältin Catia Summaria als erste Frau das Amt eines *Promotor Iustitiae* (einer Staatsanwältin) am vatikanischen Berufungsgericht übernommen hat.

»Er will einen Vatikan, der auch von Frauen bewohnt ist«, kommentiert die Theologin Marinella Perroni. Auf doktrineller Ebene bezeichnend war die Ernennung von Schwester Nuria Calduch-Benages zur Sekretärin der päpstlichen Bibelkommission. Regelrechte Schockwellen aber hat Franziskus mit seiner Entscheidung ausgelöst, die französische Ordensfrau Nathalie Becquart zur Untersekretärin der Bischofssynode zu ernennen: die erste Frau in einem jahrhundertealten männlich-klerikalen Machtgefüge. Und die erste Frau mit Stimmrecht in einer Versammlung, die ihre Entscheidungsgewalt seit 1700 Jahren kein einziges Mal mit einer Angehörigen des weiblichen Geschlechts geteilt hat.

Ende 2023 dann beschloss Franziskus völlig unerwartet, das Nachdenken über die Frauenfrage wieder in Gang zu bringen. Man müsse »die Kirche entmännlichen«, sagte er während einer Audienz zu den Mitgliedern der internationalen theologischen Kommission.[21] Wenige Tage später stieß er im K9, dem kleinen Rat aus Kardinälen, die ihn mit ihren Einschätzungen bei der Leitung der Weltkirche unterstützen sollen, eine Debatte über das Thema an. Der Rat, der 2023 neu zusammengesetzt wurde, aber nicht vollständig ist, spiegelt in gewisser Weise die globalen Kräfteverhältnisse innerhalb der Kirche wider. Neben dem Kardinalstaatssekretär Pietro Parolin und dem Präsidenten des Governatorats der Vatikanstadt Fernando Vérgez Alzada gehören diesem Gremium inzwischen folgende Kardinäle an: Fridolin Ambongo Besungu (Demokratische Republik Kongo), Juan José Omella (Spanien), Gérald Lacroix (Kanada), Jean-Claude Hollerich (Luxemburg) und Sérgio da Rocha (Brasilien). Kardinal Patrick O'Malley ist am 29. Juni 2024 mit Vollendung seines 80. Lebensjahres aus dem K9-Rat ausgeschieden.

Die Debatte über die Frauenfrage war etwas noch nie Dagewesenes. Viermal versammelten sich der Papst und die Ratsmitglieder zwischen Dezember 2023 und Juni 2024 in einem Saal des Gästehauses Santa Marta, um Vorträge von Theologinnen (und einem Theologen) über die Rolle der Frau in der Kirche zu hören. Gleich der erste Vortrag war ein Paukenschlag: ein Angriff der Theologin Lucia Vantini auf das von Hans Urs von Balthasar entwickelte Paradigma des marianischen und des petrinischen Prinzips, das seit einem halben Jahrhundert als theologische Inspiration herangezogen wird, um die Unterschiedlichkeit der männlichen und der weiblichen Rolle zu begründen. Diesem Schema zufolge steht Maria für das – übergeordnete – Prinzip des Charismas und des Gehorsams gegenüber der Liebe Gottes, während Petrus die Autoritätsfunktion im Dienst an der Gemeinschaft verkörpert.

Vantini trug gleich zu Beginn des ersten Treffens eine bündige Kritik an der Idealisierung des marianischen Modells und des sogenannten »weiblichen Genius« vor, die die Frau auf die Rolle einer inspirierenden Muse reduziere und alles andere ausblende, was Frauen – »mit unseren Fähigkeiten, unserem Schmerz und unserer kritischen Lesart der Wirklichkeit« – in der Kirche sein könnten. Dieses Modell, betont Vantini, müsse überwunden werden, weil es auf einem von der Männerwelt bestimmten komplementären und hierarchischen Verhältnis zwischen Mann und Frau basiere. Sich an Vergangenes zu klammern »wird nicht funktionieren: nicht in den Familien, nicht in den Gesellschaften und auch nicht in der Kirche«.[22]

Mit seiner Initiative ist für Franziskus der kritische Moment der Entscheidung näher gerückt. Die Frage des Frauendiakonats wird nicht mehr lange unbeantwortet bleiben können. Theologin Vantini warnt: »Die Frage der Weiheämter (also der Frauenordination) steht zwar noch nicht auf der Tagesordnung, aber im

Raum, und der Druck ist spürbar.« Die Themen des K9-Treffens im Juni 2024 – Demokratisierung und monarchisches Modell – wurden auch unter kirchenrechtlichen Aspekten erörtert. Schwester Linda Pocher, die Salesianerin, die die Treffen der Theologinnen mit den K9-Mitgliedern organisiert, ist sich sicher, dass Papst Franziskus »den Frauendiakonat sehr befürwortet«; es gehe aber noch um die Frage, »wie man ihn in die Praxis umsetzen kann«. Die Priesterweihe der Frauen sei hingegen kein Thema. Zu einem der Treffen hat Schwester Pocher die anglikanische Bischöfin Jo Bailey Wells eingeladen: Sie sollte dem Papst und den Kardinälen erzählen, was sich in der anglikanischen Kirche seit der Einführung des Frauenpriestertums verändert hat.[23]

»Nach Wojtyłas Granit-Pontifikat und der Grabesruhe unter Ratzinger bringt Papst Franziskus Prozesse auf den Weg«, meint Marinella Perroni, die Gründerin der Vereinigung der italienischen Theologinnen. »Franziskus fördert die Redefreiheit, und das ist schon nicht wenig. Offenbar verfolgt er das Ziel, das Thema weiter gären zu lassen, ohne von oben einzugreifen. Andererseits hat er weder die Kraft noch den Konsens für eine umfassende Reform.«[24] Das erklärt seinen Zickzackkurs. Während die im Kardinalsrat geführten Debatten in der römischen Kurie und im Ausland widerhallen, erklärt Franziskus in einem CBS-Interview kurz und bündig, dass jede Form der Frauenordination ausgeschlossen sei. »Wenn es um geweihte Diakone geht, dann nein.«[25] »Auf diesen Papst ist kein Verlass«, so das erschütterte Fazit einer weiblichen Persönlichkeit, die einen festen Platz in den zentralen Organen der Kirche hat. Die Kirche ist groß, aber die Strömung der reformfreudigen Katholikinnen ist eindeutig müde geworden.

»Ich habe große Angst davor, dass es zu einem Diakonat zweiter Klasse kommt«, seufzt die Theologin Militello, »weil es angesichts der damaligen kulturellen Gegebenheiten nicht sinnvoll ist, sich zu fragen, was Diakoninnen in den ersten Jahrhunderten gemacht haben. Das heute ist keine theologische, sondern eine ideologische Frage.« In Deutschland, wo man sich in Sachen Reformerprobung am weitesten vorwagt, ist Schwester Philippa Rath derselben Meinung: »Auch ich fürchte einen *Light-Diakonat* für die Frauen.« Dann erklärt sie energisch: »Für Jesus waren die Apostel keine Bischöfe und niemand sprach von Weiheämtern. Nicht die Ämter sind entscheidend, sondern die Botschaft.«

In Passau aber warnt Bischof Stephan Oster, der bestimmten Aspekten des Synodalen Weges in Deutschland kritisch gegenübersteht: »An dem Tag, an dem ein Bischof eine Frau zur Priesterin weiht, wäre die Kirchenspaltung Realität.« Das ist ein globales Alarmsignal.

Kapitel VI.
Der Niedergang der Kurie

Langsam nähert sich die Schar. Mehr als sechzig Bischöfe und Weihbischöfe in schwarzen Anzügen mit römischem Kragen. Wenige Schritte von Berninis Kolonnaden entfernt gehen sie durch ein Gittertor, einen kleinen Hang hinauf und über ein paar Stufen, bis sie eine große, fensterlose Halle erreichen, die aussieht wie ein riesiger Schuhkarton. Die Atmosphäre erinnert an unangenehme Examensprüfungen. Die ansteigenden Sitzreihen sind auf ein Podium ausgerichtet, das einer Bühne ähnelt.

Es ist der Morgen des 18. November 2022. Im Auditorium Augustinianum warten die deutschen Bischöfe auf den Pontifex. Die Fortführung des Synodalen Weges steht auf dem Spiel: der großen Versammlung des deutschen Episkopats und der Vertreter der deutschen Katholiken, die sich für eine Erneuerung der Kirche in Deutschland einsetzen. Der Vatikan ist äußerst besorgt über die Liste der sich abzeichnenden Reformen.

Im Gespräch mit den Chefredakteuren der Jesuitenzeitschriften in Europa hatte Papst Franziskus einen scharfen Ton angeschlagen: »Es gibt eine sehr gute evangelische Kirche in Deutschland. Zwei brauchen wir nicht.«[1] Und auf dem Rückflug von Bahrain Anfang November ließ er sich zu einer frontalen Kritik an den seiner Meinung nach abstrakten Debatten hinreißen, die von der aktuellen Situation und kirchenpolitischen Erwägungen beeinflusst und fehlgeleitet seien. Man solle lieber zu verstehen versuchen, was das »heilige gläubige Gottesvolk« denke, mahnt er. Nicht um rückwärtszugehen, wie er rasch hinzufügt, sondern um die Wurzeln wiederzufinden. Und dann haben die päpstlichen Worte, die während der Pressekonferenz aufgezeichnet wurden, auch noch eine schallende Ohrfeige für den in Deutschland eingeschlagenen Weg parat, ein Zitat des Dichters Hölderlin: »Vieles haben sie verlernt, vieles.«[2]

Dicht zusammengedrängt in den untersten Reihen des großen Hörsaals warten die Bischöfe auf den Papst. Er soll mit den Leitern der vatikanischen Dikasterien kommen. Und vor allem soll er den Knoten lösen, der den Synodalen Weg blockiert. Wird er mit dem Segen Roms weitergehen oder nicht?

In Gang gesetzt worden war der Reformprozess durch den großen Pädophilieskandal und insbesondere die mutige Entscheidung des damaligen Vorsitzenden der Deutschen Bischofskonferenz Kardinal Reinhard Marx, 2013 eine unabhängige Kommission mit einer umfassenden Untersuchung des jahrzehntelangen Missbrauchs in der Kirche in Deutschland zu beauftragen. Gemeint ist das Forschungsprojekt MHG. Das Kürzel (das beinahe wie eine Waffenbezeichnung klingt) setzt sich aus den Anfangsbuchstaben der Standorte der drei beteiligten Universitäten Mannheim, Heidelberg und Gießen zusammen.

Die 2018 veröffentlichten Ergebnisse der Studie sind verheerend: Zwischen 1946 und 2014 wurden insgesamt 3677 Minderjährige missbraucht. Die Durchsicht der aus allen 27 deutschen Diözesen vorliegenden Akten hat die Namen von 1670 beschuldigten Klerikern zutage gefördert. Es ist jedoch sicher anzunehmen, dass die Zahl der Fälle höher liegt, weil bei der Untersuchung nur ein Teil der potenziellen Täter berücksichtigt wurde. Nicht erfasst wurden die Laien in Diensten kirchlicher Einrichtungen wie beispielsweise Schulen und die nicht offiziell mit diözesanen Aktivitäten beauftragten Ordensleute. Ganz zu schweigen von der Tatsache, dass etliche Missbrauchsfälle gar nicht in den Bistumsarchiven dokumentiert oder die Akten vernichtet oder manipuliert worden oder verlorengegangen sind. Ein beunruhigendes

Detail wird sich später herauskristallisieren: Trotz intensiver Präventionsmaßnahmen ist die Zahl der beschuldigten Priester auch in der Zeit zwischen 2009 und 2015 nicht zurückgegangen.

Unter den abschließenden Empfehlungen der Studie – im Hinblick auf die Mechanismen im Umgang mit den Missbräuchen, die Priesterausbildung, die Verantwortung gegenüber den Opfern und anderes mehr – fallen zwei besonders ins Auge. Zunächst die dringende Aufforderung, die negative Haltung der Kirche zur Weihe homosexueller Priester zu überdenken, weil, so die Verfasser der Studie, Homosexualität »kein Risikofaktor für sexuellen Missbrauch« ist. Der Zölibat übrigens auch nicht. Die zweite Empfehlung betrifft den Zusammenhang zwischen sexuellem und Machtmissbrauch, der durch die klerikalen Autoritätsstrukturen begünstigt wird, was zu der zentralen Forderung führt, das Rollenverständnis des mit dem sakramentalen Weiheamt betrauten Priesters »gegenüber nicht geweihten Personen« zu überdenken.

Die Schlussfolgerung ist harsch: Grundsatzerklärungen genügen ebenso wenig wie die Bestrafung der Schuldigen, das den Opfern gegenüber ausgedrückte Bedauern und Wiedergutmachung. Das eigentliche Problem, das angegangen werden müsse, sei die Macht des Klerus.[3] Eine ganz ähnliche Vorstellung hat Papst Franziskus etwa zeitgleich in seinem *Schreiben an das Volk Gottes* formuliert: Der Klerikalismus als anomale Verständnisweise von Autorität in der Kirche begünstigt und perpetuiert die sexuellen, die Macht- und die Gewissensmissbräuche.[4]

Im März 2019, kurz nach der Präsentation des Berichts, beschließt die Deutsche Bischofskonferenz, den Synodalen Weg zu beginnen. Das Besondere daran ist, dass die Initiative zu gleichen Teilen von den Bischöfen und vom Zentralkomitee der deutschen Katholiken (ZDK), dem Zusammenschluss der katholischen Organisationen in Deutschland, verantwortet werden soll. Vier Themen stehen im Vordergrund: 1. Macht und Gewaltenteilung in der Kirche; 2. Priesterliche Existenz heute; 3. Frauen in Diensten und Ämtern der Kirche und 4. Beziehungsleben und Sexualität.[5] In Zukunft, so der Plan, soll der deutsche Katholizismus von einem Synodalrat geführt werden, der aus Bischöfen und Vertretern von Gläubigen besteht. Der Vatikan spitzt die Ohren und zeigt sich äußerst beunruhigt. Der Themenreichtum des Synodalen Weges erinnert an ein Konzil, und die Parität von Bischöfen und Laien schon in der Vorbereitungsphase ist etwas nie Dagewesenes – eine Mitsprache, wie es sie in der Kirchengeschichte bislang nicht gegeben hat.

Franziskus greift zu Stift und Papier und schreibt den deutschen Bischöfen einen besorgten Brief. Er schreibt ihn allein und auf Spanisch, wie er später erzählt. »Ich habe einen Monat gebraucht, um ihn zu schreiben. Ich wollte die Kurie nicht einbeziehen. Ich habe es wirklich allein gemacht … Ich habe geschrieben, was ich denke.«[6] Der Brief ist liebevoll und besorgt. Zunächst wird die deutsche katholische Kirche für ihre Großzügigkeit auf sozialer Ebene und ihr missionarisches Engagement gelobt, doch dann folgt in raschem Crescendo eine Reihe von Ermahnungen. Man dürfe sich nicht in Analysen, »Schemata und Mechanismen« verstricken, die die Mission zu verfälschen drohen, oder ein Spiel mit Beschlüssen treiben, deren einzige Wirkung darin besteht, »uns von der wirklichen und täglichen Begegnung mit dem treuen Volk und dem Herrn fernzuhalten.«

Seite um Seite folgt eine Ermahnung auf die andere. Man hüte sich vor der Versuchung, zu glauben, die Probleme ließen sich durch rein bürokratische Reformen lösen. Man hüte sich vor der Versuchung, die Kirche an die Logik der Gegenwart anzupassen. Vorsicht vor der Gefahr, in ein »›gasförmiges‹, vages Christentum« abzugleiten. Der eigentliche Wandel, betont der Pontifex, entstehe aus der pastoralen Umkehr. In jedem Fall sei es wesentlich, mit der Weltkirche verbunden zu bleiben. Wenn die Teilkirchen »von der Weltkirche getrennt wären, würden sie sich schwächen, verderben und sterben«.[7] In führungspsychologischer Hinsicht ist der Brief ein Meilenstein. Er spiegelt Franziskus' Wunsch nach

Einheit wider: »Ich möchte euch zur Seite stehen und mit euch den Weg gehen«, schreibt der argentinische Papst.[8] Doch von diesem Moment an werden sich die Wege des Vatikans und die der deutschen katholischen Kirche auseinanderentwickeln.

Drei Jahre und vier Synodalversammlungen später skizzieren die verabschiedeten Dokumente ein Gerüst aus pastoralen und theologischen Prinzipien, die völlig anders sind als die in Rom geltenden. Gefordert werden die Zulassung der Frauen zum Diakonat, die Segnung homosexueller Paare, die Legitimation einer nicht-heterosexuellen Orientierung, der Zugang von *Viri probati* (verheirateten, in Glauben und Moral bewährten Männern) zum Priestertum und die Revision des 1997 von Johannes Paul II. veröffentlichten und vom damaligen Präfekten der Kongregation für die Glaubenslehre Joseph Ratzinger redigierten Katechismus der katholischen Kirche.

Gleichzeitig wird ein Dokument verabschiedet, das die Priesterweihe der Frauen befürwortet, deren theologische Begründung aber so lange vertagt, bis der Vatikan eine allgemeine Neubewertung der Lehre vornimmt.

Der Text über die sexuellen Beziehungen, der auf der vierten Synodalversammlung im September 2022 aufgrund einiger Abwesenheiten nicht die erforderliche Mehrheit von zwei Dritteln der Bischöfe erreicht, wird auf der darauffolgenden Sitzung angenommen. Auch die Freiwilligkeit des Zölibats wird festgeschrieben.

Die vierte Versammlung des Synodalen Weges, die am 10. September 2022 zu Ende geht, ist in den Augen des Vatikans das Signal einer Dissidenz, die nicht hingenommen werden kann. Der komplette deutsche Episkopat wird für den 18. November nach Rom bestellt. Und da sitzen sie nun, im Hörsaal des Augustinianums: die Bischöfe der 27 deutschen katholischen Diözesen, die Weihbischöfe und die Generalsekretärin Beate Gilles. Insgesamt fast 70 Personen. Georg Bätzing, Bischof von Limburg und Vorsitzender der Bischofskonferenz, steht an der Spitze der reformwilligen Mehrheit. Unter den schwarzgekleideten Herren sind auch der Kardinal Rainer Maria Woelki und die Bischöfe Gregor Maria Hanke, Stefan Oster und Rudolf Voderholzer: Vorkämpfer der bremsenden Minderheit.

Die deutsche katholische Kirche weiß, dass sie eine Pionierarbeit leistet, die als ›konziliares *Aggiornamento*‹ beschrieben werden könnte. Doch das Jahr 2022 ist eine Zeit, in der die internationale Isolation des deutschen Reformflügels drückend spürbar wird. Bereits im Februar hat Erzbischof Stanisław Gądecki, der Vorsitzende der Polnischen Bischofskonferenz, einen offenen Brief an die Deutsche Bischofskonferenz verfasst, um mit den Worten des Apostels Paulus darauf hinzuweisen, dass einige »das Evangelium Christi verfälschen wollen«.[9] Der polnische Erzbischof hat ein symbolträchtiges Datum gewählt: das Fest der Kathedra Petri. Der Ton klingt brüderlich: »Lieber Bischof Georg«, doch im Grunde ist jeder Abschnitt eine Anklage. »Die Versuchung, die Fülle der Wahrheit außerhalb des Evangeliums zu suchen [...]. Die Versuchung, an die Unfehlbarkeit der Sozialwissenschaften zu glauben [...]. Die Versuchung, mit einem Minderwertigkeitskomplex zu leben [...]. Die Versuchung des unternehmerischen Denkens.«

Besonders polemisch wird das Schreiben dort, wo es um die Idee geht, auf den Zölibat zu verzichten, die Frauenordination zuzulassen und die gelebte Homosexualität anzuerkennen, ja gleichgeschlechtliche Paare sogar zu segnen. Gądecki wirft dem deutschen Episkopat indirekt Schwäche vor, wenn er seinen Mitbruder Bätzing dazu aufruft, »die Waffenrüstung Gottes« anzuziehen und »gegen die Weltherrscher dieser Finsternis« zu kämpfen.[10]

Gewiss war es seltsam und irritierend, wie Bätzing in seiner entschlossenen Antwort schreibt, dass der Brief von Erzbischof Gądecki zeitgleich mit dem Eingang bei seinem deutschen Adressaten auf der Homepage der Polnischen Bischofskonferenz veröffentlicht wurde. Tatsache ist jedoch, dass auch die Geschichte des deutschen Synodalen Weges ein Teil des Bürgerkriegs ist, der seit zehn Jahren in der Weltkirche tobt und in dem die gegensätzlichen Vorstellungen von der Physiognomie des Katholizismus im 21. Jahrhundert aufeinanderprallen. Vergeblich schlägt der deutsche Bischof einen Ideenaustausch fernab der Öffentlichkeit vor.

Wenige Wochen später kommt ein Brief von der Nordischen Bischofskonferenz. Unterschrieben haben ihn der Vorsitzende Bischof Czesław Kozon aus Kopenhagen, der stellvertretende Vorsitzende Anders Kardinal Arborelius aus Stockholm und weitere Vertreter der Episkopate von Island, Norwegen und Finnland. Auch dieses Schreiben bringt, wenngleich vorsichtig, Besorgnis über die Ausrichtung, die Methodik und den Inhalt des Synodalen Weges zum Ausdruck und betont die Notwendigkeit, vor jenen Fragen haltzumachen, die die unveränderliche Lehre der Kirche betreffen. Die eigentlichen Reformen der Kirche, so die nordischen Bischöfe, bestünden von jeher darin, die »katholische Lehre zu verteidigen, zu erklären und in glaubwürdige Praxis umzusetzen«. Verfehlt sei es hingegen, »dem Zeitgeist nachzugehen«, zumal die Alltagserfahrung ständig beweise, wie flüchtig dieser Zeitgeist sei.[11]

Am 11. April wird ein Brief von 74 Bischöfen aus zehn Ländern der Welt (allein aus den Vereinigten Staaten kommen 48 der Unterzeichneten, weitere 18 aus Afrika) im Netz verbreitet. Darin wird die Desorientierung, die der Synodale Weg verursache, angeprangert und die Gefahr eines Schismas heraufbeschworen. Die Vorwürfe wiegen schwer. Der deutsche Reformprozess untergrabe nicht nur die Autorität der Kirche einschließlich des Papstes, sondern auch die christliche Anthropologie, die Sexualmoral und sogar die Glaubwürdigkeit der Heiligen Schrift. Die deutschen Dokumente seien allem Anschein nach nicht von der Schrift und der Tradition, sondern von »zeitgenössischen politischen Ideologien einschließlich der Genderideologie« inspiriert. Die Arbeitsmethode sei »zwanghaft kritisch«, und »die Fokussierung des Synodalen Weges auf ›Macht‹ in der Kirche« deute auf eine Geisteshaltung hin, die im Widerspruch zum eigentlichen Wesen des christlichen Lebens stehe. Kurzum, der gesamte

Prozess zeitige »zerstörerische Effekte«, und in dieser Zeit der Verwirrung sei »das Letzte, was unsere Glaubensgemeinschaft braucht, noch mehr vom Gleichen.«[12]

Vier Kardinäle haben das Dokument unterzeichnet: Francis Arinze, Raymond Burke, Wilfrid Napier und George Pell. Purpurträger, die – mit Ausnahme von Napier, dem langjährigen Vorsitzenden der Bischofskonferenz der südafrikanischen Länder (IMBISA) – sämtlich über Leitungserfahrung in der römischen Kurie verfügen. Mit allem, was das an Beziehungen und wechselseitiger Unterstützung so mit sich bringt. Die italienische Unterschrift stammt von Massimo Camisasca, emeritierter Erzbischof von Reggio Emilia und Mitglied von Comunione e Liberazione.

In seiner knappen Antwort an den Erstunterzeichner des Dokuments, Erzbischof Samuel Aquila aus Denver in den Vereinigten Staaten, wendet sich Bischof Bätzing entschieden gegen den Versuch, die Machtmissbräuche in der Kirche und den Zusammenhang zwischen sexuellem Missbrauch und Machtstruktur euphemistisch zu verbrämen. Bätzing hat nicht die geringste Lust, sich einschüchtern zu lassen, und betont, dass der sogenannte offene Brief Aussagen enthalte, die jeglicher Grundlage entbehren, und dass der Synodale Weg in Deutschland »in keinster Weise die kirchliche Autorität, einschließlich der von Papst Franziskus« untergrabe. Im Gegenteil werde die Autorität durch die Beteiligung der Gläubigen an den kirchlichen Entscheidungen und Beschlüssen gestärkt. »Niemand kann den Heiligen Geist für sich in Anspruch nehmen«, hält Bätzing Aquila polemisch entgegen, »oder anderen den ernsthaften Versuch absprechen, auf ihn zu hören.«[13]

In diesem Klima verhallt auch der scharfe Kommentar nicht ungehört, den Erzbischof Gänswein gegenüber dem US-amerikanischen Fernsehsender *EWTN* verlauten lässt. Was in Deutschland vor sich gehe, so der ehemalige Privatsekretär Benedikts XVI., sei keine Synode, sondern ein pseudodemokratischer Prozess, der die »Missbräuche missbraucht«, um eine politische Agenda durchzupeitschen. Besorgt über das zunehmend vergiftete Klima versucht der Generalsekretär der Bischofssynode Kardinal Mario Grech die Wogen zu glätten. »Brüderliche Zurechtweisungen«, so mahnt er, seien etwas Gutes, aber öffentliche Anklagen führten nur zu Polarisierung.[14]

Es ist ein regelrechtes Gefecht, und der deutsche Episkopat kämpft an mehreren Fronten. Polen, Skandinavien, den Vereinigten Staaten und Afrika. Die Landkarte, die sich daraus ergibt, spiegelt die vielfältigen und gegensätzlichen Positionen wider, die die Kirche unter Papst Franziskus charakterisieren. Dazwischen steht die große Masse der schweigenden Episkopate, die sich nicht an der Auseinandersetzung beteiligen, also auch nicht die Stimme erheben, um den Reformkurs in Deutschland zu unterstützen. Selbst der von jeher reformorientierte deutsche Kurienkardinal Walter Kasper, ein großer Wähler von Papst Franziskus, äußert von Rom aus schon frühzeitig Bedenken. »Der Synodale Weg«, erklärt er, »ist in struktureller Hinsicht schwach. Er ist weder eine Synode noch ein bloßer Dialogprozess.« Auch die Themenwahl hält er für fragwürdig: »Sind denn wirklich die Abschaffung des Zölibats und die Ordination von Frauen die Menschheitsprobleme von heute?«[15]

2022, als der deutsche Episkopat durch die Haltung des Vatikans und eine Reihe internationaler Verlautbarungen auf eine harte Probe gestellt wird, erklärt Kasper unverhohlen, Erneuerung bedeute nicht, »eine neue Kirche zu erfinden«, und ein »Rätesystem« (Anspielung auf die Arbeiter- und Soldatenräte, die nach dem Ersten Weltkrieg in mehreren Ländern entstanden waren), das die deutsche Kirche von nun an leiten solle, halte er schon gar nicht für überzeugend. Eine der tragenden Säulen der Kirche, erklärt er, sei das Bischofsamt, und wer diese Säule zerstöre, der zerstöre die Kirche.[16]

Überaus schwerwiegend ist wenige Wochen nach der Einbestellung der deutschen Bischöfe nach Rom eine Äußerung des Schweizer Kardinals Kurt Koch. Der Präfekt des Dikasteriums für die Einheit der Christen wirft dem Synodalen Weg vor, auch aus anderen Offenbarungsquellen zu schöpfen. Etwas Ähnliches, so entschlüpft es ihm in einem Interview mit der Wochenzeitschrift *Die Tagespost*, habe es bereits in der Zeit des Nationalsozialismus gegeben, als die sogenannten »Deutschen Christen« versucht hätten, auch Hitlers Blut-und-Boden-Ideologie als Inspirationsquelle zu nutzen.[17] Kochs offizielle Entschuldigung erfolgt umgehend. Die Episode zeigt, wie erbittert die Auseinandersetzung – oder der Zusammenstoß – zwischen den verschiedenen Tendenzen des Katholizismus im Hinblick auf das Verhältnis zwischen Offenbarung, Tradition und Lehre einerseits und Wissenschaft, Anthropologie und Soziologie andererseits in der Endphase des Bergoglio-Pontifikats geworden ist.

Verstärkt wird der Eindruck eines deutschen Einzelweges im deutschsprachigen Raum durch die Überlegungen eines Protagonisten aus der Gruppe derer, die sich von jeher an den Öffnungen des Zweiten Vatikanischen Konzils orientiert haben: des Wiener Kardinals Christoph Schönborn. In der Zeitschrift *Communio* spricht der Purpurträger von einer Instrumentalisierung des Missbrauchsskandals. Es sei befremdlich, dass man von der Frage der sexuellen Übergriffe so schnell zu den Problemen der Kirchenverfassung übergegangen sei. Man berufe sich auf die Missbrauchskrise, um Reformanliegen durchzusetzen. Doch wo sei die Verbindung? »Ist das wirklich ein direkter Konnex, dass Missbrauch in der Kirche geschehen ist, weil es keine Gewaltenteilung im Sinne demokratischer Rechtsstaaten gibt? Ich bezweifle das.«[18]

Es liegt nun an Papst Franziskus, die Knoten zu lösen. Die verschiedenen kirchlichen Lager, Konservative wie Reformorientierte, blicken seit Monaten auf ihn. Alle warten auf den Papst – besonders die deutschen Bischöfe, die im Auditorium Augustinianum versammelt sind. Man hat ihnen im Vorfeld mitgeteilt, dass er zugegen sein wird. Doch Franziskus macht einen Rückzieher. Er erscheint nicht.

Es kommen drei Kardinäle: Staatssekretär Pietro Parolin, der Präfekt des Dikasteriums für die Bischöfe Marc Ouellet und der

Präfekt des Dikasteriums für die Glaubenslehre Luis Ladaria. Sie sitzen am großen Tisch auf dem Podium und sehen von oben auf die Gruppe der Bischöfe herab, die wie Studenten auf die unteren Sitzreihen verteilt sind. Die purpurnen Schärpen und Scheitelkäppchen der Kardinäle Parolin und Ouellet leuchten, als seien sie Machtinsignien. Der Jesuit Ladaria bleibt nur in Schwarz gekleidet.

Wer die Ad-limina-Besuche noch von früher kennt, erinnert sich an die brüderliche Atmosphäre. Damals kamen nicht mehr als 20 Bischöfe gleichzeitig (gestaffelt, an verschiedenen Terminen), die alle im Kreis um den jeweiligen Papst – Johannes Paul II., Benedikt XVI. oder Franziskus – herumstanden und in einer gelösten Atmosphäre das Wort ergriffen. Das seien echte Gespräche gewesen, berichtet mehr als nur ein Bischof. Doch an jenem 18. November ist das Klima beklemmend. »Schrecklich, unwürdig«, gesteht einer der Teilnehmer. »Wir waren überrascht, dass der Papst nicht dabei war, wir hatten auf einen Moderator gehofft.« Die drei Kardinäle listen die Unzulänglichkeiten des Synodalen Weges eine nach der anderen auf: die ekklesiologischen Probleme, die Frage des Zölibats, die Wiederaufnahme der Debatte über das Frauenpriestertum – ein Thema, das durch ein Dokument von Johannes Paul II. bereits endgültig entschieden sei … Parolin habe den Anfang gemacht, erzählt ein Bischof, der nicht namentlich genannt sein will, und dann habe Ouellet den Ton verschärft. »Er hat uns offen angegriffen, unsere Bemühungen in keiner Weise gewürdigt, keinerlei Interesse an den Perspektiven des Synodalen Weges und auch kein Verständnis für den Diskurs über die kirchlichen Strukturen signalisiert.« Der Präfekt des Dikasteriums für die Bischöfe beschwört sogar das Schreckgespenst eines Schismas herauf.[19]

Im Übrigen war der Kurs bereits im Vorfeld durch ein offizielles Kommuniqué des Vatikans vorgegeben worden. Folgende Klarstellung erscheine notwendig, heißt es dort in bürokratischem Befehlston: »Der ›Synodale Weg‹ in Deutschland ist nicht befugt, die Bischöfe und die Gläubigen zur Annahme neuer Formen der Leitung und neuer Ausrichtungen der Lehre und der Moral zu verpflichten.« Ohne Einvernehmen mit Rom, so die Verlautbarung weiter, sei es »nicht zulässig, in den Diözesen vor einer auf Ebene der Universalkirche abgestimmten Übereinkunft neue amtliche Strukturen oder Lehren einzuführen, welche eine Verletzung der kirchlichen Gemeinschaft und eine Bedrohung der Einheit der Kirche darstellen würden.«[20]

Noch heute fühlen sich etliche deutsche Bischöfe unbehaglich, wenn sie an das Treffen zurückdenken. Kardinal Ouellet traktierte sie mit Fragen: »Was ist passiert? […] Wo sind wir gelandet?« Man habe den Eindruck, so der Kardinal, dass die Angelegenheit der Missbrauchsfälle ausgenutzt worden sei, um andere Ideen durchzusetzen. »Es scheint uns, dass wir vor einem Projekt der ›Veränderung der Kirche‹ stehen«, das »Zweifel und Verwirrung unter dem Volk Gottes sät.« Der vorgelegte Entwurf, echauffiert sich der kanadische Purpurträger weiter, stütze sich »auf kulturelle Veränderungen […], anstatt auf die erneuerte Verkündigung des Evangeliums.«[21]

Ouellet fordert ein Moratorium: Der gesamte Prozess soll ausgesetzt und die bereits verabschiedeten Dokumente sollen zu einem späteren Zeitpunkt, im Licht der Weltsynode 2023/24, von Grund auf überarbeitet werden. Die Ansprache von Kardinal Ladaria ist gemäßigter. Der Leiter des Dikasteriums für die Glaubenslehre benennt die kritischen Punkte des deutschen Prozesses insbesondere in Bezug auf die Kirchenstrukturen, die Sexualität und die Rolle der Frau, der kein Zugang zum Priestertum gewährt werden könne. Mit Blick auf das bischöfliche und päpstliche Lehramt mahnt Ladaria, dieses könne nicht mit anderen Ämtern gleichgesetzt werden.[22]

Der Druck ist enorm. Die Forderung, den Synodalen Weg bis auf Weiteres nicht fortzuführen, ist ultimativ. Einer der anwesenden Bischöfe erinnert sich: »Es war gruselig, erschütternd, aber wir wussten, dass unter uns auch einige waren, die dachten: ›Gut so!‹, denn sie waren davon überzeugt, dass die Anmerkungen der Kardinäle berechtigt waren.« Das ist das Lager der Opposition.

»Es gab von Anfang an den politischen Willen, eine ganz bestimmte Agenda voranzubringen«, betont ein Bischof der Minderheit, der im Augustinianum dabei war. »Die Studie über die sexuellen Missbrauchsfälle hat einige Reformwege aufgezeigt, aber die Frauenfrage mit keinem Wort erwähnt. Doch das Zentralkomitee der Katholiken (ZDK) verlangte, das Thema auf die Tagesordnung zu setzen, sonst hätte es nicht mitgemacht.« Repräsentiert das ZDK die einfachen Gläubigen? »Von den 20 Millionen Katholiken in Deutschland«, so der Bischof, »gehen weniger als fünf Prozent in die Messe, also eine Million. Doch der Apparat der kirchlichen Angestellten, etwa eine Million, wächst weiter.« Das sind konkret 700 000 Mitarbeitende der Caritas, 180 000 Angestellte der kirchlichen Strukturen und die Beschäftigten an Schulen, Krankenhäusern und in den Initiativen der Ordensgemeinschaften. Und dieser Apparat, der, wie der Prälat betont, sich kaum mit der Menge der immer älter werdenden Gläubigen überschneide, die die Sakramente und den sonntäglichen Ritus pflegen, solle de facto ab 2025 paritätisch mit den Bischöfen die Leitung der Kirche in Deutschland übernehmen? »Das ist Wahnsinn!«, ruft er aus.[23] Da spielt es kaum eine Rolle, dass die Deutsche Bischofskonferenz stets betont hat, dass nach Maßgabe des Kirchenrechts jeder Bischof frei entscheiden könne, ob er die auf nationaler Ebene getroffenen Beschlüsse umsetzen wolle oder nicht.

Die Kardinäle, die im Saal des Augustinianums den Bischöfen aus Deutschland die Leviten lesen, stützen sich auf die oppositionelle Strömung, die die Rolle und die Befugnisse des Bischofs in letzter Konsequenz für unantastbar hält. Denn genau darum geht es. Die Vorschläge aus Deutschland haben einen revolutionären Beigeschmack und drängen auch die konservativen und gemäßigten Kräfte in anderen Ländern zu einer Reaktion. Franziskus seinerseits ist davon überzeugt, dass der deutsche Synodale Weg ein

Werk der theologischen Eliten und »sehr durch Druck von außen beeinflusst« ist.[24]

Im Hörsaal verspürt die Mehrheit der Bischöfe wachsendes Unbehagen. Dieses Professoren-Studenten-Szenario ermöglicht keinen echten Dialog. Nur separate Wortmeldungen. Das Diktat, den Synodalen Weg zu beenden, geht zu weit. Als Erster spricht Kardinal Marx, damals noch Mitglied des Rats der neun Kardinäle, mit denen sich der Pontifex regelmäßig bespricht. Er ist gegen das Moratorium. Bischof Bätzing, der Vorsitzende der Deutschen Bischofskonferenz, vertritt dieselbe Linie. An eine Unterbrechung des eingeschlagenen Weges sei nicht zu denken, und es sei unvorstellbar, nach Deutschland zurückzukehren und dort zu verkünden, dass die Gespräche nach dem Abschluss der Weltsynode fortgeführt würden. Der Vorsitzende des deutschen Episkopats ist enttäuscht und irritiert, weil der Vatikan nicht zu verstehen scheint, welche Kluft sich nach den Enthüllungen über die Missbräuche zwischen Bischöfen und Gläubigen aufzutun droht. Empört ist er vor allem über die Angriffe von Kardinal Ouellet, der dem deutschen Episkopat de facto Verirrung und Abweichlertum vorwirft. Bätzing ist überaus angespannt. Er fühlt sich verpflichtet, der Kurie die Stirn zu bieten, und weist die Forderungen des Vatikans zurück.

Im Augustinianum regt sich Verärgerung. Mit je unterschiedlicher Schwerpunktsetzung machen mehrere deutsche Bischöfe deutlich, dass sie nicht wie Funktionäre behandelt werden wollen, deren Aufgabe es ist, die römischen Weisungen umzusetzen. »Einige von uns waren entschieden schlecht gelaunt«, gesteht einer der Teilnehmer, »weil die Kirche kein autoritäres System mehr sein kann. Die Zeiten sind vorbei!« Der Bischof von Magdeburg fühlt sich an die Verhältnisse in der DDR, dem Satellitenstaat der UdSSR, erinnert. »Er hat ihnen freundlich erklärt«, erinnert sich ein Mitbruder, »dass er aus einer Welt kommt, in der bestimmte Personen den anderen gesagt hätten, wie sie sich benehmen sollen. Jetzt hätte er das Gefühl, dass jene Zeiten nicht mehr weit entfernt seien«.[25] Ablehnung macht sich breit. Und, wie einer der Bischöfe später sagen wird, eine stumme Wut darüber, dass man seit Luthers Zeiten unter permanenter Beobachtung stehe.

An diesem Punkt erkennt Staatssekretär Parolin, dass er die Mehrheit gegen sich hat. Die Versammlung endet mit einem Kommuniqué, das schwarz auf weiß festhält, dass »die Möglichkeit eines Moratoriums […] verworfen wurde«.[26] Stattdessen werde es, wie man diplomatisch vereinbart, ein weiteres Nachdenken und wechselseitiges Zuhören geben. Das vatikanische Veto ist gebrochen, der vom Papst gewünschte Stopp verhindert. Die deutschen Bischöfe haben nein gesagt.

Seit jenem Novembertag ist die Allmacht der römische Kurie Geschichte.

* * *

Und noch eine jahrhundertealte Devise gehört bald der Vergangenheit an: *Roma locuta, causa finita*, »Rom hat gesprochen, die Sache ist erledigt«. Ein Jahr später wird auch der obersten Autorität des Dikasteriums für die Glaubenslehre, dessen abschließendes Wort immer als Inbegriff päpstlicher Macht gegolten hatte, Schach geboten.

Es ist der 18. Dezember 2023, Weihnachten steht vor der Tür, als das ehemalige Heilige Offizium eine feierliche Erklärung herausgibt. Es sei zulässig, »Paare in irregulären Situationen« und homosexuelle Paare zu segnen. *Fiducia supplicans* heißt das Dokument. Zweieinhalb Jahre zuvor hatte ein *Responsum* der Glaubenswächter noch das Gegenteil erklärt: Es sei »nicht erlaubt, Beziehungen oder selbst stabilen Partnerschaften« von homosexuellen Personen »einen Segen zu erteilen«. Das Dokument des damaligen Präfekten der Glaubenslehrekongregation Kardinal Ladaria stützte sich auf die Begründung, dass Verbindungen zwischen Personen gleichen Geschlechts eine sexuelle Praxis außerhalb der Ehe – als einer Verbindung zwischen Mann und Frau,

»die an sich für die Lebensweitergabe offen ist« – einschlössen. Wie so oft in der jahrhundertealten Tradition der katholischen Kirche aber enthielt das Verbot gleichzeitig auch einen Hinweis auf ein Hintertürchen. Die Norm, so wurde ausdrücklich betont, »schließt nicht aus, dass Segnungen einzelnen Personen mit homosexueller Neigung gespendet werden«.[27]

In reformwilligen Kreisen war das Verbot spontan überaus schlecht aufgenommen worden. In Deutschland wurden in einer Massenaktion im darauffolgenden Mai in 100 Kirchengemeinden homosexuelle Paare gesegnet. In Österreich erklärten 300 Priester, sie seien bereit, gleichgeschlechtliche Paare zu segnen. In Antwerpen protestiert Bischof Johan Bonny öffentlich gegen die Haltung des Vatikans. Anschließend veröffentlicht der Brüsseler Kardinal Jozef De Kesel gemeinsam mit den flandrischen Bischöfen einen liturgischen Text für die Segnung homosexueller Partner.

Sechs Monate nach dem Tod Benedikts XVI., am 1. Juli 2023, beruft Papst Franziskus den Argentinier Víctor Manuel Fernández an die Spitze des Dikasteriums für die Glaubenslehre. Fernández ist ein brillanter Theologe und genießt das absolute Vertrauen des Papstes. Der ehemalige Rektor der Katholischen Universität von Argentinien hat – davon ist man im Vatikan überzeugt – an zwei zentralen Dokumenten mitgearbeitet: dem apostolischen Schreiben *Evangelii gaudium*, das wenige Monate nach Bergoglios Wahl veröffentlicht wurde und eine Art Regierungserklärung darstellt; und dem nachsynodalen Schreiben *Amoris laetitia*, das der Kommunion für wiederverheiratete Geschiedene den Weg ebnete.

Gleich nach dem Konklave hat Bergoglio Fernández zum Bischof geweiht. Fünf Jahre später ernannte er ihn zum Erzbischof von La Plata. Wenn er ihn jetzt in die Kurie beruft, ist der Pontifex offenbar entschlossen, im ehemaligen Heiligen Offizium eine Wende herbeizuführen. Am Tag nach seiner Ernennung zum Präfekten des Dikasteriums schickt der Papst ihm einen Brief, der auf der Titelseite des *Osservatore Romano* abgedruckt wird und in dem er ihm die Aufgabe anvertraut, die aus dem Glauben erwachsende Lehre zu behüten: »aber nicht als Feinde, die anzeigen und verurteilen«, nicht als Schreibtischtheologen, die von einer »kalten und harten Logik« beseelt seien. Franziskus findet harsche Worte für den früheren Leitungsstil des Heiligen Offiziums. Das Dikasterium, schreibt er, habe zu anderen Zeiten »unmoralische Methoden« angewandt.[28]

Mit diesen anderen Zeiten, so lässt sich mutmaßen, sind nicht nur vergangene Jahrhunderte, sondern ist auch die härteste Phase im Pontifikat Johannes Pauls II. gemeint, als – mit Kardinal Ratzinger als oberstem Glaubenshüter – verschiedenen Theologen der Prozess gemacht wurde: Edward Schillebeeckx für seine dogmatischen Analysen; Leonardo Boff für sein befreiungstheologisches Engagement; Charles Curran für seine Thesen über die Sexualethik; dem amerikanischen Bischof Raymond Hunthausen, weil er es homosexuellen Priestern von der Vereinigung *Dignity* erlaubt hatte, Messen zu feiern; dem sri-lankischen Theologen Tissa Balasuriya für sein Buch über Maria; dem Dozenten der Universität Gregoriana Jacques Dupuis für seine Überzeugung, dass auch die Offenbarungen der nichtchristlichen Religionen gewürdigt werden müssen.

In klarer Abgrenzung gegen jedwede inquisitorische Mentalität fordert Franziskus den neuen Präfekten des Dikasteriums für die Glaubenslehre auf, alle diejenigen theologischen Konzeptionen als »unangemessen« zu betrachten, die die Barmherzigkeit Gottes in Zweifel ziehen. Man müsse sich mit dem wissenschaftlichen Fortschritt und der gesellschaftlichen Entwicklung auseinandersetzen, mahnt der Papst, und einen Dialog zwischen der Botschaft des Evangeliums und dem völlig neuen Kontext der gegenwärtigen Menschheitsgeschichte herstellen. Es ist ein kühner Brief, und die Männer der Kurie nehmen zur Kenntnis, dass der *Osservatore Romano* den Text nicht übersetzen lässt, sondern im spanischen Original veröffentlicht.

Mit dem neuen Präfekten will Franziskus einen Schritt vorankommen, was die Seelsorge für homosexuelle Paare betrifft:

Ihre spirituellen und existenziellen Bedürfnisse sollen Anerkennung finden. Kardinal Fernández obliegt es, die Leitlinien auszuarbeiten. Am Ende des Jahres ist das Dokument fertig. Es heißt *Fiducia supplicans* und erlaubt die Segnung von Paaren desselben Geschlechts. Der Text ist geschickt aufgebaut. Fernández weiß, dass der Katechismus der katholischen Kirche, solange er nicht überarbeitet worden ist, eine unüberwindliche Hürde darstellt, weil er homosexuelle Akte als »schlimme Abirrung«, »in sich nicht in Ordnung« und als Verstoß »gegen das natürliche Gesetz« definiert.

Aus diesem Grund stellt der argentinische Kardinal im Text von *Fiducia supplicans* zunächst klar, dass es nicht darum geht, etwas zu legitimieren, das keine Ehe ist: Daher sei jedwedes liturgische Ritual zu vermeiden, das einem Sakrament ähnelt. Außerdem solle der Segen niemals im Kontext einer Ziviltrauung – dazu gehören demnach auch »die Kleidung, die Gesten und die Worte, die Ausdruck für eine Ehe sind« – erteilt werden. Wichtig sei, dass die Betreffenden ihr Bedürfnis nach der Gegenwart Gottes in ihrer Geschichte zum Ausdruck bringen, denn die Kirche nimmt »all jene auf, die sich Gott mit einem demütigen Herzen nähern«. Es ist ein Tanz auf dem Rasiermesser. Fernández skizziert die Möglichkeit einer Segnung außerhalb liturgischer Feiern, etwa beim Besuch eines Gnadenortes, bei einer Wallfahrt oder bei der Begegnung mit einem Priester: wenige Worte, mit denen der segnende Geistliche »Frieden, Gesundheit, einen Geist der [...] gegenseitigen Hilfe«, aber auch Gottes Kraft auf das Paar herabfleht, damit sie »seinen Willen voll erfüllen« können. Franziskus erteilt dem Dokument seine ausdrückliche Billigung.[29]

Die Revolte, die nun ausbricht, offenbart das ganze Ausmaß der traditionalistischen Empfindungen, die in einem nicht unbeträchtlichen Teil der katholischen Episkopate verwurzelt sind. Bischöfe aus vielen Ländern und verschiedenen Weltgegenden protestieren und opponieren öffentlich: der Kardinal und Erzbischof von Montevideo Daniel Sturla Berhouet, der Bischof von

Formosa (Brasilien) Adair José Guimarães, Kardinal Jean-Pierre Kutwa aus Elfenbeinküste, die Bischofskonferenzen von Angola, Benin, Kamerun, Gabun, Ghana, Malawi, Mosambik, Nigeria, Ruanda, Togo, Sambia und Simbabwe. In Kasachstan verbieten der Titularbischof der Hauptstadtdiözese Astana Tomasz Peta und sein Weihbischof Athanasius Schneider ihrem Klerus jedwede Segnung homosexueller Paare. Unter den Protestlern sind auch emeritierte Bischöfe wie der Argentinier Héctor Rubén Aguer, Charles Chaput aus den Vereinigten Staaten oder der Schweizer Marian Eleganti.

In Polen bringt die Bischofskonferenz eine Verlautbarung in Umlauf, die die Segnung von Personen verbietet, die »in homosexuellen Beziehungen bleiben«. In Ungarn erklärt der Episkopat rigoros, jeder Mensch könne unabhängig von seiner sexuellen Orientierung gesegnet werden; es sei jedoch verboten, Personen, die in einer nichtehelichen Verbindung, in einer aus kirchlicher Sicht ungültigen Ehe oder in einer homosexuellen Beziehung lebten, als Paar zu segnen.[30] Ein ähnliches Veto kommt von den Bischöfen in Belarus. Auch der Primas der ukrainischen griechisch-katholischen Kirche Swjatoslaw Schewtschuk erteilt der Segnung 48 Stunden vor Heiligabend eine Absage.

Im Kielwasser dieses Unmuts reihen sich die Wortmeldungen derer ein, die von jeher Franziskus' Gegner sind. Kardinal Gerhard Ludwig Müller, 2017 vom Papst aus der Leitung der Glaubenslehrekongregation abberufen, attackiert Fernández' Vorstoß mit aller Härte und bezeichnet ihn als »Blasphemie«. Gegen die Gebote des Dekalogs zu handeln, erklärt er, sei eine schwere Sünde, und wer dem zustimme, mache sich einer Todsünde schuldig.[31] Bischof Carlo Maria Viganò, ehemals Nuntius in den Vereinigten Staaten und Erzfeind Bergoglios, ergreift die Gelegenheit beim Schopf und wirft Franziskus eine »falsche pastorale Aufmerksamkeit für Ehebrecher und Sodomiten« vor. Die Videos, die Viganò ins Internet stellt, verbreiten sich in allen Teilen der katholischen Welt.[32]

Die Webseite *Stilum curiae* berichtet, dass alle Priester der peruanischen Territorialprälatur Moyobamba sich um ihren Bischof Rafael Escudiero López geschart und den Papst einmütig aufgefordert hätten, *Fiducia supplicans* zu widerrufen.[33] Und natürlich meldet sich auch Kardinal Sarah zu Wort, der den Aufstand wie folgt zusammenfasst: »Wir wenden uns nicht gegen Papst Franziskus, aber wir wenden uns entschieden und radikal gegen eine Irrlehre, die die Kirche auf das Schwerste erschüttert.«[34]

Der frühere Erzbischof von Hong Kong und langjährige Bergoglio-Gegner Kardinal Joseph Zen legt den Finger in die Wunde: Er begnügt sich nicht damit, das Dokument zu kritisieren und schwerwiegende Spaltungen in der Kirche zu prophezeien, sondern wirft zudem die Frage auf, weshalb man von oben entschieden habe, sich mit dem Thema zu befassen, statt in der zweiten Sitzungsperiode der Weltsynode der Bischöfe im Oktober 2024 darüber diskutieren zu lassen.[35] Die Antwort, die keiner im Vatikan laut auszusprechen wagt, ist, dass der Segen bei den wahlberechtigten Synodenteilnehmern nicht die notwendige Zweidrittelmehrheit bekommen hätte.

Vor diesem Hintergrund wird verständlich, weshalb – neben dem positiven Echo vonseiten europäischer Bischöfe insbesondere aus dem deutschsprachigen Raum und einiger Bischöfe aus den USA, Kanada, Südafrika oder frankophonen Maghrebstaaten wie Marokko und Algerien – ein Kardinal wie der von Papst Franziskus persönlich ausgewählte Uruguayer Berhouet das Bedürfnis verspürt, darauf hinzuweisen, dass *Fiducia supplicans* unter den Priestern Befremden ausgelöst habe, weil das Dokument in objektivem Gegensatz zur gesamten Tradition der Kirche stehe.[36] Ein Schwachpunkt liegt – wenn man die Funktionsmechanismen der Kurie berücksichtigt – darin, dass das Dokument des Präfekten des Dikasteriums für die Glaubenslehre nicht zuvor in der ordentlichen Versammlung der Dikasteriumsmitglieder, der sogenannten *Feria quarta*, diskutiert worden ist. Im Klartext heißt das, dass hier eine Missachtung der institutionellen Gepflogenheiten vorliegt.

Kardinal Fernández reagiert auf den Proteststurm mit dem Versuch einer Schadensbegrenzung. Er veröffentlicht eine Pressemitteilung (die sofort auch in polnischer Übersetzung erscheint!), um zu betonen, dass die Kirche von jeher nur sexuelle Beziehungen innerhalb der Ehe als zulässig betrachtet und dass *Fiducia supplicans* keinerlei Billigung irregulärer Situationen ausdrücke. Es gebe keinerlei Absolution und keinerlei Änderung an der überlieferten Lehre der Kirche, geschweige denn, dass man homosexuelle Gläubige in Ländern, wo Homosexualität unter Strafe stehe, der Gewalt aussetzen wolle.

Es gehe bei den pastoralen Segnungen vielmehr darum, den schlichten Glauben der Gläubigen mit einem helfenden Gebet zu unterstützen. Als Beispiel für eine spontane, nicht-rituelle Segnung verweist Fernández auf eine Handlung von wenigen Sekunden, die »nicht an einem wichtigen Platz im Kirchengebäude oder vor dem Altar stattfinden sollte«, weil dies Verwirrung stiften würde. »Es ist eine Angelegenheit von 10 oder 15 Sekunden«, betont der Präfekt des ehemaligen Heiligen Offiziums. Und löst damit hinter den Kulissen höhnische Kommentare oder, je nach Standpunkt, zornige Reaktionen aus.

Der Krieg im Innern der katholischen Kirche tobt immer erbitterter. Im Netz werden dem argentinischen Cheftheologen Auszüge aus seinem 1998 verfassten Buch *Die mystische Passion. Spiritualität und Sinnlichkeit* um die Ohren geschlagen. Eine literarisch-voyeuristische Kampagne mit dem Ziel, Fernández in Schwierigkeiten zu bringen. Sätze von früher, die im Netz ausgestreut werden wie Axthiebe. »Die Frau hat um die Vagina herum einen reichen Plexus ... deshalb ist sie oft unersättlich ... Auf dem Weg zum Orgasmus übernimmt der Mann mehr und mehr die Kontrolle, bis ... sie sich schließlich vollständig hingibt, aufhört, Herrin ihrer selbst zu sein und das Bewusstsein ihrer Freiheit verliert.«[37] Da nützt es wenig, dass der Kardinal sofort erklärt, es handele sich um ein Jugendwerk, das er heute so nicht mehr schreiben würde. Schon damals habe er die zweite Auflage verhindert und veranlasst, dass die restlichen Exemplare eingestampft wurden. Als er das Buch geschrieben habe, erzählt Fernández, sei er mit jungen Ehepaaren in Kontakt gewesen, die die spirituelle Bedeutung ihrer Beziehung besser verstehen wollten. »Aber dann habe ich mich bald gefragt, ob man mir das vielleicht falsch auslegen würde.«[38]

Im Strudel der Polemik fördern die Feinde ein weiteres altes Buch von Fernández zutage. Es heißt *Heile mich mit deinem Mund: die Kunst zu küssen*. Aus dem Kontext gerissene Zitate verfolgen den offensichtlichen Zweck eines Rufmords, um den theologischen rechten Arm von Papst Franziskus zu vernichten: »Ihr gefallen Zärtlichkeiten und Küsse und sie braucht es, dass der Mann ein bisschen spielt, ehe er in sie eindringt … er gibt in der Regel aggressive Grunzlaute von sich, während sie eher seufzt oder stammelt wie ein Kind … Wir wollen uns nun die Frage stellen, ob sich diese Besonderheiten des Mannes und der Frau beim Orgasmus in gewisser Weise auf die mystische Beziehung zu Gott übertragen lassen.«[39]

In der Pressemitteilung, die nach den ersten Protesten von Bischöfen und Kardinälen veröffentlicht wird, hebt der neue Präfekt des Dikasteriums für die Glaubenslehre hervor, dass die von einigen Bischofskonferenzen geäußerten Einwände zum Anlass genommen werden könnten, sich gründlicher mit dem Thema zu befassen, aber in keiner Weise als »lehrmäßige Opposition« gegen *Fiducia supplicans* zu interpretieren seien. Das unterstreicht Fernández nicht weniger als viermal. Niemand darf sich herausnehmen, sich von dem Dokument zu distanzieren oder zu behaupten, es stehe im Gegensatz zur kirchlichen Überlieferung. Es ist undenkbar, so Fernández' implizite Botschaft, ein vom Pontifex geprüftes und gebilligtes Dokument zu verwerfen.

Genau das aber geschieht, und auf spektakuläre Weise. Kardinal Fridolin Ambongo Besungu meldet sich zu Wort, ein Schützling von Papst Franziskus, der ihn 2018 zum Erzbischof von Kinshasa, der Hauptstadt der Demokratischen Republik Kongo, gemacht und ihm 2019 das Kardinalsbirett verliehen hat. Ambongo ist Präsident des Symposiums der Bischofskonferenzen von Afrika und Madagaskar (SECAM) und wurde von Franziskus obendrein in den K9, den Kronrat des Papstes, berufen. Der Purpurträger setzt sich umgehend mit sämtlichen Bischofskonferenzen des Kontinents in Verbindung, bittet sie um ein Meinungsbild und schickt dem Papst in der zweiten Januarwoche 2024 eine Zusammenfassung in Form eines offenen Briefs mit dem amtlichen Titel: »Keine Segnung homosexueller Paare in den afrikanischen Kirchen«.

Der Text bekundet dem Papst »unerschütterliche Loyalität« und bekräftigt die Entschlossenheit, Homosexuelle als Einzelpersonen mit pastoraler Zuwendung, Respekt und Würde zu behandeln, erinnert aber gleichzeitig daran, dass ihre Verbindungen »dem Willen Gottes entgegengesetzt sind und mithin nicht von der Kirche gesegnet werden können«. Unbeschadet der Handlungsfreiheit der einzelnen Bischöfe bringen die afrikanischen Bischöfe ihre abweichende Einschätzung zum Ausdruck und stützen sich dabei auf Stellen aus dem Alten und dem Neuen Testament – angefangen beim Buch Levitikus, das solche Beziehungen als »Gräuel« bezeichnet.

Ambongo weist im Namen der Kirchen Afrikas darauf hin, dass eine Segnung solcher Verbindungen »Verwirrung stiften und dem kulturellen Ethos der afrikanischen Gemeinden direkt widersprechen würde«.[40] Es ist eine regelrechte Gegenerklärung, begleitet von einem sieben Seiten langen persönlichen Brief des kongolesischen Kardinals an Papst Franziskus. Dann eilt Ambongo nach Rom, trifft sich mit dem Papst, hat eine Unterredung mit Fernández und hinterlegt ein – von ihm selbst in seiner Eigenschaft als SECAM-Vorsitzender unterzeichnetes und vom Präfekten des Dikasteriums in Bestätigung der Kenntnisnahme gegengezeichnetes – Geheimdokument im Vatikan, das das Nein der afrikanischen Bischöfe bekräftigt. »Auf diese Weise wollen wir«, so Ambongo in einem Interview, »im Geist der Synodalität mit Papst

Franziskus unsere Position heute in Afrika zum Ausdruck bringen ... in Afrika ist kein Platz für die Segnung homosexueller Paare.«[41]

Ein Kapuzinermönch – das ist der Orden, dem Ambongo angehört – hat dem Heiligen Offizium Schach geboten. So etwas hat es noch nie gegeben. Dass ein Kontinent geschlossen rebelliert, ist in der neuzeitlichen Geschichte der katholischen Kirche ein unerhörter Vorgang. Der Vatikan, bemerkt ein greiser Purpurträger, wurde kalt erwischt. Damit hatte niemand gerechnet.

In diesem stürmischen Januar 2024 versucht Franziskus die Wogen zu glätten. Bei der Begegnung mit dem römischen Klerus in der Basilika St. Johannes im Lateran erklärt der Pontifex, das Gespräch mit Ambongo habe gezeigt, dass es in der afrikanischen Kultur unterschiedliche Sensibilitäten gebe. »Wir segnen die Menschen, nicht die Sünde«, unterstreicht Bergoglio.

Die ganze Angelegenheit ist ein Wendepunkt in der Geschichte des neuzeitlichen Katholizismus. Sie ist nicht nur ein Indiz für die Schwierigkeiten, mit denen die Kirchenleitung unter Bergoglio zu kämpfen hat, sondern weist auch darauf hin, dass sich die Kirche in einer spannungsreichen Übergangsphase befindet. Kann die katholische Kirche den vielfältigen Kulturen der Welt in Fragen, die das Verhältnis zwischen Glauben, anthropologischen Konzeptionen und sozialen Verhaltensweisen betreffen, ein je unterschiedliches Tempo zugestehen? Der eine oder andere Theologe oder Bischof denkt bereits laut über Formen regionaler Autonomien nach.

Es wird Franziskus' Nachfolger sein, der die losen Enden zusammenfügen muss. Eine Zerreißprobe für eine Kirche, deren zentralistische Strukturen aus der Zeit des Trienter Konzils stammen und die bislang weder die absolute Monarchie des Papstes noch seine Unfehlbarkeit zu den Akten gelegt hat.

Kapitel VII.
Schwarze Löcher

Es gibt Schattenseiten im Pontifikat von Jorge Mario Bergoglio. Sprunghafte Entscheidungen, die sich nur schwer mit der demonstrativen Strenge unter einen Hut bringen lassen, die der Papst im Umgang mit den Missbrauchsfällen – »psychologischem Mord«, wie er selbst es genannt hat – an den Tag legt.

Im Sommer 2017 verschwindet der Bischof der argentinischen Diözese Orán Gustavo Óscar Zanchetta – dem von jeher der Ruf vorauseilt, ein ›langjähriger Freund‹ des Pontifex zu sein, und den Franziskus wenige Monate nach seiner Wahl zum Bischof ernannt hat – plötzlich von der Bildfläche. Als Grund für seinen Rückzug nennt Zanchetta nicht näher spezifizierte gesundheitliche Gründe. Zwei Monate lang wird man nichts von ihm hören. Es stellt sich heraus, dass er in Corrientes bei Erzbischof Stanovnik untergekrochen ist, der ihn geweiht hat. Am 1. August 2017 gibt das vatikanische Presseamt seinen Rücktritt bekannt. Dann kommen die Hintergründe ans Licht. Zwei Jahre zuvor hat sein Sekretär Luis Armando Díaz, ein Laie, auf dem Handy des Bischofs pornografische Fotos entdeckt: Selfies von nackten jungen Männern beim Masturbieren. Der Primas und Erzbischof von Buenos Aires Kardinal Mario Poli wird informiert, und wenige Tage später bestellt Papst Franziskus Zanchetta in den Vatikan.

Der mexikanischen Journalistin Valentina Alazraki wird der Pontifex später sagen: »Es gab eine Anschuldigung, und ich habe ihn nicht sofort zum Rücktritt aufgefordert, sondern gemeinsam mit der Person, die ihn beschuldigt hat, herkommen lassen. Am Ende hat er sich damit verteidigt, dass sie sein Handy gehackt hätten. Angesichts der Beweislage und einer guten Verteidigung bleibt also ein Zweifel – aber *in dubio pro reo.*«[1] In dem Interview räumt Franziskus ein, dass es auch Klagen über die Finanzverwaltung sowie erhebliche Spannungen zwischen dem Diözesanklerus und Zanchetta gegeben habe, der als despotisch und autoritär verschrien war. »In ökonomischer Hinsicht war er ein Chaot, aber er hat die Werke in seinem Bistum ökonomisch nicht schlecht verwaltet.«

Endlich fordert der Papst, dass er auf die Leitung der Diözese verzichtet. In den darauffolgenden Jahren kommen dank der hartnäckigen Recherchen der Journalistin Silvia Noviasky von der Tageszeitung *El Tribuno* in Salta weitere Einzelheiten ans Licht. Demnach hatten sich bereits im April 2016 fünf Priester schriftlich an die vatikanische Nuntiatur in Buenos Aires gewandt und Zanchetta angezeigt. Doch wie dem auch sei: 2017, wenige Tage vor Weihnachten, beruft Papst Franziskus den Bischof, den er gerade zum Rücktritt aufgefordert hat, nach Rom und betraut ihn mit der Aufgabe eines Assessors bei der Güterverwaltung des Apostolischen Stuhls (APSA), dem Schatzamt des Vatikans. Zanchetta wird in Santa Marta wohnen, dem Gästehaus, wo auch der Papst residiert, und er bekommt einen Diplomatenpass. Die Entscheidung ruft innerhalb wie außerhalb des Vatikans Erstaunen hervor. Bei der APSA gibt es gar keinen ›Assessor‹: Der Posten ist frei erfunden. Vielen erscheint es unlogisch, an einer so heiklen Stelle eine Person zu beschäftigen, die der Papst selbst als chaotisch charakterisiert hat. Der Sprecher des Heiligen Stuhls wird später sagen, dass Zanchettas Funktion »keinerlei Leitungsverantwortung beinhaltet«.[2] Doch das erfundene Amt garantiert ihm Immunität – zumindest für den Moment.

Recht unklar ist auch ein weiterer Hinweis im Papstinterview: »Ich habe ihn nach Spanien geschickt, damit er sich psychiatrisch untersuchen lässt … Das Ergebnis war im Normbereich, sie haben ihm empfohlen, einmal im Monat zum Therapeuten zu gehen.« Also habe Zanchetta regelmäßig nach Madrid reisen und wegen seiner Therapiesprechstunde zwei Tage lang dortbleiben müssen. »Deshalb«, so der Papst, »war es nicht angebracht, ihn nach Argentinien zurückkehren zu lassen.« Eine eigenartige Lösung, wenn man bedenkt, dass Argentinien auf dem Gebiet der Psychoanalyse und Psychiatrie einen traditionell hohen Standard bietet.

Ende 2018 überstürzen sich die Ereignisse. In Salta berichtet die Zeitung *El Tribuno* über eine Reihe von Missbrauchsfällen, die Jahre zuvor stattgefunden haben sollen. Am 4. Januar 2019 gibt der Vatikan bekannt, dass das Bistum Ermittlungen eingeleitet habe und der argentinische Bischof unterdessen »die Arbeit ruhen lässt«. In Rom hält man noch immer an der Darstellung fest, bis dato nichts von den Missbräuchen gewusst zu haben, doch die lokale Presse berichtet, die kirchlichen Behörden seien schon vorher informiert gewesen. Zwischen Februar und März 2019 erstatten endlich zwei frühere Seminaristen, M. C. und G. G., beim Gericht von Orán Anzeige wegen sexuellen Missbrauchs.

Im Jahresverlauf liefert sich Zanchetta, der nunmehr im Vatikan lebt, ein Kräftemessen mit dem Gericht, das mit einem internationalen Haftbefehl droht, wenn der Bischof nicht bei der Justizbehörde vorstellig wird. Zanchetta kehrt kurzzeitig nach Argentinien zurück, und seine Verteidigung legt ein vom Büro des Substituten Erzbischof Edgar Peña Parra ausgestelltes Dokument vor, aus dem hervorgeht, dass der argentinische Bischof ein »Angestellter« des Vatikans und ebendort, »im Gästehaus Santa Marta«, wohnhaft sei. Damit widerspricht der Text der Presseerklärung, in der der Heilige Stuhl im Januar desselben Jahres mitgeteilt hatte, Zanchetta habe seine Arbeit bis auf Weiteres niedergelegt.

Im Februar 2022 beginnt endlich der Prozess. Die Dokumentation über Zanchetta, die sich im Besitz der Kongregation für die Glaubenslehre befindet, liegt dem Gericht nicht vor. Sein Anwalt erhält lediglich einige Briefe, die den Bischof verteidigen, doch das komplette Dossier ist den Richtern nicht übergeben worden. Die Haltung des Heiligen Stuhls – so heißt es in den Medien – widerspreche den Bestimmungen, die Papst Franziskus (im selben Jahr 2019!) in der Instruktion »Über die Vertraulichkeit der Fälle« erlassen hat. In Artikel 1 ist ausdrücklich vorgesehen, dass diejenigen Anzeigen, Prozesse und Entscheidungen »nicht durch das päpstliche Geheimnis gedeckt« sind, die Straftaten gegen das sechste Gebot betreffen, »nämlich: unter Gewalt oder Drohung oder durch Amtsmissbrauch erfolgter Zwang, sexuelle Handlungen zu vollziehen oder zu erleiden«.[3]

Am 4. März 2022 wird Bischof Zanchetta wegen sexuellen Missbrauchs der beiden Seminaristen zu viereinhalb Jahren Haft verurteilt. Er verlässt den Gerichtssaal in Handschellen, wird zeitweise in einem Polizeikommissariat untergebracht und schließlich in einem an ein Kloster angegliederten Pflegeheim unter Hausarrest gestellt. »Er war nicht länger als eine Woche im Gefängnis«, sagt der Überlebende C. M. und erzählt, dass es in der Kleinstadt Orán gleich von Beginn an nach Günstlingswirtschaft gerochen habe. Und auf der anderen Seite, fügt C. M. hinzu, warteten drei Seminaristen schon seit geraumer Zeit auf ihre Priesterweihe, zu der es »nie kommen wird, weil sie zu unseren Gunsten ausgesagt haben«.[4]

Zanchetta ist wie vom Erdboden verschluckt. Der Vatikan hat nach seiner Verurteilung keine kirchenrechtliche Strafe gegen ihn verhängt. Seine Tätigkeit bei der APSA, die er im Juni 2020 kommentarlos wiederaufgenommen hatte, ist im September 2021 endgültig ausgelaufen. Als der Skandal aufgeflogen war, hatte der Pontifex erklärt, vorläufige Ermittlungen gegen Zanchetta hätten ergeben, dass »es notwendig war, ein Verfahren [bei der Kongregation für die Glaubenslehre] einzuleiten«. Ende 2024 wird – angeblich aus gesundheitlichen Gründen – der gegen den Bischof verhängte Hausarrest aufgehoben. Gerüchteweise heißt es, er sei inzwischen wieder in Rom. Offiziell jedoch verlautet gar nichts. Weder aus argentinischen noch aus vatikanischen Quellen.

In Rom spielt sich derweil noch eine andere Geschichte ab. Sie überschneidet sich zeitlich mit der des Bischofs von Orán und wiegt in gewisser Hinsicht noch schwerer, weil sie im Schatten der Peterskuppel und überdies in der Ordensgemeinschaft spielt, der Bergoglio selbst angehört: der Gesellschaft Jesu, der ›leichten Kavallerie‹ der Päpste.

Der Mann ist ein slowenischer Künstler, Meister der Mosaikmalerei und Prediger. Mit 19 Jahren ist er in den Jesuitenorden eingetreten. Unter Papst Johannes Paul II. hat er die Kapelle Redemptoris Mater im zweiten Stock des apostolischen Palasts ausgeschmückt. Hier finden in der Regel die alljährlichen Fastenpredigten statt, bei denen auch der jeweilige Papst anwesend ist. Eine beeindruckende Kulisse, die – mit leichten Anklängen an die naive Malerei – die Mosaiktradition des byzantinischen Ostens und gleichzeitig Karol Wojtyłas Traum von der Neuevangelisierung der Welt aufgreift. Wer die Kapelle betritt, steht mitten in einer Bilderflut. Links die Menschwerdung des Wortes, auf der gegenüberliegenden Seite die Vergöttlichung des Menschen. An der hinteren Wand ist die zweite Ankunft Christi, die Parusie, dargestellt, während vom Deckengewölbe der Christus Pantokrator, der Weltenherrscher, auf den Betrachter herabschaut.

Der Künstler heißt Marko Ivan Rupnik und ist Leiter des Ateliers für geistliche Kunst am Centro Aletti, einer in den frühen 1990er Jahren gegründeten Einrichtung der Jesuiten. Unter drei Päpsten Hofkünstler des Vatikans – wie man es in der Renaissance genannt hätte – drückt Rupnik, getragen von seinen Erfolgen in Rom, vielen großen Wallfahrtsstätten seinen Stempel auf und hinterlässt monumentale Mosaiken in Lourdes und Fátima, in der Pater-Pio-Basilika in San Giovanni Rotondo, in der Almudena-Kathedrale Santa María la Real in Madrid, in der St.-Johannes-Paul-II.-Kirche in Krakau, in einer Reihe von Gotteshäusern von Teneriffa bis Washington und von Gozo bis Beirut sowie in verschiedenen spanischen und italienischen Städten. Johannes Paul II. ernennt ihn zum Konsultor des päpstlichen Rates für die Kultur, Papst Ratzinger ernennt ihn 2012 zum Konsultor des Rats für die Neuevangelisierung, und Franziskus ernennt ihn 2017 zum Konsultor der Kongregation für den Gottesdienst. Er lehrt an der Universität Gregoriana und am liturgischen Institut Sant'Anselmo und erhält zahllose Preise und Ehrungen.

Eine Karriere auf der Überholspur, wenn man so will – bis eine Anzeige am Zentralsitz der Jesuiten in Rom ihm ein äußerst schwerwiegendes kirchenrechtliches Vergehen vorwirft: die *Absolutio complicis*. Dieser Tatbestand ist dann erfüllt, wenn ein Priester einer Person die Absolution erteilt, die gemeinsam mit ihm gegen das sechste Gebot verstoßen, das heißt Geschlechtsverkehr mit ihm gehabt hat. Laut Artikel 1384 des Codex des kanonischen Rechts erfolgt die Exkommunikation umgehend. Es handelt sich um eine »dem Apostolischen Stuhl vorbehaltene« Exkommunikation *latae sententiae*. Die Sprache der alten Römer ist erhellend und präzise. *Latae sententiae* bedeutet, dass gewissermaßen noch im Moment der Tat jemand an die Haustür des Täters klopft und ihm das Urteil überbringt.

Es ist der Oktober des Jahres 2018. Die Kurie der Jesuiten reagiert sofort und leitet Voruntersuchungen ein. Eine innerhalb von sieben Monaten zusammengestellte Dokumentation bestätigt die Glaubwürdigkeit der Anschuldigung, die daraufhin an die Kongregation für die Glaubenslehre weitergeleitet wird. Auch das ehemalige Heilige Offizium unter Führung des jesuitischen Kardinals Ladaria handelt, ohne zu zögern, und fordert die Gesellschaft Jesu auf, ein Verwaltungsstrafverfahren einzuleiten. Die Jesuiten vertrauen die Durchführung des Verfahrens einer Gruppe von Experten aus dem Dominikanerorden an, die Rupnik im Januar 2020 einstimmig für schuldig befinden. Das Urteil der Kongregation für die Glaubenslehre fällt schon im Mai: Marko Rupnik wird exkommuniziert.

Wenige Wochen später geschieht etwas Unerhörtes. Noch im selben Monat Mai zieht die Kongregation die Exkommunikation wieder zurück. Das alles geschieht im Geheimen und ohne jede Erklärung. Der Papst äußert sich nicht. In einem Interview mit der *Associated Press* zum zehnten Jahrestag seiner Wahl lobt er das Vorgehen der Jesuiten, erzählt, wie sehr ihn die ganze Sache überrascht und geschmerzt habe, vermeidet es aber tunlichst, das Thema der Exkommunikation zu berühren.[5] In Kurienkreisen und insbesondere außerhalb der Mauern des Vatikans ist man bestürzt über den Mangel an Transparenz und eine schwer verständliche Verhaltensweise.

Papst Bergoglio ist in seinem Kampf gegen sexuell übergriffige Kirchenmänner von Anfang an mit äußerster Entschlossenheit vorgegangen. Kurz nach seiner Wahl hat er den Nuntius in der Dominikanischen Republik Józef Wesołowski vor Gericht stellen lassen und ihm den bischöflichen und priesterlichen Status aberkannt. Später schloss er den schottischen Kardinal Keith O'Brien wegen seiner Beziehungen zu erwachsenen Seminaristen und den US-amerikanischen Kardinal Theodore McCarrick wegen Missbrauchs an Minderjährigen aus dem Kardinalskollegium aus; McCarrick wurde außerdem in den Laienstand versetzt. Er hat etliche Bischöfe wegen Vertuschung pädophiler Straftaten aus dem Amt entfernt, dem australischen Kardinal George Pell die Immunität entzogen und ihn nach Hause geschickt, wo er inhaftiert, vor Gericht gestellt und schließlich freigesprochen wurde, und neue Bestimmungen erlassen, damit Kardinäle, Patriarchen, Bischöfe und Repräsentanten des Papstes strafrechtlich verfolgt werden können.

Die Affäre Rupnik hingegen bleibt undurchsichtig. Die Aufhebung der Exkommunikation 2020 ist noch immer ein Rätsel. Es gibt Gerüchte, doch offiziell verlautet nichts über Umstände und Gründe. Die Gesellschaft Jesu wird sich zwei Jahre Zeit lassen, ehe sie die exakte Chronologie der Ereignisse veröffentlicht. Niemand kann glauben, dass Kardinal Ladaria, Präfekt der Kongregation für die Glaubenslehre, das Exkommunikationsdekret unterzeichnet, dann plötzlich seine Meinung geändert und diese strengste aller Strafen wenige Tage später ohne Zustimmung des Pontifex willkürlich wieder zurückgezogen haben soll.

2023, drei Jahre nach diesem Vorfall, wird *Avvenire*, die Tageszeitung der italienischen Bischöfe, schreiben, dass die Strafe aufgehoben worden sei, nachdem Rupnik gestanden und um Vergebung gebeten habe. Vom Vatikan gab es zum fraglichen Zeitpunkt keinerlei entsprechende Verlautbarung, im Gegenteil: Noch während vonseiten des Jesuitenordens gegen ihn ermittelt wurde, wurde Rupnik – aufgrund einer Unpässlichkeit des päpstlichen Hauspredigers Raniero Cantalamessa – im März 2020 ausgewählt, um die erste Fastenpredigt für die Mitarbeiter der Kurie zu halten. Zwar fand das Ereignis aufgrund der Coronapandemie im Wesentlichen als virtuelle Veranstaltung statt – doch bei den Worten »auch wir sind zu beständiger Umkehr aufgerufen« steigt in den Opfern und den Gläubigen, die die Wahrheit über die Missbrauchsfälle erfahren wollen, auch nach Jahren noch Abscheu auf.

Das paradoxe Ergebnis ist, dass die ultrakonservativen Kreise – die sich stets zurückgehalten hatten, wenn in früheren Pontifikaten große Skandale vertuscht wurden – nun auf den Webseiten gegen Bergoglios Schweigen Sturm laufen. Nicht nur der Schatten der *Absolutio complicis* verfolgt den Meister der Mosaiken. 2021 werden außerdem Anschuldigungen laut, wonach er Angehörige einer religiösen Gemeinschaft in Slowenien, der Loyola-Kommunität, missbraucht haben soll. In der Ende der 1980er Jahre von Rupnik und Ivanka Hosta gegründeten weiblichen Gemeinschaft leben etwa 40 Gottgeweihte. Der jesuitische Künstler ist der geistliche Leiter und Beichtvater der großenteils jungen Frauen.

Mitglieder der Gemeinschaft berichten von der bedrückenden Atmosphäre, die dort herrschte. Fabrizia Raguso, Professorin für Psychologie an der Katholischen Universität Portugal in Braga, die der Gemeinschaft Loyola eine Zeitlang angehört hat, erinnert sich an eine gezwungene ›Schwesterlichkeit‹. »Eigentlich kannten wir einander gar nicht. Ivanka, die ›erste Schwester‹, schürte Schuldgefühle und Spannungen unter uns, um die Kontrolle zu behalten. Sie führte auch eine Art von öffentlichen Prozessen ein. Wir waren zersplittert, voneinander getrennt«. Rupnik, so die Psychologin, sei »histrionisch, narzisstisch, cholerisch, redegewandt und geschickt« gewesen, wenn es darum ging, »Abhängigkeiten zu erzeugen«.[6]

Der jesuitische Mosaikkünstler – das werden die Anschuldigungen nach und nach ans Licht bringen – treibt ein verstörendes Spiel aus Mystik und Libido. Schwester Samuelle, die als Geflüchtete nach Frankreich gekommen ist, hat Rupnik im Centro Aletti kennengelernt. Damals sei sie labil gewesen und habe unter mangelnder Zuneigung gelitten. Der international angesehene Künstler, erzählt sie, habe ihre Not, die Verwerfungen in ihrer Psyche intuitiv erkannt und sich darin eingenistet, sie dazu gebracht, sich ihm zu unterwerfen, sie nach zehn Uhr abends zu privaten Treffen eingeladen, um ihren Hals und ihre Schultern zu streicheln, mit den Fingern an den BH-Trägern auf ihrem Rücken entlangzufahren. Er sagte – erinnert sich Schwester Samuelle –, wie schön es sei, »dass wir das miteinander tun können, ich, der Priester, du, die Nonne. Es ist rein. Ich habe einen ganz keuschen Blick auf dich, auf mich.« Rupnik scheint immer genau zu wissen, wie er sich verhalten muss, bei wem er weitergehen kann und bei wem er in einer ambivalenten Zwischenzone stehenbleiben muss. »Die Grenze zum Genitalbereich hat er nie überschritten«, sagt Samuelle mit schroffer Offenheit.[7]

Die manipulativen Übergriffe erfolgen auf unterschiedlichste Weise. Bei Fabrizia Raguso ist es das wiederholte Heranrücken seines Stuhls an ihren, während Raguso am Computer sitzt, oder der Versuch, sich unter dem Tisch mit den Füßen zu berühren, während sie mit einer dritten Person zu Mittag essen. In beiden Fällen, erzählt die Professorin, macht sich Rupnik lautstark über die betreffende Frau lustig, um sie in Verlegenheit zu bringen. Eine Annäherung ohne Folgen und gleichzeitig eine Demonstration von Überlegenheit.[8]

Der Journalistin Federica Tourn von der Zeitung *Domani* vertraut eine ehemalige Gottgeweihte der Gemeinschaft Loyola an, dass sie zu einer Frau nach Hause geschickt worden sei, die Rupnik dafür lobte, »wie sie ihn künstlerisch inspirierte, wenn sie sich in seinem Atelier die Brüste massierte und sich in seiner Anwesenheit selbst berührte«.[9] Eine Andeutung künftiger Möglichkeiten.

Gloria Branciani, eine der Schwestern, die der Gemeinschaft Loyola angewidert den Rücken kehrten, beschreibt die verschiedenen Phasen, in denen sich die Herrschaft über die Opfer etablierte. Als sie Rupnik kennenlernte, war sie 21 Jahre alt und trug sich mit dem Gedanken, Missionarin zu werden. Sie war glücklich darüber, die ignatianische Spiritualität kennenlernen zu dürfen, und vertraute dem Meister der Mosaiken – ihrem geistlichen Leiter – ihre Ängste, Verletzlichkeiten und Schwächen an. Er gab sich liebevoll, sensibel, freundschaftlich. Machte ihr Mut, bestätigte sie, lud sie zu sich ins Atelier ein. »Schon bald«, berichtet die heute 60-jährige Branciani, »schob er mir den Rock hoch und sagte, das habe die Muttergottes bei Jesus gemacht, um seine göttliche Menschheit zu enthüllen … Er feierte im Atelier die Eucharistie und drängte mich, ihn zu umarmen … allmählich wurde er zudringlicher, die Küsse wurden intensiver … Küssen, sagte er, sei so, wie wenn er den Altar küsse«.[10]

Es ist eine pausenlose Manipulation mit immer drängenderen Forderungen. Die Beziehungen werden intim, irgendwann kommt der Vorschlag, auch andere Personen zu beteiligen, weil die Beziehung »sich in Dreieinigkeit und Freiheit entfalten« solle. Gloria wird zu einer Ménage-à-trois in das Haus einer Freundin von Rupnik gebracht. »Zweimal hat er mich in ein Pornokino mitgenommen. Sogar wenn er das Antlitz Jesu malte … hat er sexuelle Handlungen von mir verlangt.«[11] Als Branciani die Vorfälle 1993 bei Ivanka, der Oberin der Gemeinschaft, meldet, geschieht nichts. Ihr wird lediglich verboten, Rupnik zu sehen. In der Beichte vertraut sie sich Rupniks geistlichem Vater, dem späteren Kardinal Tomáš Špidlík an, der sich weigert, die Dinge zur Kenntnis zu nehmen: »Das ist ihre Sache … ich will nichts davon wissen … schreiben Sie eine Austrittserklärung.«[12] Branciani verfasst eine schriftliche Aussage und schickt sie an den Bischof von Ljubljana. Doch es wird alles geheim gehalten. 1993 wird Rupnik versetzt. Er verlässt die Gemeinschaft Loyola und geht dauerhaft nach Rom, ohne dass irgendwelche Schritte gegen ihn unternommen würden.

In der Gemeinschaft Loyola ist lediglich von einem heftigen Streit zwischen der Oberin Ivanka und Rupnik die Rede. Einzelheiten erfahren die Frauen nicht. Ihr Leben verläuft weiterhin in einer sektenähnlichen Atmosphäre. Spontan preisgegebene Enthüllungen bleiben folgenlos. Fabrizia Raguso erzählt, dass eine Mitschwester ihr 1996, während eines gemeinsamen Studiensemesters in Österreich, eines Tages unerwartet anvertraute, dass Rupnik ihr Avancen gemacht und sie sehr bedrängt habe. Als sie ihn abgewiesen habe, sei er sehr zornig geworden und habe sie geschlagen. Daraufhin sei sie zu einer Mitarbeiterin von Ivanka gegangen und habe ihr die Blutergüsse gezeigt, doch es sei nichts geschehen. Ein Jahr später verließ sie die Kommunität. Auf der Flucht vor einem zweiten Annäherungsversuch, will Raguso erfahren haben, sei ihre Mitschwester die Treppe hinuntergestürzt.[13]

Das lange Schweigen über die Gemeinschaft Loyola wird erst gebrochen, als Rupniks – später wieder aufgehobene –Exkommunikation publik wird. Im Juni 2021 gehen Hinweise und Anschuldigungen bei der Kongregation für die Glaubenslehre und bei der Jesuitenkurie ein. Auch dieses Mal reagiert die Gesellschaft Jesu rasch. Im Juli beschließt der Generalobere Sosa eine Voruntersuchung. Rupnik werden Restriktionen auferlegt. Die im Januar 2022 vorliegenden Ergebnisse der Untersuchung sprechen für die Aufnahme eines Strafverfahrens, die die Jesuiten unter Vorlage eines umfangreichen Dossiers offiziell beim ehemaligen Heiligen Offizium beantragen. Dort aber nimmt man sich neun Monate Zeit und lässt anschließend verlauten, es sei alles verjährt. Es gibt keinen Prozess.

Daraufhin richtet Pater Verschueren, Sosas Delegat für die internationalen Niederlassungen des Ordens und damit der zuständige Obere, einen Appell an alle Missbrauchsbetroffenen und bittet sie, sich zu melden. Es sei eigens ein Team mit Experten aus verschiedenen Disziplinen geschaffen worden, erklärt er: »Sie sind bereit, zuzuhören, zu unterstützen und zu helfen.«[14] Innerhalb von zwei Monaten werden rund 15 Personen vorstellig, die Opfer von psychologischem, sexuellem oder Gewissensmissbrauch geworden sind. Sie kommen aus der Loyola-Gemeinschaft in Slowenien oder haben das Aletti-Zentrum in Rom besucht und müssen den Jesuiten zufolge zu einer »unbestimmten Zahl weiterer Frauen« hinzugerechnet werden, die im Lauf der Zeit bei den kirchlichen Behörden Anzeige erstattet hätten. Viele dieser Personen seien nicht miteinander bekannt. Der Grad ihrer Glaubwürdigkeit müsse, so das von den Jesuiten aufgestellte Team, als »sehr hoch« eingestuft werden.[15]

Gegen Rupnik, dessen Taten sich laut den Anschuldigungen über mehrere Jahrzehnte – von den 1980er Jahren bis 2018 – erstrecken, sind zu diesem Zeitpunkt bereits einige Sanktionen verhängt, die der Orden nun weiter verschärft. Ihm wird jedwede öffentliche künstlerische Aktivität in religiösen Einrichtungen verboten; ihm wird untersagt, in der Öffentlichkeit priesterliche oder sakramentale Handlungen gleich welcher Art vorzunehmen; und er darf sich nicht öffentlich äußern und die Region Latium nicht verlassen.

2023 wendet sich das Blatt. Daniele Libanori, Weihbischof der Diözese Rom und zwischen 2020 und 2021 im Auftrag des Bischofs von Ljubljana außerordentlicher Kommissar der Loyola-Gemeinschaft, gibt der französischen katholischen Zeitung *La Croix* ein aufsehenerregendes Interview. Wie ist es möglich, fragt sich der Bischof, ebenfalls Jesuit, dass »in einem Zeitraum von beinah 30 Jahren niemand jemals Zweifel an der von ihm verkündeten Lehre geäußert hat, die einigen verstörenden Zeugnissen zufolge dazu diente, die ihm zur Last gelegten Taten zu legitimieren?« Besonders erschütternd, so Libanori, sei die Mischung aus Spiritualität, Mystik und sexueller Verirrung, die es – unter

Beteiligung prominenter Persönlichkeiten – leider auch in anderen Bewegungen gegeben habe. Die missbrauchten Frauen, betont der Bischof, »denen ihre Aussage sehr schwergefallen ist, haben nie auch nur ein Wort von den zuständigen Behörden gehört.«[16] Im Anschluss an die Visitation wird die Oberin Ivanka Hosta ins portugiesische Braga verbannt, wo sie heute an der Pfarrkirche Igreja do Povo unter anderem als außerordentliche Kommunionhelferin tätig ist.

Derweil macht sich Rupnik grober Verstöße gegen die ihm auferlegten Verbote schuldig. Am 5. März sieht man ihn bei einer Messfeier für das Aletti-Zentrum in der alten Basilika Santa Prassede konzelebrieren. Dann aber schließt ihn der Jesuitenorden aus. Das betreffende Dekret datiert vom 9. Juni 2023 und wird ihm fünf Tage später überreicht: Er hat 30 Tage Zeit, Einspruch einzulegen. Was er nicht tut. Pater Verschueren erklärt in einem offenen Brief, Rupnik habe nicht nur sein Gehorsamsgelübde gebrochen, sondern vor allem eine »hartnäckige Unfähigkeit« bewiesen, »sich mit den Stimmen von so vielen Personen auseinanderzusetzen, die sich durch sein Verhalten verletzt, gekränkt und gedemütigt fühlten«.[17] Außerdem beenden die Jesuiten alle rechtlichen Beziehungen zum Centro Aletti.

Rupnik bleibt jedoch Priester und erreicht sogar, dass ihn der Bischof von Koper in Slowenien in seiner Diözese inkardiniert. Pater Verschueren erklärt im Namen der Jesuiten ausdrücklich, dass sein Klerikerstatus nicht in die Zuständigkeit der Gesellschaft Jesu falle, sondern Sache des Heiligen Stuhles sei.

In dieser für die Endphase des Pontifikats so entscheidenden Etappe wird ausgerechnet dasjenige Gremium von einem heftigen Beben erschüttert, das der argentinische Papst als das Flaggschiff seines Engagements gegen den Missbrauch verstanden wissen wollte. Im März 2023 verlässt der deutsche Jesuit Hans Zollner die Kommission zum Schutz der Minderjährigen, deren Stützpfeiler er gemeinsam mit Kardinal O'Malley gewesen war. Im vorangegangenen Jahrzehnt hatten bereits die Irin Marie Collins und der Engländer Peter Saunders – beide Überlebende priesterlichen Missbrauchs – die Kommission, eine von Franziskus' ersten Initiativen nach seiner Wahl, im Streit verlassen: Sie klagten über fehlende Wirksamkeit. Auch der italienische Kirchenrechtler Claudio Papale hatte seinen Hut genommen. Als Letzte war die französische Kinderpsychiaterin Catherine Bonnet gegangen. Sie hatte mit der Tatsache gehadert, dass Bischöfe und Ordensobere nicht verpflichtet wurden, pädophile Priester bei den Justizbehörden anzuzeigen.

Mit dem Rücktritt des deutschen Jesuiten ist eine neue Alarmstufe erreicht – nicht nur, weil Zollner als einer der führenden Experten zum Thema Missbrauch gilt und von Franziskus zweimal als Kommissionsmitglied bestätigt worden ist, sondern auch, weil er die Arbeitsweise der Kommission in struktureller Hinsicht beanstandet. Drei Kritikpunkte hält er für grundlegend: 1) mangelnde Klarheit bei der Auswahl der Kommissionsmitglieder; 2) mangelnde Klarheit bei der Verwendung der Gelder; 3) mangelnde Transparenz der kommissionsinternen Entscheidungsprozesse. Zollner, Direktor des »Instituts für Anthropologie. Interdisziplinäre Studien zu Menschenwürde und Sorge für schutzbedürftige Personen« an der Universität Gregoriana, erklärt, er habe mehrfach schriftlich versucht, Kardinal O'Malley zu sensibilisieren, aber nie eine Antwort erhalten. »Arbeitet die Kommission unabhängig oder empfängt sie Weisungen und, wenn ja, von wem? Oft war es sogar schwierig, an die Protokolle ihrer Vollversammlungen zu kommen.« Es gibt kein Dokument, das die funktionelle Beziehung zwischen der Kommission und dem Heiligen Offizium festschreibt. »In zehn Jahren hat es kein einziges Treffen zwischen den Leitern der Kommission und dem Dikasterium für die Glaubenslehre gegeben. Und wenn man an eine Bischofskonferenz schreibt – wird sie antworten?«[18]

Compliance, Verantwortungsübernahme, Transparenz – so Zollner in einem Begleitschreiben zu seinem Rücktrittsgesuch – hätten die Leitprinzipien jeder kirchlichen Institution und erst recht die der Kommission zum Schutz der Minderjährigen zu sein. Der erste Begriff stammt aus der angelsächsischen Rechtssprache und bezeichnet ein »Handeln im Einklang mit den Regeln, die man sich gegeben hat«. Die Forderung, sich an diese Grundsätze zu halten, ist die Kernbotschaft von Zollners nicht-einvernehmlichem Rückzug. Und tatsächlich reagiert der Vorsitzende der Kommission, Kardinal O'Malley, nach einem ersten Appell an »Pater Hans«, die Zusammenarbeit fortzusetzen, pikiert: Er sei »überrascht und enttäuscht« und stimme »mit seinen öffentlich geäußerten Behauptungen, die die Wirksamkeit der Kommission in Frage stellen, überhaupt nicht überein.«[19] In Wirklichkeit ist Zollner es offenbar müde, dass seine Arbeit ins Leere läuft. Die Opfer, sagt er in einer Pressekonferenz, hätten ständig den Eindruck, kein Gehör zu finden. Ohne Namen zu nennen, fügt der Jesuit hinzu, dass es Personen in der Kirche gebe, die dem Kampf gegen den Missbrauch aus persönlichen oder emotionalen Gründen »Steine in den Weg legen«.[20]

Und noch ein Ereignis sorgt in diesen turbulenten Monaten für Aufsehen. Angesichts der Kontroversen um das Aletti-Zentrum hatte der Kardinalvikar von Rom, Angelo De Donatis, eine Überprüfung angeordnet: eine »kanonische Visitation«, wie es im Kirchenjargon heißt. Vor allem die zwischenmenschlichen Beziehungen sollten bei dieser Untersuchung in den Blick genommen werden. Drei Monate nach Rupniks Ausschluss aus dem Orden veröffentlicht das Vikariat von Rom den Abschlussbericht, aus dem hervorgeht, dass das Gemeinschaftsleben im Centro Aletti »gesund und frei von besonderen Schwierigkeiten« sei. Für weitere Maßnahmen bestehe, so der Leiter der Visitation und der Kardinalvikar, keinerlei Grund. Doch das ist noch nicht alles. Der mit der Überprüfung beauftragte Kirchenrechtler Giacomo Incitti, so heißt es in der *Nota* des Vikariats, habe auf der Grundlage seiner Durchsicht der betreffenden Akten »auf schwerwiegende Abweichungen von der Verfahrenspraxis hingewiesen, die begründete Zweifel an dem Exkommunikationsantrag selbst aufkommen lassen«. Es ist ein Frontalangriff auf die von den Jesuiten angestrebte Transparenz und Sauberkeit – und er erfolgt in des Papstes eigener Diözese: dem Vikariat von Rom.[21]

Franziskus greift noch immer nicht ein, im Gegenteil: Wenige Tage vor Veröffentlichung der *Nota* findet ein herzliches Treffen zwischen dem Pontifex und der Direktorin des Aletti-Zentrums Maria Campatelli statt. Daraufhin schreiben fünf ehemalige Schwestern der Loyola-Kommunität, unter ihnen Raguso und Branciani, dem Papst einen offenen Brief: »Die Rhetorik, die wir bei der Inszenierung in Lissabon gesehen haben, … sind leere Worte.« Es sei sinnlos, zu sagen, dass alle, alle, alle Aufnahme fänden, »denn am Ende ist in dieser Kirche kein Platz für diejenigen, die an unbequeme Wahrheiten erinnern«, schreiben sie zornig. Dass Papst Franziskus die Leiterin des Aletti-Zentrums empfangen habe, sei ein Schlag ins Gesicht der Opfer, denen ein solches Treffen verweigert wurde. Franziskus, so erklären die Unterzeichneten mit Nachdruck, »hat auf vier Briefe von Schwestern und ehemaligen Schwestern der Gemeinschaft Loyola«, die ihm übergeben worden seien, »nicht einmal geantwortet.«[22]

Am Ende lässt sich die ganze Angelegenheit unmöglich unter der Decke halten. Im Vorfeld der ersten Sitzung der Weltsynode der Bischöfe, die vom 4. bis zum 28. Oktober stattfinden soll, veröffentlicht die Kommission zum Schutz der Minderjährigen unter Leitung des Kardinals Sean O'Malley einen Appell, in dem sie die permanenten Fälle von Missbrauch und Vertuschung seitens kirchlicher Autoritäten in allen Teilen der Welt verurteilt. Die Kommission setze sich dafür ein, dass alle, die von diesen abscheulichen Verbrechen betroffen sind, »Wahrheit, Gerechtigkeit und Wiedergutmachung erhalten«.[23] Kardinal O'Malley übt Druck auf den Papst aus und hält ihm vor Augen, wie verheerend sich eine mangelnde Nähe zu den Opfern auf die öffentliche Meinung auswirkt.

Am 27. Oktober teilt das vatikanische Presseamt in fünf Zeilen mit, dass der Papst entschieden habe, die Verjährung aufzuheben.

Das Dikasterium für die Glaubenslehre wird Rupnik vor Gericht stellen. Die Pressemitteilung räumt ein, dass die Kommission zum Schutz der Minderjährigen den Papst auf »schwerwiegende Probleme bei der Handhabung des Falles« hingewiesen habe. Franziskus, heißt es weiter, sei der Auffassung, dass die Kirche lernen müsse, den Leidenden – vor allem jenen, die sich von der Kirche ausgegrenzt fühlen – aufmerksam und mitfühlend zuzuhören.[24] Die Loyola-Kommunität wird noch vor Weihnachten aufgelöst.

Am 3. April 2024 reicht die Anwältin Laura Sgrò im Namen von fünf Opfern die Anklageschrift beim Dikasterium für die Glaubenslehre ein (inoffiziellen Schätzungen zufolge waren etwa 20 von insgesamt 41 Schwestern der Gemeinschaft Loyola psychologischem, sexuellem oder Gewissensmissbrauch ausgesetzt). Auf einer Pressekonferenz ergreifen zwei von ihnen, die Italienerin Gloria Branciani und die Slowenin Mirjam Kovač, mutig das Wort. Kovač, ihrerzeit Sekretärin der Oberin Hosta, erinnert daran, dass »unsere Geschichte Teil einer größeren Geschichte ist«. Branciani weist darauf hin, wie zermürbend es ist, die Mauer des Schweigens zu durchbrechen, und erschüttert die Anwesenden mit einer Schilderung ihrer Not, die so groß gewesen sei, dass ihr der Tod als einziger Ausweg aus diesem Alptraum erschien. Eines Nachts – das war 1993 – »floh ich aus der Gemeinschaft in einen Wald. Ich konnte den Schmerz und den Identitätsverlust einfach nicht mehr ertragen.« Es war eine dramatische, aber auch eine befreiende Nacht. Sie begriff, dass Gott nicht ihren Tod wollte.[25]

Auf der Pressekonferenz erwähnt Anwältin Sgrò ein weiteres Detail: Rupnik ist seit 2007 Miteigentümer einer Firma, die sich auf die Schaffung von Mosaiken und Fresken spezialisiert hat. Bislang hätten 90 Prozent der Anteile ihm und zehn Prozent einer Signora E. V. gehört. Das habe sich inzwischen geändert: Neuerdings gehöre das Unternehmen Rupnik zu zehn und der Signora zu 90 Prozent. Vielleicht, so der Verdacht, habe man Angst, Entschädigungszahlungen leisten zu müssen.[26] Sechs Monate nach dem offiziellen Schritt der fünf Opfer hatte das Dikasterium für die Glaubenslehre noch nicht geantwortet, den Opfern also nicht einmal Gelegenheit gegeben, ihre Erlebnisse zu schildern.

Unterdessen sind zwei Protagonisten der Geschichte von der Bildfläche verschwunden. Kardinal De Donatis ist nicht länger päpstlicher Vikar für die Diözese Rom. Franziskus hat ihn von seinem Amt entbunden und ihn als Großpönitentiar an die Kurie versetzt. Bischof Libanori, Verfasser des Berichts über die Loyola-Gemeinschaft, hat seinen Posten als Weihbischof der Hauptstadtdiözese verloren. Seine Zukunft ist ungewiss, er verbleibt »zur Verfügung« des Papstes. Bei einem Treffen mit dem römischen Klerus hat Franziskus eine Frage nach dem Fall Rupnik unbeantwortet gelassen.

Perspektivisch gesehen fällt auf, dass die große Mehrheit der Bischofskonferenzen sich seit dem Anti-Missbrauchs-Gipfel von 2019 stillschweigend sträubt, Ermittlungen über die Vergangenheit einzuleiten. In den letzten Jahren, so Pater Zollner, sei in Sachen »Safeguarding« – das heißt Prävention und Aufmerksamkeit für die Opfer – eine Menge an Bildungsarbeit geleistet worden. In Indien zum Beispiel habe eine bemerkenswerte Verantwortungsübernahme stattgefunden. Das ist die eine Seite der Medaille. Die andere Seite ist, dass nur eine sehr kleine Minderheit von Episkopaten sich wirklich bemüht hat, die landesweit begangenen Straftaten aufzudecken und zu dokumentieren.

Die Bischofskonferenzen von Österreich, Deutschland, Australien, Kanada, den Vereinigten Staaten und Neuseeland haben sich erst unter dem Druck der Skandale in Bewegung gesetzt. Nur die Episkopate von Frankreich und Portugal haben Maßnahmen eingeleitet, ohne dass die Ereignisse sie dazu gezwungen hätten. In Spanien hat die Tageszeitung *El País* großangelegte Recherchen auf den Weg gebracht. In Polen wurde 2021 eine erste Dokumentation mit statistischen Daten aus der Zeit zwischen 1958 und 2020 vorgestellt. Die Italienische Bischofskonferenz hat bislang einen zweiteiligen Bericht über die Meldungen veröffent-

licht, die zwischen 2020 und 2022 in den betreffenden Anlauf-
stellen, den Centri di ascolto, eingegangen sind. Ein Bericht über
die kanonischen Anzeigen, die in den ersten 25 Jahren des Jahrtausends beim Vatikan eingegangen sind, soll bis 2025 veröffentlicht werden. Eine von einem unabhängigen Institut durchzufüh-
rende Untersuchung ist jedoch bisher nicht in Auftrag gegeben
worden. In der Zwischenzeit hat Papst Franziskus die Kommission zum Schutz der Minderjährigen angewiesen, ihm jedes Jahr
einen Lagebericht zukommen zu lassen. Der erste Bericht wurde
im Oktober 2024 präsentiert und bestätigt, dass, abgesehen vom
Engagement einzelner kirchlicher Behörden, an anderen Stellen
ein »besorgniserregender Mangel an Strukturen für die Entge-
gennahme von Hinweisen und für die Begleitung der Opfer« zu
beobachten sei.[27] Außerdem fehle es nach wie vor an belastbaren
statistischen Daten über das Ausmaß der landesweit begangenen
Missbrauchstaten. Abschließend schlägt der Bericht vor, genaue
Verfahrensweisen für die Amtsenthebung von Personen festzule-
gen, die sich der Vertuschung schuldig gemacht hätten.

Wenn man Pater Zollner nach seiner Meinung fragt, lautet die
Antwort, dass der eigentliche Kern des Problems vielen Bischofskonferenzen in aller Welt gar nicht bewusst sei: »Sie meinen, das
seien Dinge, die vorübergehen oder nur die westlichen Länder betreffen. Und sie verstehen nicht, dass so etwas auch bei ihnen passieren wird.« In Italien habe man das Gefühl, dass es der Kirche
schwerfällt, das Problem direkt anzugehen. »Es wäre besser«, so
der Jesuit, »wenn sich die italienische Kirche nicht erst unter dem
Zwang krisenhafter Ereignisse, sondern aus eigenem Antrieb bewegen würde.« Nichts zu unternehmen oder die Dinge zu ver-
tuschen, erklärt Zollner, schade der Glaubwürdigkeit der Kirche
und der Botschaft des Evangeliums, denn »die Leute verstehen
zwar, dass gewisse Dinge passieren können, aber sie können es
nicht akzeptieren, wenn man darauf nicht angemessen reagiert.«
Heute, so sein Fazit, beschäftige sich die katholische Kirche mehr
als jede andere Institution der Welt mit dem Thema Safeguar-

ding. »Aber es fällt ihr schwer, die Verbrechen und Sünden der Vergangenheit einzugestehen.«[28]

Werden die Mosaiken des exkommunizierten, begnadigten und jetzt erneut angeklagten Künstlers an ihrem Platz bleiben? Kardinal O'Malley, inzwischen 80 Jahre alt und damit nicht am nächsten Konklave beteiligt, hat einen Brief an die Leiter der Kuriendikasterien geschickt und sie gebeten, die Werke des ehemaligen Jesuiten nicht auszustellen oder zu verwenden, weil dies als ein Signal der Gleichgültigkeit gegenüber dem Leid zahlreicher Opfer ausgelegt werden könne. Der Bischof von Lourdes denkt darüber nach, die Mosaiken entfernen zu lassen. Auch die Opfer haben dazu aufgerufen. Der Vatikan ist anderer Meinung. Sie werden nicht mehr angestrahlt, so der Kompromiss. In den Vereinigten Staaten hat man bereits beschlossen, dass Rupniks Werke im Nationalheiligtum St. Johannes Paul II. in Washington und in der Kapelle der Heiligen Familie am Zentralsitz der Kolumbusritter in Connecticut verhüllt bleiben sollen, bis der Prozess gegen den ehemaligen Jesuiten beendet ist.

Inzwischen wurde an der Südfassade der Wallfahrtskirche im brasilianischen Aparecida ein neues monumentales Rupnik-Mosaik eingeweiht. Der aus der Gesellschaft Jesu ausgeschlossene Künstler arbeitet nach wie vor in verschiedenen Teilen der Welt. Die Kirche scheint in der Schwebe – zwischen Reformimpulsen und stillschweigender Sabotage.

Kapitel VIII.
Mitten im Sturm

»Da ist es!« Paolo Ruffini, Präfekt des Dikasteriums für die Kommunikation, hantiert mit seinem Smartphone und sucht einen Link. Der langjährige Journalist ist der erste Laie, der unter Papst Franziskus die Leitung eines Kuriendikasteriums übernommen hat. Der Link führt zu einer Ansprache, die Paul VI. 1966 gehalten hat. Das liegt Äonen zurück, in einer Zeit, als es weder Handys noch Computer gab. Papst Montini unterstützt den Entwurf eines UN-Schiedsgerichts für Friedensverhandlungen in Vietnam. »Das war fast zehn Jahre vor der Flucht des US-Personals aus Saigon«, fügt Ruffini hinzu. Das Engagement des Heiligen Stuhls, erklärt Paul VI., sei kein Zeichen von Pazifismus, der die negativen Folgen einer ungerechten Lösung vernachlässige, im Gegenteil: Verhandeln bedeute, auf die »Geschicke der Menschheit« zu blicken. Die letzte Entscheidung den Waffen zu überlassen, betont der Pontifex, sei eine überaus schwerwiegende Verantwortung: Die Menschheit schaut zu und Gott wird richten.[1]

Ein halbes Jahrhundert nach dem Ende des Vietnamkriegs sitzt ein päpstlicher Gesandter im Oval Office vor dem Präsidenten der Vereinigten Staaten. Es ist fünf Uhr am Nachmittag des 18. Juli 2023, und Kardinal Matteo Zuppi überreicht Präsident Biden einen Brief von Franziskus. Darin bittet der Papst den amerikanischen Regierungschef, sein Möglichstes zu tun, um den Krieg in der Ukraine zu beenden. »Sich für eine Feuerpause mit internationalen Garantien einzusetzen«, erinnert sich Zuppi. Im

Namen des Heiligen Stuhls erklärt der Kardinal, dass die Kirche jedwede Lösung unterstützen werde, die ein Ende des Konflikts herbeiführen könne. Biden unterstreicht, dass die Entscheidung Sache der Ukraine sei und die Vereinigten Staaten nicht die Absicht hätten, eine Lösung zu erzwingen. Zuppi verdeutlicht, wie wichtig die »Rolle der internationalen Gemeinschaft« und welcher »Nutzen auch mit dem Handeln dritter Protagonisten« verbunden sei.[2]

Der Kardinal war bereits auf Sondierungsmission in Kiew und Moskau. Von Washington aus wird er nach China weiterreisen: Zum ersten Mal empfängt Peking einen Gesandten des Papstes, um nicht über kirchliche Probleme, sondern über eine Frage der internationalen Politik zu sprechen. »Ich glaube, dass China an einem Dialog mit dem Heiligen Stuhl interessiert ist und es zu schätzen weiß, dass wir seine Rolle in dem Konflikt anerkennen«, wird der vatikanische Außenminister Erzbischof Paul Gallagher später verraten. Mit China müsse man im Gespräch bleiben, fügt er hinzu: »Die Chinesen müssen unsere Prioritäten und Sorgen verstehen, und wir müssen die Geschichte der Volksrepublik verstehen.«[3]

Fast zwei Stunden dauert das Gespräch zwischen dem Gesandten des Papstes und dem Präsidenten der Vereinigten Staaten. Auch der Berater Jake Sullivan ist anwesend, doch fast immer ist es Biden, der redet. Dem Kardinal entgeht nicht, dass der Präsident mit Blick auf die Waffenlieferungen an Kiew die Absicht zum Ausdruck bringt, »keine Grenze zu überschreiten, die den Konflikt auf eine neue Ebene hebt«. Biden, so die Wahrnehmung des Kardinals, will Russland auf keinen Fall ›zerstören‹, wie es die baltischen Staaten und Polen gerne hätten.

Im letzten Teil des Gesprächs schneidet Biden auch die Frage an, wie man es Putin ermöglichen könne, sich ohne Gesichtsverlust aus dem Konflikt zurückzuziehen. »In diesem Konflikt«, merkt der päpstliche Gesandte an, »müssen alle Beteiligten die Möglichkeit haben, ihr Gesicht zu wahren.«[4] Beim Verlassen des

Oval Office erzählt Sullivan dem Kardinal, dass er seine Masterarbeit über den Bürgerkrieg in Mosambik geschrieben hat, der dank der Vermittlung der Gemeinschaft Sant'Egidio mit einem in Rom unterzeichneten Abkommen beendet werden konnte.

In dieser diplomatischen Schachpartie, bei der der Heilige Stuhl auf Distanz zur NATO geht, sich mit dem ukrainischen Volk solidarisiert und es gleichzeitig vermeidet, für Kiew oder für Moskau Partei zu ergreifen, sticht die Pressemitteilung hervor, die nach dem Treffen veröffentlicht wird. »Präsident Biden hat Papst Franziskus für seinen fortdauernden Dienst und sein globales Leadership alles Gute gewünscht.« Der Präsident und der Kardinal hätten »über den Einsatz des Heiligen Stuhls bei humanitären Hilfslieferungen zur Linderung des verbreiteten Leids« gesprochen, »das durch die anhaltende Aggression Russlands in der Ukraine verursacht wird«. Betont wird das Engagement des Vatikans für die Rückkehr der nach Russland verschleppten ukrainischen Kinder. Doch über den Brief des Papstes und mögliche Friedensinitiativen verlautet kein einziges Wort. Nicht einmal ein Foto der Begegnung wird veröffentlicht. Das Signal aus Washington ist klar: Der Vatikan soll sich nicht in diplomatische Operationen zur Beilegung des Konflikts einmischen.

Die internationale Situation steht von jeher im Zentrum der Sorge von Papst Franziskus. Schon bald nach seiner Wahl hatte er vor dem »Dritten Weltkrieg in Stücken« gewarnt, der in verschiedenen Regionen des Planeten tobt. Der russische Angriff auf die Ukraine am 24. Februar 2022 katapultiert den argentinischen Pontifex mitten hinein in einen internationalen Sturm, der ihn in direkten Gegensatz zu den NATO-Mitgliedsstaaten bringt. Während Europa durch den Ukraine-Krieg vor den Scherben eines 77 Jahre lang gewahrten Friedens steht – die Kriege im ehemaligen Jugoslawien und danach zwischen Serben und Kosovaren wurden von der öffentlichen Meinung unbewusst als Randerscheinungen wahrgenommen –, sieht sich der Vatikan durch denselben Krieg in eine bis dato ungekannte Isolation gedrängt.

Vom ersten Tag an ist Franziskus' Weg ein Alleingang. Am 25.
Februar, 24 Stunden nach dem Einmarsch der russischen Trup-
pen, begibt sich der Papst persönlich zum russischen Botschafter
Alexander Awdejew und bietet sich für eine Vermittlung an, die
die Kriegshandlungen beenden soll. »Der Pontifex hat vor allem
sehr aufmerksam zugehört«, erinnert sich der Botschafter heute.
Er ist inzwischen im Ruhestand. »Ich hätte gerne mit Präsident
Putin gesprochen, wenn er mir nur ein kleines Dialogfenster of-
fengelassen hätte«, wird Franziskus später erklären. »Es hat kein
Telefonat mit dem Präsidenten gegeben, das wäre technisch nicht
einmal möglich gewesen«, stellt Awdejew klar.[5] Die Unterredung
dauert etwas mehr als eine halbe Stunde und bleibt ergebnislos.
Aus Moskau verlautet, dass es für eine päpstliche Initiative keinen
Spielraum gebe. Auf dem Twitter-Account *@franciscus* veröffentlicht der Papst einen Kommentar in russischer und ukrainischer
Sprache, in dem er den Krieg als ein Scheitern der Politik und der
Menschlichkeit bezeichnet. Kardinalstaatssekretär Pietro Parolin
seinerseits hebt die Zweckmäßigkeit von Verhandlungen hervor,
die »die legitimen Interessen jeder Seite wahren«.[6]

Tatsächlich finden zwischen Ende Februar und Ende März in
Belarus und in der Türkei mit Unterstützung des türkischen Präsidenten Recep Tayyip Erdoğan und später des damaligen israelischen Ministerpräsidenten Naftali Bennet direkte Verhandlungen zwischen Ukrainern und Russen statt. Am 29. März – so
haben es unter anderem die *New York Times* und die Analysten
Samuel Charap und Sergey Radchenko in der Zeitschrift *Foreign
Affairs* rekonstruiert – lag ein Vertragsentwurf vor. Einigkeit war
in folgenden Punkten erzielt worden: Die Ukraine würde dauerhaft neutral bleiben und auf einen NATO-Beitritt verzichten; die
ukrainischen Streitkräfte würden reduziert und sämtliche Ein-
schränkungen der allgemeinen Verwendung der russischen Sprache in der Ukraine aufgehoben werden; die Krimfrage würde 15
Jahre lang auf Eis gelegt und in Verhandlungen zwischen den
Parteien entschieden werden; und die Annäherung der Ukraine

an die Europäische Union würde nicht verhindert werden. Strittige Punkte waren hingegen die internationalen Garantien für die Sicherheit der Ukraine und der Mechanismus zur Verteidigung Kiews im Angriffsfall.[7]

In den westlichen Hauptstädten verfolgt man die Verhandlungen mit eher mäßigem Interesse, zumal der russische Vormarsch angesichts des außergewöhnlich heftigen ukrainischen Widerstands rasch ins Stocken gerät. In der Zwischenzeit hat die Weltöffentlichkeit mit Entsetzen von dem Massaker erfahren, das russische und tschetschenische Einheiten an den Einwohnern von Butscha verübt haben. Auf der Straße liegen 20 ermordete Zivilisten, in einem Massengrab werden die sterblichen Überreste von 280 Männern, Frauen und Kindern und in einem Keller die verstümmelten Leichen von weiteren Personen gefunden, die offenbar gefoltert worden waren. Auf Russland lastet die Verantwortung für grausame Kriegsverbrechen.

Am 9. April kommt der britische Premier Boris Johnson nach Kiew. Er ist der erste Regierungschef eines G7-Staats, der nach Kriegsbeginn den Fuß auf ukrainischen Boden setzt. Seine Botschaft lautet: bewaffneter Widerstand. Die Initiativen, den Konflikt durch Verhandlungen zu lösen, lösen sich in nichts auf, und es beginnt ein erbitterter und langwieriger Krieg. Zwei Wochen später treffen auf dem deutschen Luftwaffenstützpunkt Ramstein die Vertreter von 40 Ländern zusammen, die bereit sind, die Ukraine mit Waffen zu beliefern. US-Verteidigungsminister Lloyd Austin bringt den Geist der Unternehmung auf den Punkt: »Wir wollen Russland so geschwächt sehen, dass es so etwas wie den Einmarsch in die Ukraine nicht mehr machen kann.« Die Würfel sind gefallen.

Parallel zu den militärischen Anstrengungen tobt der Kampf um das einzige Narrativ: Die Ukraine wird als die Thermopylen Europas dargestellt. Wenn Putin – der »Zar«, der »Wahnsinnige«, der von der Wiederherstellung der mythischen »Russischen Welt« träumt (einem zusammenhängenden Gebiet aus Russland, der Ukraine und Belarus) – nicht beizeiten gestoppt werde, würden Moskaus Armeen bis Lissabon marschieren. Wer die Dinge anders sieht, ist ein Putinversteher. Wer sich als Pazifist outet, ist naiv oder führt Böses im Schilde. Befeuert wird das einzige Narrativ obendrein durch die aberwitzigen Äußerungen aus Moskau, wo Putin die Nichtexistenz einer eigenständigen ukrainischen Nationalidentität behauptet und Ex-Premier Dmitri Medwedew über eine Ukraine schwadroniert, die von einer Naziclique beherrscht werde und verschwinden müsse.

Gegen Franziskus, den die drohende geopolitische Katastrophe mit Sorge erfüllt, erhebt sich in den Hinterzimmern ausgeprägt pro-atlantischer Kreise des Katholizismus ein erstes Murren. Man wirft ihm vor, der Ukraine nicht mit einer spektakulären Geste seine Unterstützung signalisiert zu haben. »Papst Wojtyła wäre nach Kiew geflogen«, tuscheln sie hinter vorgehaltener Hand. Beweisen lässt sich das natürlich nicht. Anders als Sergio Mattarella, der Präsident der italienischen Republik, begibt sich Franziskus aber auch nicht zu einer Messfeier in die Basilika Santa Sofia, die Kirche der ukrainischen griechisch-katholischen Gemeinde in Rom.

Am 15. April, beim Kreuzweg vor dem Kolosseum, will der Papst ausdrücken, was er empfindet. Zwei junge Frauen, Irina und Albina, Ukrainerin die eine, Russin die andere, sollen gemeinsam das Kreuz tragen, während aus den Lautsprechern ein Gebet zu Christus ertönt, der soeben den Geist ausgehaucht hat: »Herr, wo bist du? Sprich in der Stille des Todes und der Trennung und lehre uns, Frieden zu schließen, Brüder und Schwestern zu sein, wieder aufzubauen, was die Bomben zerstören wollten.«[8] Aus Kiew erhebt sich Protestgeschrei, die Regierung ist dagegen, der ukrainische Botschafter beim Heiligen Stuhl, Andrij Jurasch, weist auf die Gefahr »möglicher Konsequenzen« hin. Der Großerzbischof der ukrainischen griechisch-katholischen Gemeinschaft, Swjatoslaw Schewtschuk, wettert gegen das Vorhaben: Im Kontext von Russlands militärischer Aggression seien solche Gesten »unbegreiflich und sogar beleidigend«. Auch die Katholiken des lateinischen Ritus reagieren ablehnend.[9] Es hilft nicht, dass die beiden jungen Frauen befreundet sind und die Russin Albina am Tag der Invasion weinend zu ihrer ukrainischen Freundin Irina gelaufen ist und sie um Verzeihung gebeten hat. »Sie hat sich schuldig gefühlt … ich habe sie getröstet und ihr gesagt, dass sie mit alledem nichts zu tun hat«, wird Irina später erzählen. Und Albina erklärt in einem Interview: »Ich bin Russin und ich liebe die Ukraine.« Sie sei sich sicher, fügt sie hinzu, dass das russische Volk den Krieg genauso wenig wolle wie das ukrainische. »Ich bete für den Frieden, ich bete für die Ukraine«, erklärt sie.[10]

Die symbolische Geste des Pontifex – Metapher für die christliche Utopie vom Kreuz, das Tod und Gewalt besiegt und uns mit unseren Feinden versöhnt – darf nicht wahrwerden. In der Ukraine kursiert eine giftige Karikatur im Internet: Eine Frau in den russischen Farben treibt mit einer Maschinenpistole eine andere Frau vor sich her, die die Farben der Ukraine trägt und von der Last eines Kreuzes zu Boden gedrückt wird. Hier, erkennt man im Vatikan in diesem Moment mit tiefer Sorge, manifestiert sich ein nackter, ausschließlich ethnisch motivierter Hass. Anders als im Zweiten Weltkrieg, als die Kämpfer gegen das Dritte Reich auch Deutsche, die keine Nationalsozialisten waren, oder italienische Antifaschisten willkommen hießen, wird es in den Jahren nach dem 24. Februar 2022 oft geschehen, dass sich Vertreter der Ukraine im Ausland weigern, mit russischen Menschen, obwohl Gegner oder Gegnerinnen des Putin-Regimes, an einem Tisch zu sitzen.

Der Kreuzweg wird überarbeitet. Der Betrachtungstext zur XIII. Station wird gestrichen und durch eine Einladung zur Stille ersetzt: »Ein jeder bete in seinem Herzen für den Frieden in der Welt.« Die vatikanische Tageszeitung *L'Osservatore Romano* verzichtet darauf, das Foto der beiden Frauen, die das Kreuz halten, auf die Titelseite zu setzen. Nur auf einer Seite im Innenteil sind die Gesichter von Irina und Albina zu sehen, und der

Bildausschnitt ist so gewählt, dass man nicht erkennt, was sie tragen. Großerzbischof Swjatoslaw Schewtschuk diktiert den politisch-theologischen Kurs. »Versöhnungsgesten zwischen unseren Völkern werden erst möglich sein, wenn der Krieg beendet ist und jene, die für Verbrechen gegen die Menschlichkeit verantwortlich sind, ihr gerechtes Urteil bekommen haben.«[11] In jenen Monaten, erinnert sich der Botschafter eines westlichen Staates beim Heiligen Stuhl, sei man vor allem enttäuscht darüber gewesen, dass Franziskus »Angreifer und Angegriffene« nie beim Namen genannt habe. Die *New York Times* urteilt härter: Sie vergleicht Franziskus' Schweigen mit dem Pius' XII., weil er es seit dem Einmarsch der russischen Truppen vermieden hat, Putin auch nur zu erwähnen.

Im Vatikan wird den Kritikern Vergesslichkeit vorgeworfen: Auch Johannes Paul II., der den Beginn des amerikanischen Angriffs auf den Irak im März 2003 aufs Schärfste verurteilte, hatte weder George W. Bush noch die Vereinigten Staaten beim Namen genannt. »Wer entscheidet, dass alle friedlichen Mittel, die das Internationale Recht zur Verfügung stellt, erschöpft sind«, so damals die lapidare Erklärung des vatikanischen Pressesprechers Joaquín Navarro-Valls, »lädt eine schwerwiegende Verantwortung vor Gott, seinem Gewissen und der Geschichte auf sich.«[12] Seit dem Tod Pius' XII. hat der Vatikan keinem ›Lager‹ mehr angehört. Als nach dem russischen Angriff in den Hauptstädten des Westens der Slogan des Politologen Robert Kagan vom »Dschungel der Geschichte« zu kursieren beginnt, dessen »Lianen den Friedensgarten, den wir zu bewohnen glaubten, überwuchern wollen«, denkt mehr als ein Kurienprälat an frühere Zeiten zurück, als derselbe Robert Kagan das »Projekt für ein neues amerikanisches Zeitalter« mitbegründet hatte – gemeinsam mit einigen der prominentesten neokonservativen republikanischen Hardliner wie Dick Cheney, Vizepräsident unter Georg W. Bush, und Donald Rumsfeld, der im selben Kabinett Verteidigungsminister war.

Die Vorstellung, dass nach dem Zusammenbruch der UdSSR ein »amerikanisches Zeitalter« anbrechen werde, war von der festen Überzeugung inspiriert, dass die Vereinigten Staaten ihre Hegemonie ausweiten müssten, um mit allen – auch militärischen – Mitteln die liberal-demokratische Ordnung auf dem Planeten zu gewährleisten. Ein Allmachtswahn, der die Präsidentschaft von Bush Junior nach dem 11. September 2001 von einer Katastrophe (der Besetzung Afghanistans) in die nächste (die Irak-Invasion) getrieben und hunderttausende Menschen das Leben gekostet hat.

Johannes Paul II. war gegen beide Unternehmungen. Den Journalisten, die ihn auf dem Flug über den Atlantik Richtung Mexiko darauf ansprachen, dass es nun nur noch eine Großmacht in der Welt gebe, hatte er schon im Januar 1999 geantwortet: »Ich weiß nicht, ob das etwas Gutes ist.« Nach der Weiterreise in die Vereinigten Staaten hatte er in seiner Predigt in der Kathedrale von St. Louis vor dem Stolz gewarnt und daran erinnert, dass Gott nicht den Pharao, sondern Mose und das unterdrückte Volk Israel beschützt habe. Wojtyła appellierte an Amerikas Verantwortungsgefühl.

Franziskus hat schon immer mit instinktiver Abwehr auf Ideologien reagiert, die »die Handlungen und Schicksale der Menschen manipulieren«.[13] Auf den Fanatismus sowohl derer, die ›die Demokratie exportieren‹, als auch derer, die den »Russki Mir«, die russische Welt des Mittelalters und des Zarentums wiederherstellen wollen.

Franziskus verurteilt die Verbrechen der russischen Invasoren von Anfang an mit aller Härte: die »wahnsinnigen Morde«, die »Massaker«, die »Barbarei der Ermordung von Kindern und wehrlosen Zivilisten«. Der Krieg in der Ukraine sei ein Sakrileg, sagt er. In der Audienzhalle drückt er im Beisein der Gläubigen einen symbolischen Kuss auf eine ukrainische Flagge aus Butscha. Er schickt die Kardinäle Konrad Krajewski und Michael Czerny in die Ukraine, um Solidarität und humanitäre Hilfe zu bringen und sich für einen Gefangenenaustausch einzusetzen. Auch den vatikanischen Außenminister Erzbischof Paul Gallagher sendet er nach Kiew. Er selbst jedoch, daran hält er eisern fest, wird Kiew nur in Verbindung mit einer Reise nach Moskau besuchen. Entweder beide Hauptstädte zusammen oder gar keine. Franziskus ist davon überzeugt, dass ein Pontifex über den Parteien stehen muss. Deshalb spricht er neben der »gemarterten Ukraine« oft vom Schmerz der ukrainischen und der russischen Mütter. Es kann keine Opfer erster und zweiter Klasse geben. Einen Monat nach der Invasion vertraut Franziskus beide Völker dem Herzen Mariens an.

Was dem Papst besondere Sorge bereitet, ist die geopolitische Bedeutung des Konflikts. Ein quälender Gedanke treibt Franziskus um: die Vision einer unkontrollierbaren Eskalation und die reale Gefahr, dass sich der »hybride Krieg zwischen der NATO und Russland« – so die Definition des US-amerikanischen Politologen Ian Bremmer – zu einem bewaffneten Nuklearkonflikt ausweitet. Auf der von Atomwissenschaftlern konzipierten Weltuntergangsuhr sind es noch 90 Sekunden bis zur atomaren Mitternacht. In dieser Hinsicht hat man das rationale und vorsichtige Vorgehen von Präsident Biden im Vatikan stets zu schätzen gewusst. Franziskus hält es für einen Irrtum, zu denken, dass dieser Krieg auf Russland und die Ukraine beschränkt sei. »Nein, dies ist ein Weltkrieg.« Aufgrund seiner Auswirkungen auf Wirtschaft, Energie, Ernährung und Strategie. Dies sei kein »Cowboyfilm, wo es die Guten und die Bösen gibt«, erklärt er seinen jesuitischen Mitbrüdern bei einem Treffen in Kasachstan im Schicksalsjahr 2022. Das Opfer dieses Konflikts sei die Ukraine. »Ich strebe ein Nachdenken darüber an, weshalb dieser Krieg nicht verhindert worden ist … Es gibt internationale Faktoren, die dazu beigetragen haben, den Krieg auszulösen.«[14]

Bei einer anderen Begegnung mit den Jesuiten, diesmal in Rom, wird Franziskus sogar noch deutlicher. Das Modell »Gutes Rotkäppchen – Böser Wolf« sei sinnlos, betont er. Ein globales Geschehen sei im Gange, »mit Elementen, die eng miteinander verwoben sind«. Der argentinische Pontifex erzählt von seiner Begegnung mit einem Staatsmann, der sich 2021 besorgt über die Politik der NATO geäußert habe. »Sie bellen vor den Toren Russlands, ohne zu verstehen, dass die Russen imperial denken und Angst vor unsicheren Grenzen haben.« Eine Situation, so das Fazit des Politikers in dem von Franziskus erwähnten Gespräch, die zum Krieg führen könne.[15] Rotkäppchen und der Wolf ... der Westen, der vor Russlands Toren bellt. Die Worte des Papstes erregen allergrößtes Aufsehen und lösen unter westlichen Diplomaten frostige Verstimmung aus. Der Heilige Stuhl und Brüssel, Sitz der Europäischen Union und des NATO-Hauptquartiers, könnten kaum weiter voneinander entfernt sein. Aus Sicht der westlichen Regierungen ist Franziskus' Standpunkt völlig abwegig und wahrscheinlich von einer südamerikanischen ›Anti-Yankee‹-Mentalität beeinflusst. Demgegenüber glaubt der eine oder andere Kurienveteran, das in Brüssel vorherrschende Narrativ sei von einem Hurra-Patriotismus inspiriert, der schon zu Zeiten des Ersten Weltkriegs nichts Gutes bewirkt habe. Beim Anblick der in die ukrainischen Farben gewandeten Kommissionspräsidentin Ursula von der Leyen fühlt sich so mancher Monsignore an ein Heiligenbildchen erinnert.

Im Vatikan haben sie die Kubakrise von 1962 nicht vergessen. Damals kam es nicht zum Atomkrieg, weil Washingtons nationales Sicherheitsinteresse anerkannt und ein ausgewogener Kompromiss gefunden wurde: keine sowjetischen Raketen auf Kuba und keine amerikanischen Jupiterraketen in der Türkei an der Grenze zur UdSSR. Die »nationale Sicherheit« ist ein Grundpfeiler der US-amerikanischen Außenpolitik. Sie ist keine Regel des Völkerrechts, sondern schlicht eine Tatsache und gilt natürlich für alle Großmächte. Bernie Sanders, der für die Demokraten im amerikanischen Senat sitzt, ist ein Gegner jedweder messianisch gefärbten Ideologie. Er hat öffentlich die Frage aufgeworfen, ob die Vereinigten Staaten es wohl tolerieren würden, wenn Mexiko sich einem antiwestlichen Militärbündnis anschlösse.

Für den Heiligen Stuhl besteht kein Zweifel daran, dass die Russische Föderation die NATO-Erweiterung zwischen 1997 und 2008 als Ausdruck westlicher Machtpolitik wahrgenommen hat. Mit dem Realismus eines Bismarck oder Kissinger hat der Heilige Stuhl das entschlossene *Nein* Deutschlands und Frankreichs – damals war Angela Merkel noch Kanzlerin und Nicolas Sarkozy französischer Präsident – zu dem 2008 von George W. Bush gewollten NATO-Beitritt der Ukraine unterstützt. Noch im Herbst 2021, verriet der frühere NATO-Generalsekretär Jens Stoltenberg, habe Russland die Unterzeichnung eines formellen Dokuments verlangt, das garantieren sollte, dass die Ukraine dem Atlantischen Bündnis nicht beitreten würde. »Wir haben natürlich nicht unterschrieben«, so Stoltenberg.[16]

Erzbischof Vincenzo Paglia, der 1989 an der Organisation des Treffens zwischen Michail Gorbatschow und Johannes Paul II. beteiligt war, bemerkt: »Man hat die Diplomatie vernachlässigt, die den russischen Einmarsch hätte verhindern können. Und es darf auch nicht vergessen werden, dass sich nicht alle Parteien an die Verträge von 2014 gehalten haben. Dennoch bleibt die Invasion ein inakzeptabler Akt der Gewalt, der verurteilt werden muss.« Im schicksalhaften Jahr 2022 spiegelt sich die vatikanische Position in den Wortmeldungen großer Teile des italienischen Katholizismus wider. Andrea Riccardi, Gründer der Gemeinschaft Sant'Egidio, erklärt, dass Russland in den Jahren nach dem Fall der Berliner Mauer eingekreist und gedemütigt worden sei.

Der katholische Soziologe Mauro Magatti betont in der Bischofzeitung *Avvenire*, es sei höchste Zeit, zu verstehen, dass sich auf der internationalen Bühne politisch-ökonomisch-kulturelle Räume bildeten, die »ihre strategische Positionierung auf regionaler und globaler Ebene neu zu definieren versuchen«. Hierbei handelt es sich um Teile der Welt, die sich im liberalen Modell des Westens nicht wiedererkennen und durch die unterschiedlichsten Beziehungen miteinander verbunden sind. Man denke etwa an Indien, das einerseits in der Quad-Gruppe gemeinsam mit den

USA, Japan und Australien versucht, China im Pazifik in Schach zu halten, und andererseits im Rahmen der »Shanghaier Organisation für Zusammenarbeit« mit China, Russland, Kasachstan, Kirgisistan und Tadschikistan kooperiert. Und das obendrein zu den BRICS-Staaten gehört: einer Wirtschafts- und Handelsvereinigung, die unter anderem aus Brasilien, Russland, China und Südafrika besteht.

Diese Schwellenländer, so die Beobachter im Vatikan, wollen nicht, dass der Westen sich ihnen gegenüber als ›Schulmeister‹ aufführt. Davor hatte schon Henry Kissinger gewarnt. Der derzeitige Krieg, erklärt der Historiker Agostino Giovagnoli, habe eine multipolare Welt zutage gefördert, in der »der Westen nicht mehr die Oberherrschaft hat«.

Doch das ist noch nicht alles. Der frühere italienische Vize-Außenminister Mario Giro, auch er ein Mitglied der Gemeinschaft Sant'Egidio, zeigt auf, dass sich der Schwerpunkt des Konflikts nach den ersten Monaten verlagert habe. »Es geht nicht mehr darum, Russland für das zu bestrafen, was es in der Ukraine tut, sondern darum … sein wirtschaftliches und militärisches Potenzial zu zerstören.« Die Verteidigung der Ukraine habe sich zu einem »Krieg ohne Grenzen« entwickelt, »in dem ein Friede nur durch die endgültige Niederlage einer der beiden Parteien erreichbar ist«. Die Jesuitenzeitschrift *La Civiltà Cattolica* – die in aller Regel die Sichtweisen des Staatssekretariats wiedergibt – warnt in diesem Zusammenhang vor Akteuren, die von einem »geschwächten und gedemütigten Russland« oder »einem Paria-Staat« träumen. Man solle sich vor revanchistischen Impulsen hüten, so die mahnende Stimme der Jesuiten, und bedenken, was in Deutschland nach dem Ersten Weltkrieg geschehen sei. Das sind keine abstrakten Theorien. In Kiew wünscht sich so mancher – wie Ministerpräsident Denys Schmyhal –, dass Russland gezwungen wird, atomwaffenfrei und entmilitarisiert zu sein. Dabei sei gar nicht gesagt, so die Jesuiten in Rom, dass ein Russland ohne Putin demokratisch und pro-westlich eingestellt wäre.

Ein nicht-europäischer Diplomat und profunder Kenner des Heiligen Stuhls meint: »Franziskus sagt viel weniger, als er denkt, sonst brächte er die Kirche in Schwierigkeiten. Ganz sicher denkt er nicht, dass Putin verrückt genug ist, eines Morgens einfach seine Panzer in Bewegung zu setzen.« Der Konflikt, so der Diplomat weiter, wurzele in einem »Gewirr aus Ereignissen: der Situation nach dem Zusammenbruch der UdSSR; der Unipolarität jener Jahre; dem von den Amerikanern gesteuerten Maidan-Putsch von 2014. Jetzt ist die Unipolarität Geschichte und neue Subjekte betreten die internationale Bühne, die BRICS-Staaten und andere …«.

In den ersten zwei Kriegsjahren wird deutlich, dass sich die Sichtweisen des Heiligen Stuhls und der Kiewer Führung grundlegend voneinander unterscheiden. Immer wieder führt die aufgeladene Atmosphäre zu Krisen. Als die nationalistische Journalistin Darja Dugina, Tochter des rechtsextremen und Putin-nahen Ideologen Alexander Dugin, im August 2022 von einer Autobombe getötet wird (internationalen Nachrichtendiensten zufolge handelte es sich um eine Operation des ukrainischen Geheimdiensts), sagt der Papst während der Generalaudienz: »Ich denke an jene arme junge Frau, die in die Luft gesprengt worden ist durch eine Bombe, die unter dem Autositz lag, in Moskau. Die Unschuldigen bezahlen den Krieg […]! Der Krieg ist ein Wahnsinn.« Die Bombe war für ihren Vater bestimmt gewesen.

Kiew reagiert mit äußerster Härte. Der Botschafter beim Heiligen Stuhl Andrij Jurasch fragt sich, wie man eine Ideologin des russischen Imperialismus als unschuldiges Opfer bezeichnen könne. Außenminister Dmytro Kuleba bestellt den vatikanischen Nuntius ein, um gegen die Worte des Papstes zu protestieren, die »Angreifer und Opfer zu Unrecht auf eine Stufe stellen«. Die Ukraine habe nichts mit dem Anschlag zu tun, so Kuleba weiter, und der Papst habe sich bis dato nie zu einzelnen Kriegsopfern geäußert, obwohl 376 ukrainische Kinder von der Hand der russischen Besatzer gestorben seien.[17] Harsche Kritik und Beschimpfungen hageln auf Franziskus herab, und sie kommen nicht nur aus der Ukraine. »Putins nützlicher Idiot«, titelt eine der angesehensten polnischen Tageszeitungen, die *Gazeta Wyborcza*, und meint damit den Papst. Verletzend auch der Kommentar des demokratischen Oppositionschefs, Ex-EU-Ratspräsidenten und ehemaligen polnischen Premiers Donald Tusk: »Wahrscheinlich bricht es dem heiligen Franziskus das Herz, dass der Papst seinen Namen angenommen hat.«

Ein neuerlicher Proteststurm erhebt sich, als der Papst per Videokonferenz zu einer Gruppe junger russischer Katholiken spricht. Er ruft sie dazu auf, Frieden zu schaffen und »Versöhnung zu säen«. Dann aber lässt sich Franziskus zu einer Lobrede auf das spirituelle Erbe der russischen Heiligen und Herrscher hinreißen. Er preist das »große Russland von Peter dem Großen, von Katharina der Großen …, [ein Reich] mit großer Kultur und großer Menschlichkeit.« Die Reaktion aus Kiew lässt nicht lange auf sich warten: Mychajlo Podoljak, Berater von Wolodymyr Selenskyj, erklärt, mit seinen Worten habe der Papst Putin in seinem völkermörderischen Wahn bestärkt. Vatikansprecher Matteo Bruni entgegnet, es habe sich um eine kulturelle Ansprache gehandelt. Der Papst habe mitnichten die Absicht gehabt, eine imperialistische Logik zu verherrlichen. Franziskus persönlich wird noch einmal bekräftigen, dass die russische Kultur »nicht wegen politischer Probleme ausgelöscht werden« dürfe.[18]

In seinem Innern ist der Papst zutiefst besorgt über das Umsichgreifen eines schrankenlosen ethnischen Hasses, wie er sich schon anlässlich der Via Crucis Bahn gebrochen hatte. Etwas Ähnliches hatte der Heilige Stuhl bereits in den 1990er Jahren in den Balkanländern beobachtet. Es sei das Gebot der Stunde, so Franziskus zu den Jesuiten in Kasachstan, »die Herzen vom Hass zu befreien«, denn es bestehe die reale Gefahr, dass Krieg und Machtinteressen die Menschlichkeit der Personen und ihr konkretes Leben vergessen machten. Im Vatikan ist ein Dekret nicht unbemerkt geblieben, das Selenskyj als eines der ersten in Kriegszeiten erlassen hat: ein umfassendes Verbot, russische Theaterstücke, Kinofilme und Videos, russische Musik und russische Literatur in Umlauf zu bringen. Eine Maßnahme, die überhaupt nichts mit den Grundwerten des aus den Ruinen des Zweiten Weltkriegs erstandenen demokratischen Europa zu tun hat. Die britische Presse erinnert daran, dass die Engländer auch dann noch in die Konzertsäle gingen, um Wagner zu hören, als Hitler ihre Heimat bombardieren ließ.

Im August 2024 protestiert der Papst gegen ein neues Gesetz des ukrainischen Parlaments, das religiöse Organisationen der mit dem Moskauer Patriarchat verbundenen ukrainisch-orthodoxen Kirche einer Überprüfung unterzieht und es den Gerichten erlaubt, ihre Aktivitäten für illegal zu erklären. Auch der Weltkirchenrat bringt Vorbehalte zum Ausdruck.

Und noch etwas beunruhigt den Heiligen Stuhl, auch wenn es niemand laut sagt, um keinen Streit auszulösen. Vor allem in den baltischen Staaten und in Polen hegen bedeutende Teile der Bevölkerung bis heute einen tief wurzelnden Hass auf die Russen. Das hat historische Gründe. Aber darf dieser uralte Groll die Außenpolitik Europas und des Westens bestimmen?

In letzter Konsequenz resultieren die – mehr oder weniger diplomatisch verbrämten – Spannungen und Gegensätze zwischen Kiew (und den westlichen Hauptstädten) und dem Heiligen Stuhl in den ersten Jahren des russisch-ukrainischen Kriegs aus Franziskus' Weigerung, öffentlich Partei für die Ukraine zu ergreifen. In diesem Zusammenhang ist ein Austausch aufschlussreich, der wenige Wochen nach der Invasion zwischen Franziskus und Patriarch Kyrill, einem glühenden Befürworter des russischen Nationalismus, stattgefunden hat. Nachdem ein eigentlich in Jerusalem geplantes Treffen wegen des Krieges abgesagt worden war, trafen sich die beiden Kirchenoberhäupter via Zoom. Dem *Corriere della Sera* verrät Franziskus später ein wichtiges Detail. Nachdem Kyrill 20 Minuten lang über die Gründe für den Angriff auf die Ukraine gesprochen hat, hält Franziskus dagegen: »Bruder, wir sind keine

Messdiener des Staates und dürfen nicht die Sprache der Politik [...] sprechen.«[19] Die Sprache Jesu, betont der Papst, verlange, dass man nach Wegen des Friedens und des Waffenstillstands suche.[20] Ein sehr deutlicher Hinweis auf die Aufgaben einer religiösen Führung. Und um auch noch die letzten Zweifel auszuräumen, betont der *Osservatore Romano* zeitgleich, dass der Pontifex nicht der »Kaplan des Westens« sei.

Doch die Gräben verlaufen auch quer durch das Innere der Kirche. In Italien erklärt die traditionell reformorientierte Zeitschrift *Il Regno* in einem überaus harschen Leitartikel, Unparteilichkeit sei keine Option und es gehe auch nicht an, sich hinter hehren Worten zu verstecken, »selbst wenn sie vom Papst kommen«. Man müsse sich entscheiden und Partei für den ukrainischen Widerstand und gegen die Kriegsverbrecher ergreifen.[21] In Europa und den westlichen Ländern vermeidet es die Mehrheit der kirchlichen Hierarchie, die eher sperrigen Positionen des Papstes zu wiederholen.

Vor diesem Hintergrund ist Selenskyjs Besuch im Vatikan im Mai 2023 eine Begegnung zweier Leader, die auf verschiedenen Seiten stehen. Selenskyj will, dass der Pontifex nach Kiew kommt, doch Franziskus wird die ukrainische Hauptstadt nur besuchen, wenn er auch in Moskau empfangen wird. Selenskyj will, dass der Pontifex seinen Zehn-Punkte-Friedensplan öffentlich unterstützt, doch dazu kommt es nicht. Es ist eine Begegnung, die auch von Gesten geprägt wird. Der ukrainische Präsident sitzt mit dem Papst am Tisch und blättert in einer Mappe mit den Punkten, die zur Sprache kommen sollen. Ein unübliches Vorgehen. Wer sich mit dem Oberhaupt der katholischen Kirche trifft, will reden und zuhören, vielleicht Einfluss nehmen – aber nicht feilschen. Am Ende konzentriert sich die 40-minütige Unterredung auf humanitäre Hilfen, Gefangenenaustausch und insbesondere das Schicksal von tausenden nach Russland verschleppten ukrainischen Kindern, für deren Rückkehr sich der Heilige Stuhl einsetzen will.

Vielsagend sind auch die Geschenke, die ausgetauscht werden. Der Papst schenkt Selenskyj einen bronzenen Ölbaumzweig, der Präsident hat ein auf eine kugelsichere Schutzplatte gemaltes Madonnenbild und ein weiteres Gemälde mitgebracht: eine Madonna mit Kind, doch das Kind ist geschwärzt, gleichsam ausgelöscht – ein Symbol für die Kinder, die der Aggressor ermordet hat. Ein Mitglied der ukrainischen Delegation ist – eine ungewöhnlich kriegerische Demonstration – im Tarnanzug erschienen.

Die amtliche Pressemitteilung ist kurz und knapp. Sie liefert einige Einzelheiten über das anschließende Gespräch des Präsidenten mit dem vatikanischen Außenminister Erzbischof Gallagher (humanitäre Themen und Friedensbemühungen). Die Begegnung zwischen Franziskus und Selenskyj wird in eineinhalb Zeilen abgehandelt: »Heute, am Samstag, dem 13. Mai 2023, hat der Heilige Vater Franziskus S. E. Wolodymyr Selenskyj, den Präsidenten der Ukraine, zu einer Audienz empfangen.« Mehr nicht. Am darauffolgenden Sonntag wird Franziskus, als er zu den Gläubigen auf dem Petersplatz spricht, die Unterredung nicht einmal erwähnen. Selenskyj erklärt beim Verlassen des Vatikans: »Bei allem Respekt vor Seiner Heiligkeit: Wir brauchen keine Vermittler.« Es gebe nur einen Friedensplan, nämlich den ukrainischen. Der Papst sei gebeten worden, sich »seiner Umsetzung anzuschließen«.

Seit Ausbruch des Konflikts sagt Franziskus immer und immer wieder, dass man sich nicht an den Krieg gewöhnen dürfe, sondern fähig sein müsse, zu verhandeln. Der Dialog ist notwendig, auch mit dem Aggressor. »Manchmal ›stinkt‹ der Dialog, aber er muss stattfinden.« In diesen Jahren denkt man im Vatikan oft an den berühmten Satz Benedikts XV. zurück, der den Ersten Weltkrieg als »sinnloses Gemetzel« bezeichnet hatte. Prophetische Worte, die dem Papst damals den Vorwurf eintrugen, nicht auf der richtigen Seite zu sein, während alle anderen – Deutsche und Franzosen, Engländer, Österreicher, Russen und Italiener – Gott und das Recht für sich in Anspruch nahmen.

Eine neue Polemik entbrennt, als der Papst im schweizerischen Fernsehen eine Frage des ihn interviewenden Journalisten nach der »weißen Flagge« aufgreift und erklärt, dass man, wenn man die Niederlage kommen sieht, an das Volk denken und »den Mut zur weißen Flagge [...], zum Verhandeln« haben muss. Der Mut, zu verhandeln, sei notwendig, betont Franziskus, »bevor es noch schlimmer wird«. Wieder muss der Vatikansprecher Schadensbegrenzung betreiben: Der Papst habe auf eine Metapher des Journalisten geantwortet und erklärt, dass Verhandlungen nie eine Kapitulation seien. Zur gleichen Zeit erläutert Kardinalstaatssekretär Parolin – während einer Debatte am Sitz der Zeitschrift *La Civiltà Cattolica*, an der auch die italienische Ministerpräsidentin Meloni teilnimmt – die grundsätzliche Linie des Vatikans. »Konflikte lassen sich nicht dadurch lösen, dass man die Welt in Gute und Böse unterteilt ... Die einzig realistische Lösung sind Verhandlungen.« Abschließend fügt der Kardinal hinzu: Der Heilige Stuhl spricht mit allen und glaubt an den Multilateralismus.[22]

Mit der Zeit jedoch stellt der Vatikan fest, dass er durchaus nicht so isoliert ist, wie es den Anschein hat, wenn man nur auf die Nordhalbkugel blickt. Die internationale Stimmungslage ändert sich, während der Versuch Washingtons und der NATO-Staaten, die anderen Nationen hinter sich zu bringen, damit sie sich gemeinsam mit dem Westen gegen Russland stellen, mehr und mehr im Sande verläuft. Geduldig registrieren die Antennen der vatikanischen Diplomatie die Positionierungen der verschiedenen Länder. Am 2. März 2022 verurteilt die UNO-Vollversammlung die russische Invasion mit der überwältigenden Mehrheit von 141 Stimmen. Im darauffolgenden Monat erreicht die UNO-Resolution, mit der Russlands Mitgliedschaft im Menschenrechtsrat ausgesetzt wird, 93 Ja- und 24 Neinstimmen; 58 Nationen enthalten sich. In der Abschlusserklärung des G20-Gipfels, der im September 2023 in Neu-Delhi stattfindet, wird Russland nicht mehr verurteilt. Der auch von den Vereinigten Staaten, Frankreich, Deutschland, Großbritannien und Italien verabschiedete Text erklärt allgemein, dass alle Staaten »jede Androhung oder Anwendung von Gewalt unterlassen [müssen], die auf einen gegen die territoriale Unversehrtheit, Souveränität oder politische Unabhängigkeit eines Staates gerichteten Gebietserwerb abzielt.«[23]

Der Süden der Welt hat sich zu Wort gemeldet. »Er verspürt keinerlei Bedürfnis, für die eine oder die andere Seite Partei zu ergreifen«, bemerkt der vatikanische Außenminister Erzbischof Gallagher. Länder wie Saudi-Arabien, Brasilien, Indien, Indonesien, Mexiko oder Südafrika – die jeweils unterschiedliche und durchaus nicht immer übereinstimmende Interessen verfolgen – wollen sich nicht vor diesen oder jenen Karren spannen lassen und fordern ein neues Gleichgewicht in der internationalen Politik. China verlangt dasselbe, und mit umso gewichtigeren Argumenten. Inzwischen sind Ägypten, Äthiopien, die Vereinigten Arabischen Emirate und der Iran der BRICS-Gruppe (Brasilien, Russland, Indien, China, Südafrika) beigetreten. Die Weltbühne ist im Umbruch, und Franziskus scheint dies geahnt zu haben. Schon kurz nach Ausbruch des Konflikts beklagte er das Wettrüsten und benannte als kritischen Punkt die Vorstellung von der Welt als einem »Schachbrett«, auf dem jede Seite nur danach strebe, ihren Herrschaftsbereich auszuweiten. Die Zähne zu zeigen sei nicht die richtige Herangehensweise, so der argentinische Papst. Vielmehr müsse man sich für eine andere Art einsetzen, »die nunmehr globalisierte Welt zu regieren«, und die internationalen Beziehungen auf eine neue Grundlage stellen.[24]

Die Vision, die ihm vor Augen steht, ist ein neues Helsinki 2000, das alte und neue Protagonisten der internationalen Bühne an einen Tisch bringen soll. Die Umarmung, mit der der brasilianische Präsident Lula und der jordanische König Abdullah II. Franziskus 2024 auf dem G7-Gipfel in Apulien begrüßt haben, ist ein Hinweis darauf, mit welcher Aufmerksamkeit der Globale Süden auf den Pontifex blickt.

Nachdem die Konferenz in Luzern, auf der eigentlich der ukrainische Zehn-Punkte-Plan auf den Weg gebracht werden sollte – eine ›Friedensformel‹, die mit den darin formulierten Verpflichtungen und Sanktionen eher an ein Diktat erinnert –, nicht zuletzt wegen der Abwesenheit Chinas und Russlands gescheitert ist, hat Präsident Selenskyj unerwartet erklärt, dass die Welt sich mehrheitlich die Teilnahme Russlands an einem neuen Gipfel wünsche. Im Oktober 2022 hatte derselbe Selenskyj ein Dekret unterzeichnet, das Verhandlungen mit Putin verbot. Jetzt aber scheint der Moment ernsthafter Verhandlungen näher zu rücken.

Ganz allmählich entspannen sich auch die Beziehungen zwischen der Ukraine und dem Heiligen Stuhl. Ende 2023 würdigt Selenskyj den humanitären Einsatz der Kardinäle Parolin und Zuppi mit einem hohen Verdienstorden. Im Juli 2024 reist der Kardinalstaatssekretär zu Gesprächen mit dem Regierungschef und dem Präsidenten der Ukraine nach Kiew. Im darauffolgenden Oktober kommt es im Vatikan zu einer erneuten Begegnung zwischen dem Papst und Selenskyj. Im selben Monat reist Kardinal Zuppi zu einem Treffen mit Außenminister Sergei Lawrow nach Moskau. Einer der schwierigsten Knoten, den es zu lösen gelte, so heißt es im Staatssekretariat hinter verschlossenen Türen, sei die psychologische Blockade des ukrainischen wie auch des russischen Anführers: »Selenskyj und Putin haben beide Angst, als Verlierer dazustehen.«

Mit Donald Trumps Sieg bei den amerikanischen Präsidentschaftswahlen ändert sich das Panorama schlagartig. Er wolle »die Kriege beenden«, hat er während des Wahlkampfs erklärt. Für die Ukraine ist von einer »koreanischen Lösung« die Rede: Das würde bedeuten, dass die Front im Donbass eingefroren wird und Kiew auf die Rückeroberung der Krim verzichtet. Und dass man zehn bis zwanzig Jahre lang nicht über einen NATO-Beitritt der Ukraine reden wird.

Im Vatikan haben sie einen Plan in der Schublade, der an der Päpstlichen Akademie der Sozialwissenschaften von einem Team unter Leitung des amerikanischen Wirtschaftsexperten Jeffrey Sachs erarbeitet wurde. »Man hatte erkannt, dass der Konflikt in der Ukraine ein Stellvertreterkrieg zwischen Washington und Moskau, zwischen den Vereinigten Staaten auf der einen und Russland gemeinsam mit China auf der anderen Seite war«, erklärt der damalige Präsident der Akademie Professor Stefano Zamagni. »Der Entwurf war das Ergebnis eines Workshops, an dem etwa 70 Experten teilnahmen, und wurde am 6. Juni am Sitz der Akademie, der Casina Pio IV im Vatikan, vorgestellt. Danach wurde er an Staatssekretär Parolin und an Papst Franziskus weitergeleitet, der zufrieden war.« Kardinal Zuppi hatte ihn vor seinen Reisen gründlich gelesen. (Um den Heiligen Stuhl aus der Sache herauszuhalten, heißt es offiziell, dass die einzelnen Mitglieder der Forschungsgruppe »Wissenschaft und Ethik« im Rahmen des Sustainable Development Solutions Network [SDSN] der Vereinten Nationen für den Text verantwortlich seien.)

Der Text trägt den Titel »Einen gerechten und dauerhaften Frieden in der Ukraine erreichen« und sieht unter anderem Folgendes vor: 1. Gewährleistung der Souveränität, Unabhängigkeit und territorialen Unversehrtheit der Ukraine; 2. Neutralität von Kiew, Verzicht auf einen NATO-Beitritt, aber Aufnahme in die Europäische Union; 3. wirtschaftliche und kulturelle Autonomie der Regionen Donezk und Luhansk innerhalb des ukrainischen Staates; 4. faktische Kontrolle Russlands über die Krim mit Blick auf eine dauerhafte Verhandlungslösung; und schließlich 5. die Einrichtung eines auch von Moskau mitfinanzierten internationalen Fonds für den Wiederaufbau der Ukraine.

»Es war ein glaubwürdiger Vorschlag für einen Verhandlungsfrieden«, erinnert sich Zamagni, der die verschiedenen Punkte des Entwurfs in einem Artikel thematisierte, der im September 2022 in *Avvenire*, der Tageszeitung der italienischen Bischöfe, erschien.[25]

Kapitel IX.
Unmut im Palast

»Hier hasst jeder jeden.« Im Herbst von Franziskus' Amtszeit ist die Stimmung in den Palästen der Kurie und auch im Weltkatholizismus überhaupt nicht unbeschwert. Der beißende Kommentar eines langjährigen Beobachters ist symptomatisch. Ein ehemaliges Mitglied eines päpstlichen Rates erzählt: »Auf den Versammlungen der Kardinäle mit dem Papst nicken sie alle mit dem Kopf und huldigen dem Souverän. Dann gehen sie hinaus und zerreißen sich die Mäuler.« Die Kardinäle, fügt er hinzu, schweigen in der Öffentlichkeit. Sowohl in der Kurie als auch in den fernen Diözesen. »Sie glauben, dass das Pontifikat am Ende ist, und wollen sich nicht zu weit aus dem Fenster lehnen.«

Es herrscht Verunsicherung. »Die Situation ist unübersichtlich, nichts ist unter Kontrolle. Hier wird ein Flicken aufgenäht, dann da der nächste …«, erzählt ein Priester, der sein Leben lang im Umfeld des Vatikans gearbeitet hat. Wenn man die Kardinäle unter vier Augen fragt: »Wie stehen die Dinge?«, dann ist die erste Antwort Schweigen, ein Seufzer, ein kaum geflüstertes, verdrucktes Wort, das Unbehagen verrät. Kardinal Zuppi, der Vorsitzende der Italienischen Bischofskonferenz, der als *papabile* gilt, reagiert mit einem Scherz: »Der Blutdruck geht rauf und runter!« Kardinal Kasper, großer Bergoglio-Wähler auf dem Konklave 2013, ist besorgt: »Es gibt zu viele Spaltungen.« Aber da ist noch mehr: ein Gefühl der Orientierungslosigkeit, über das niemand öffentlich sprechen will und das sie doch alle erfasst hat: die Bischöfe und Kardinäle, die Prälaten und angestellten Ordensfrauen, die Kleriker und die Laien, die zur großen vatikanischen Maschinerie dazugehören, für sie arbeiten oder mit ihr interagieren. Die Politologen nennen es *Deep State*: jenes Geflecht aus Personen, die den Staatsapparat in Gang halten und beeinflussen. Das gibt es auch im Vatikan – und dieser *Deep Vatican* erlebt den derzeitigen Übergang mit Unruhe und Besorgnis. Die anonymen Kommentare hinter vorgehaltener Hand sind kein leeres Geschwätz. Es sind Bewertungen und Einschätzungen von Personen, die ihr Leben in der Kurie verbracht haben. Viele von ihnen sind in der Welt herumgekommen und blicken mit offenen Augen auf die Gesellschaft und das Gefüge der Kirche. Ihre Einstellungen mögen unterschiedlich sein, aber sie alle sind aufmerksame Beobachter. Das haben sie im klerikalen Apparat von der Pike auf gelernt.

»In dieser Phase des Pontifikats überwiegt ein Gefühl der Verwirrung. Man hat oft Schwierigkeiten, zu entziffern, was geschieht und was entschieden wird«, erklärt ein Kurienveteran. In privaten Gesprächen zeichnet sich oft eine gewisse Ratlosigkeit ab. »Unter Bischöfen und Priestern machen sich Anzeichen von Erschöpfung, Zermürbung, Unsicherheit und existenziellen Zweifeln bemerkbar«, bemerkt ein hochbetagter Priester, der schon viele Päpste hat kommen und gehen sehen. Die Orientierungslosigkeit wird auch durch das begünstigt, was viele Männer und Frauen in verantwortungsvollen kirchlichen Positionen als die »Ambivalenz« von Papst Franziskus bezeichnen. Sein Vor und Zurück. Seine Kehrtwendungen. Sie können nicht vergessen, dass er die Teilnehmer der Amazonas-Synode zunächst zur Diskussion über die *Viri probati* (verheiratete Männer, die Priester werden dürfen) ermutigt und sich dann doch entschieden hat, nicht zu entscheiden.

»Wir wandern in einem Tal der Tränen«, antwortet ein Kleriker, der im Staatssekretariat arbeitet. Solche Stimmen erheben sich quer durch alle Gruppierungen: sowohl in den eher gemäßigten als auch in den reformwilligen Kreisen. »Am Ende eines

Pontifikats«, erklärt ein Kardinal, »sieht man eher die Schwächen« dessen, der die höchste Macht in Händen hält. Die Liste der Kritikpunkte, die gegen Franziskus' Führungsstil vorgebracht werden, ist lang. Papst Bergoglio wird vorgeworfen, dass er nichts delegiert, sondern alles selbst kontrollieren will, dass er chaotisch und gleichzeitig autoritär, launisch und allzu einzelgängerisch ist. Ohne Vorwarnung ändert er von jetzt auf gleich die Organisationsstruktur des Bistums Rom. Bislang hatte es aus fünf Einheiten bestanden – dem Zentrum und vier Randgebieten. Jetzt wird die zentrale Einheit abgeschafft. Ist eine solche Maßnahme – die obendrein nicht im Mindesten mit dem Stadtklerus abgesprochen wurde – so kurz vor dem Heiligen Jahr sinnvoll? »Franziskus hört nicht«, behauptet ein Kardinal, der wie viele seiner Amtsbrüder jahrelang im diplomatischen Dienst und später auf verantwortungsvollen Kurienposten tätig war, »er hört nicht zu, er will nicht einmal allzu enge Freunde haben.« Eine andere, inzwischen emeritierte Kurienpersönlichkeit ist derselben Meinung: Bergoglio habe die Angewohnheit, sogar seine Freunde auf Abstand zu halten, weil er eine übertriebene Nähe fürchte. Und ein nordeuropäischer Kardinal führt einen weiteren Vorwurf an, der in den vatikanischen Palästen häufig zu hören ist: Der Pontifex »redet zu viel, er gibt zu viele Interviews und äußert sich unüberlegt, wenn er auf spontane Fragen antwortet.«

Im Mai 2024 kommt es zu einem Skandal von internationaler Tragweite. Die Klatsch- und Enthüllungsseite *Dagospia* berichtet, Franziskus habe in einem Gespräch mit den italienischen Bischöfen über das Thema der Zulassung homosexueller Priesteramtsanwärter brüsk erklärt: »In der Kirche gibt es zu viel Schwuchtelei … [deswegen ist es ratsam], alle Schwulen aus den Seminaren rauszuhalten, auch die, die nur halbwegs so orientiert sind.«[1] Die Wirkung ist verheerend. Die Gay-Community fühlt sich tödlich beleidigt. Unzählige Anhänger des Papstes, Gläubige wie Nichtgläubige, sind schockiert. Sie finden die Verwendung derart vulgärer Ausdrücke peinlich und abstoßend. Die Enthüllung von *Dagospia* entspricht der Wahrheit. In einer ersten, informellen Reaktion des Vatikans wird darauf hingewiesen, dass es sich um ein Gespräch hinter verschlossenen Türen gehandelt habe. Dann versuchen die Verteidiger des Pontifex seinen Feinden die Schuld zu geben, die die Nachricht hätten durchsickern lassen. Doch es ist lächerlich zu glauben, eine vor 200 Bischöfen getätigte Äußerung könne geheim bleiben. Der Bumerangeffekt dieser unglücklichen Wortwahl trifft paradoxerweise einen Papst, der sich mehr als jeder andere in der Kirchengeschichte dafür eingesetzt hat, Menschen jedweder sexuellen Orientierung willkommen zu heißen. Einen Papst, der sich nach Kräften bemüht hat, die Verteufelung der Homosexualität zu überwinden, und der wiederholt betont hat, dass Gott niemanden zurückweist und dass homosexuelle Menschen »Kinder Gottes« sind. In einem spanischen Dokumentarfilm mit dem Titel *Amen* hört man Bergoglio ein hartes Urteil über diejenigen sprechen, die die Bibel instrumentalisieren, um Schwulenfeindlichkeit zu verbreiten: »Diese Leute sind Eindringlinge, die die Kirche für ihre persönlichen Gefühlsaufwallungen nutzen, für ihre persönliche Engstirnigkeit.«[2]

48 Stunden nachdem die Bombe geplatzt ist, unterstreicht Vatikansprecher Bruni, der Papst habe »niemals die Absicht gehabt, in homophober Weise zu sprechen oder jemanden zu beleidigen, und er entschuldigt sich bei denjenigen, die sich durch die Verwendung eines Begriffs, über den andere berichtet haben, beleidigt fühlten.«[3] In jedem Fall, so Bruni, habe der Papst stets betont, dass in der Kirche »Platz für alle« sei, »für alle«.[4] Die Affäre hallt so lange nach, dass ein philippinischer Student – bei einer Videoschalte zwischen der Universität Manila und dem Vatikan – den Papst noch einen Monat nach der besagten Äußerung direkt angeht: »Hören Sie bitte auf, eine beleidigende Sprache gegen die LGBT-Community zu verwenden! Das verursacht Leid.« Dieser Appell fällt deshalb so ins Gewicht, weil er von einem Menschen stammt, der zuhause wegen seiner Bisexualität schikaniert wird.[5]

Und doch kommt Franziskus in denselben Wochen bei einer nicht-öffentlichen Begegnung mit römischen Pfarrern erneut auf das Thema zu sprechen: »Im Vatikan gibt es Schwuchtelei.« Zwar seien die Homosexuellen »gute Jungs«, wie er diesmal immerhin klarstellt – und doch sei es besser, sie nicht zum Priesterseminar zuzulassen. In Vatikankreisen reagiert man perplex auf die erneute Verwendung des Begriffs. Der eine oder andere Lateinamerikaner versucht zu erklären, dass es in Bergoglios Jugend in Buenos Aires nicht unüblich gewesen sei, Ausdrücke aus der Gossensprache, dem *Lunfardo*, zu gebrauchen. Übrigens lässt sich auch der Präfekt des Heiligen Offiziums, Kardinal Fernández, zur Verwendung von Jugendsprache hinreißen. Auf einer Pressekonferenz anlässlich der Präsentation eines Dokuments über übernatürliche Phänomene ruft er einem der anwesenden Journalisten zu, dass jemand, der »nicht im Stand der heiligmachenden Gnade lebt, eher Scheiße baut«.[6]

Im Herbst des Pontifikats sind die Facetten des Unbehagens zahlreich und vielfarbig wie Mosaiksteinchen. Dabei sind vereinzelte Entgleisungen nicht einmal die größte Gefahr. Ein Prälat, der im Laufe seiner Karriere sowohl unter Johannes Paul II. als auch unter Benedikt XVI. als auch unter Franziskus gearbeitet hat, bemerkt: »Es spricht immer nur der Papst. Die anderen sagen nichts mehr. Doch das heißt in letzter Konsequenz, dass die kirchliche Hierarchie keinen öffentlichen Einfluss mehr ausübt.« Ein Kardinal fügt hinzu: »Wer zu viel redet, wird bedeutungslos.«

Man muss gewiss nicht jeden Kommentar für bare Münze nehmen, und doch wäre es falsch, eine verbreitete Stimmung zu ignorieren – zumal in einem System, das seit Jahrhunderten daran gewohnt ist, jeden Gedanken und jedes Wort auf die Goldwaage zu legen. Was in diesen privaten (und strengvertraulichen) Gesprächen in den Büroräumen des Vatikans, in kleinen, von Prälaten sorgfältig ausgewählten Restaurants, in den Gassen rund um Sankt Peter oder in den mit deckenhohen Bücherregalen, Fotos und Souvenirs vollgestopften Wohnungen der Kardinäle vor allem zum Ausdruck kommt, ist Sorge um die Zukunft. Die Mängel, die bei der gegenwärtigen Kirchenleitung wahrgenommen werden, dienen in Wirklichkeit als Warnung und Grundlage, um die Zukunft zu entwerfen. Besser gesagt, den zukünftigen Kandidaten. Auch der eine oder andere ihm wohlgesonnene Kardinal wirft Franziskus vor, dass er »zu viel allein entscheidet, ohne sich von einer geeigneten theologischen Entourage helfen zu lassen«. Zuweilen, sorgt sich der Bischof einer Diözese nördlich der Alpen, drücke sich Franziskus in theologischer Hinsicht nicht mit letzter Klarheit aus.

Nach zwölf Jahren Pontifikat kommt es nicht selten vor, dass sich dieselben Menschen mit aufrichtiger Begeisterung über Franziskus' Persönlichkeit und sein Werk und mit präziser Kritik über seinen Führungsstil äußern. »Franziskus ist ein wahrhaft frohbotschaftlicher Mensch, und er will, dass die Kirche das Evangelium lebt. Er selbst ist eine Art Johannes XXIII. Seine Worte über den Frieden sind perfekt.« Und im selben Atemzug erklärt dieselbe Person: »Franziskus ist ein Visionär im angelsächsischen Wortsinn, aber er sagt nichts über die Umsetzung. Er müsste die Verfahrensweisen bedenken: Sie sind das juristische Instrument, um seine Ziele zu erreichen.« Diese Kritik hört man immer wieder. Der Katechismus ist nicht verändert worden. Der Codex des kanonischen Rechts ist nicht grundlegend überarbeitet worden. In diesem Schwebezustand kann die Kirche nicht vorwärtsgehen.

Einige erklären Bergoglios Verhalten mit einer angeblichen lateinamerikanischen Mentalität, für die der Input wichtiger sei als die Planung und der Prozess wichtiger als das Projekt. Tatsächlich betrifft die gravierendste Beobachtung, die in Vatikankreisen kursiert, die Planlosigkeit seines Regierungsstils: »Projekt, Planung, Organisation ... das sind alles Fremdwörter für ihn. Er hat noch nie in seinem Leben ein Regierungsteam organisiert«, beklagt sich einer seiner Unterstützer, der seit vielen Jahren beim Heiligen Stuhl tätig ist.

Damit berührt er einen wunden Punkt, der mehr ist als ein bloßer Einzeleindruck. Fast zehn Jahre lang bestand die Kurie unter Franziskus zu einem großen Teil aus Führungspersonal, das noch von Benedikt XVI. eingesetzt worden war. Das Resultat war eine hybride Kurie, in der – sicherlich eines der eklatantesten Beispiele – die Kongregation für die Glaubenslehre vier Jahre lang von einem Kardinal geleitet wurde, der ein offener Gegner der vom Pontifex gewollten Öffnung war: Gerhard Ludwig Müller. Erst 2023 konnte Franziskus eine Person an die Spitze des Heiligen Offiziums berufen, die wirklich auf seiner Linie liegt: Kardinal Fernández. Das erklärt die Heterogenität der Kurie in den ersten zehn Jahren des Bergoglio-Pontifikats. Doch auch jetzt hat man nicht den Eindruck, dass so etwas wie Teamgeist herrscht.

»Die Kurie«, erklärt ein Prälat, »ist ein Werkzeug, von dem der Papst Gebrauch machen müsste – sonst wird auch die Diplomatie geschwächt.« Im Übrigen sind im Vatikan viele der Meinung, dass die Kurienreform, die Bergoglio 2022 mit der apostolischen Konstitution *Praedicate Evangelium* auf den Weg gebracht hat, keinen Qualitätssprung in der Regierungsarbeit bewirkt habe. Außer einer Zusammenlegung von Dienststellen sei nicht viel passiert. Ein europäischer Diplomat gesteht schweren Herzens: »Als ich nach Rom kam, war ich davon überzeugt, dass ich es mit einem uralten und soliden Apparat zu tun bekommen würde. Tatsächlich aber fand ich Organismen vor, die voneinander losgelöst zu agieren scheinen. Selbst wichtige Initiativen flattern herum wie Schmetterlinge … jeder für sich.«

Wer die Stimmung im vatikanischen Management verstehen will, darf nicht vergessen, dass auch Papst Ratzinger zwar ein großer Theologe und Denker, aber mitnichten in der Kunst des Regierens bewandert war. Seine Entscheidung, Kardinal Tarcisio Bertone zum Staatssekretär zu ernennen, wird von den Männern der Kurie einhellig als Katastrophe bezeichnet. Im Grunde kann man sagen, dass die drei letzten Päpste allesamt charismatische Persönlichkeiten, aber nicht mit der Geschichte des Kurienapparats vertraut waren und der römischen ›Maschinerie‹ in gewissen Fällen sogar mit Misstrauen begegneten.

Mit dem Unterschied – darauf weisen die Veteranen am Heiligen Stuhl hin –, dass Karol Wojtyła den Kurienbetrieb zwar nicht liebte, aber respektierte und Staatssekretäre auswählte, die gründliche und erfahrene Kurienkenner waren: Agostino Casaroli, eine intellektuelle Persönlichkeit mit weitem Horizont, und nach ihm Angelo Sodano, der eher die Mentalität eines Managers hatte. Beide besaßen Autorität und wurden in deren Ausübung vom regierenden Pontifex direkt unterstützt. Während der heutige Kardinalstaatssekretär Parolin, aufgrund seines ausgleichenden Charakters und seiner Fähigkeiten eine Persönlichkeit ersten Ranges und sogar als *papabile* gehandelt, von Franziskus nicht selten übergangen wird.

»Es war wunderschön, wir haben viel gearbeitet, von morgens bis abends«, erinnert sich Kardinal Giovanni Battista Re noch heute, wenn er auf die Kurie unter Johannes Paul II. angesprochen wird. Der Dekan des Kardinalskollegiums hat nicht vergessen, dass er vor beinahe einem halben Jahrhundert als Funktionär des Staatssekretariats für den italienischen Text von Wojtyłas Ansprache zu Beginn seines Pontifikats zuständig war. Das war im Oktober 1978, und die Rede gipfelte in dem berühmten Ausruf: »Habt keine Angst!« In der polnischen Fassung, erzählt der Kardinal, »hatte Johannes Paul II. geschrieben: ›Öffnet, öffnet‹ und wir waren so kühn, den Satz mit ›Öffnet, ja reißt die Tore weit auf für Christus!‹ zu übersetzen.«[7] Eine Wendung, die in die Geschichtsbücher eingehen sollte.

Jedenfalls – das kann man auch ohne Nostalgie sagen – war die Kurie unter Johannes Paul II. das letzte wirklich organische und effiziente Team des Vatikans. Nicht weil alle auf derselben Wellenlänge gewesen wären, sondern weil sie trotz ihrer (in manchen Fällen sehr ausgeprägten) Unterschiedlichkeit alle an einem Strang zogen und Wojtyłas Kurs in seinen jeweiligen Aspekten von Mal zu Mal stimmig vertraten – ganz gleich, ob es nun um die Ökumene oder die Kontrolle des Klerus, um den Schutz der traditionellen Familie oder den Einsatz für Gerechtigkeit und Frieden, um das theologische Nachdenken, die diplomatische Initiative oder um die Stärkung des Gesundheitswesens ging. Auf diese Weise gaben Persönlichkeiten wie die Franzosen Jean-Louis Tauran, Roger Etchegaray und Paul Poupard, die Kolumbianer Alfonso López Trujillo und Darío Castrillón Hoyos, die Deutschen Joseph Ratzinger und Walter Kasper, der Mexikaner Javier Lozano Barragán, der Italiener Giovanni Battista Re und natürlich Staatssekretär Sodano vor der Öffentlichkeit das Bild eines starken Apparats ab. Gar nicht davon zu reden, dass diese Männer es gewohnt waren, auf der medialen Bühne zu stehen, wodurch ihre Rolle besser zur Geltung kam und das Image des Heiligen Stuhls gestärkt wurde.

Ein Argument hat bislang noch kein Prälat oder Kardinal in die öffentliche Diskussion einzubringen gewagt. Es bleibt auf private Gespräche beschränkt: die Befürchtung nämlich, dass der Austausch des Kurienpersonals, das die vatikanische Maschinerie in Gang hält, mit einem Niveauverlust einhergeht. Und damit gepaart der Eindruck, dass dieser Niveauverlust auch die Auswahl der neuen Bischöfe betrifft. Dem Vatikan neu zu schulendes qualifiziertes Personal zur Verfügung zu stellen, war in den 1950er Jahren noch deutlich einfacher, als in jedem Bistum 20 oder 30 Priester pro Jahrgang geweiht wurden und ein Bischof einige der Begabtesten unter ihnen auswählen und nach Rom schicken konnte. Heute, wo bis zur nächsten Priesterweihe womöglich drei oder vier Jahre ins Land gehen, zieht es der Bischof vor, einen fähigen Jungkleriker bei sich in der Diözese zu behalten. Gleichzeitig wird auch bei Bischofsernennungen der Pool der in Frage kommenden Kandidaten kleiner.

Gewiss hat es einige hochkarätige Ernennungen gegeben. Aber, so fragen sich nicht wenige, gilt das in jedem Fall? Natürlich muss ein Bischof den Armen und Ausgegrenzten nahe sein. Aber besitzt er auch Führungsqualitäten und den nötigen kulturellen Background? Immer wieder werden in dieser Endphase des

Pontifikats solche und ähnliche Fragen laut. Zumal es, wie kritische Stimmen anmerken, bei bestimmten Bischöfen gar nicht gesagt ist, dass sie überhaupt auf Bergoglios Linie sind. Manchmal entpuppen sie sich als geradezu konservativ. In einigen Dikasterien ist hinter vorgehaltener Hand von Bischöfen die Rede, die »keine Ahnung« hätten: denen man Kriterien beibringen und Anleitungen schicken müsse, damit sie überhaupt wissen, was sie zu tun haben. Ein Bischof aus einer Diözese nördlich der Alpen, der in der Bischofskonferenz seines Landes eine wichtige Rolle spielt, winkt nur ab: »Die Bischofsernennungen? Ein einziges Chaos!« Und er gebraucht den italienischen Ausdruck *Minestrone*: eine buntgemischte Gemüsesuppe.

Der Soziologe Luca Diotallevi, der das System Kirche seit vielen Jahren studiert, kann offen sprechen: »Der sorgfältige Auswahlmechanismus, der für Paul VI. so typisch war, greift nicht mehr. Im Grunde entwickeln sich die Kirche und die westliche Gesellschaft heute im Gleichschritt: Die eine wie die andere kümmert sich nicht mehr um die Prüfstellen, die die herrschenden Klassen auswählen.«[8] Sogar eine Kardinalsernennung des Papstes hätte Ende 2024 beinahe einen Skandal ausgelöst. Einer der 21 Kardinäle, denen am 8. Dezember das purpurne Birett verliehen werden sollte, war der Indonesier Paskalis Bruno Syukur. Am 22. Oktober teilte der Vatikansprecher unerwartet mit, der Bischof habe Franziskus gebeten, nicht zum Kardinal kreiert zu werden, und den Wunsch geäußert, »im priesterlichen Leben noch weiter zu wachsen«. Diese ungewöhnliche Begründung, die zwei Wochen nach der Ankündigung des Papstes verlautete – zu diesem Zeitpunkt hatte sich Syukur bei einem Interview bereits als angehender Kardinal präsentiert –, hing der örtlichen Presse zufolge offenbar mit dem Aufkommen von Vorwürfen zusammen, wonach der Bischof in einigen Missbrauchsfällen nicht entschlossen vorgegangen war.

Der Pomp des Heiligen Jahres 2025 kann nicht über die Zersplitterung der Meinungen und Standpunkte in der gegenwärtigen Kirche hinwegtäuschen. Es ist ein vielfältiges Panorama, in dem sich alle unbehaglich fühlen: Traditionalisten ebenso wie enttäuschte Reformer; solche, die die Reformen des Papstes gutheißen, zur Ukraine oder zur Abwicklung der Becciu-Affäre jedoch eine ganz andere Meinung haben; kirchliche Würdenträger, die die Kommunion für wiederverheiratete Geschiedene befürworten, aber der Segnung homosexueller Paare ablehnend gegenüberstehen. Ganz zu schweigen von den Spannungen zwischen dem Heiligen Stuhl und einigen Bischofskonferenzen. 25 Jahre nach Beginn des dritten Jahrtausends ist die Kirche innerlich zerrissen. »Es gibt viele Spaltungen«, betont Kardinal Kasper, »eine Opposition gegen den Papst, die von bestimmten Ländern ausgeht. Das wird auch in Rom spürbar, obwohl sie sich jetzt gerade eher ruhig verhalten. Und die Masse der Gläubigen schweigt dazu.«[9]

»Wollen wir hoffen, dass sie nicht eines Tages die Türen wieder schließen, die Franziskus aufgestoßen hat, das wäre ein Jammer«, raunt der Präfekt des Dikasteriums für die Kommunikation Ruffini.

Andrea Monda, verantwortlicher Direktor des *Osservatore Romano*, der offiziellen Zeitung des Vatikans, unterstreicht, dass in der Gesellschaft »mittlerweile eine starke Polarisierung, ein maßloses Gegeneinander entstanden ist. Das spürt man auch in der Kirche: Entweder du bist *pro* oder du bist *contra*. Die Blogs spielen verrückt. Es braucht einen Vermittler«.[10] Bei der Präsentation eines Buchs über brisante kirchliche Themen erinnerte Kardinal Parolin an das Bild vom großen Sturm, in dem das Boot mit den verängstigten Jüngern unterzugehen droht, während Jesus schläft. Gleich im Anschluss zitierte der Kardinal einen Satz des Apostels Jakobus: »Darum, Brüder und Schwestern, haltet geduldig aus bis zur Ankunft des Herrn!«[11] Ein Sturm der Spannung und Frustration fegt durch den kirchlichen Raum. In Rom, so ein Kleriker, der mit Begeisterung die Krimis von Andrea Camilleri liest, seien manche »gegen Franziskus ..., andere halten noch zu ihm ... und wieder andere haben die Form des Wassers«.[12] Das

Wörtchen »noch« lässt die Enttäuschung ahnen, die einen Teil der Unterstützer des argentinischen Papstes im Lauf der Jahre erfasst hat. Was die künftigen Entscheidungen der Kirche und die Amtsnachfolge betrifft, bilden diejenigen, die die »Form des Wassers« haben, die wichtigste Gruppe: eine schwer greifbare Masse von Menschen, die in den kirchlichen Institutionen arbeiten, mit der aktuellen Situation im Großen und Ganzen unzufrieden sind, aber nicht genau wissen, welchen Weg es einzuschlagen gilt.

In dieser Phase verlieren die direkten Angriffe hochgestellter Kirchenpersönlichkeiten auf Franziskus an Durchschlagskraft. Im Oktober 2023, im Vorfeld der ersten Sitzung der Weltsynode der Bischöfe, findet in einem Theater ganz in der Nähe des Vatikans eine Konferenz statt. Thema: »Das Synodale Babel«. Ehrenredner ist Kardinal Burke. Er spricht von einem Versuch, die hierarchische Verfassung der Kirche zu verändern, und kritisiert »den Zustand der Verwirrung, des Irrtums und der Spaltung, der die [...] Sitzung der Bischofssynode durchdringt.« Abschließend erklärt er: »Die Kirche hat nie gelehrt, dass der Papst eine besondere Gabe hat, seine eigene Lehre zu formulieren.«[13] Doch die Konferenz erregt keinerlei Aufsehen.

Am Ende der Synodensitzung von 2023 organisiert die amerikanische Webseite *LifeSite* ein Treffen in einem religiösen Zentrum in Rom, um gegen Bergoglios Linie zu Felde zu ziehen. »Zurzeit« – so heißt es dort – »haben wir es in der Kirche mit der direkten Unterwanderung durch einen fremden Geist zu tun, und zwar auf den höchsten Ebenen ... Die Synode der Kirche ist keine Ausübung des authentischen kirchlichen Lehramts ... Sie ist ein wertloser Betrug«.[14] Franziskus wird beschuldigt, Lehren über die Homosexualität zu unterstützen, die dem Glauben widersprächen, den Angriffen auf die traditionelle Lehre über die Familie nichts entgegenzusetzen und sogar pädophile Priester oder sie schützende Bischöfe zu decken. Die Veranstaltung fand am 30. Oktober 2023 statt. Im Saal waren, die Mitarbeiter von *LifeSite* und einige Sympathisanten mit eingerechnet, nicht mehr als 20 Personen.

Auch der Versuch, den Pontifex vor der Synodalversammlung durch die Vorlage einer Reihe von *Dubia*, theologischen Fragen, in Verlegenheit zu bringen, lief im Großen und Ganzen ins Leere. Die fünf Fragen der Kardinäle Raymond Burke, Walter Brandmüller, Robert Sarah, Juan Sandoval Íñiguez und Joseph Zen (über die göttliche Offenbarung, die Segnung gleichgeschlechtlicher Partnerschaften, die Bedeutung der Synodalität, die Reue im Bußsakrament und die Frauenordination) wurden von Franziskus gelassen aufgenommen.

Verglichen mit der Provokation der ersten *Dubia*, die dem Papst 2016 ins Gesicht geschleudert worden waren, nachdem er in seinem apostolischen Schreiben *Amoris laetitia* dem Kommunionempfang der wiederverheirateten Geschiedenen den Weg geebnet hatte, haben sich die Zeiten geändert. Damals ragten unter den Protagonisten des Manövers neben Kardinal Brandmüller, seinerzeit Präsident der päpstlichen Kommission der historischen Wissenschaften, vor allem die beiden sehr einflussreichen Kardinäle und emeritierten Erzbischöfe von Köln und Bologna Joachim Meisner und Carlo Caffarra heraus, während Kardinal Burke noch kurz zuvor den Vorsitz des Gerichts der apostolischen Signatur innegehabt hatte. Ihr Protest gegen das päpstliche Dokument war derart frontal – de facto hielt er der Ausrichtung von Papst Franziskus das kategorische Veto seiner beiden Amtsvorgänger Johannes Paul II. und Benedikt XVI. entgegen –, dass Papst Bergoglio sie mit eisigem Schweigen strafte.

2023 hingegen fütterte Franziskus seine Gegner mit theologischen Feinheiten und wies mit Blick auf das endgültige Nein Johannes Pauls II. zur Frauenordination sogar darauf hin, »dass noch keine klare und autoritative Lehre über das genaue Wesen einer ›definitiven Erklärung‹ in erschöpfender Weise entwickelt worden ist.« Obwohl es sich nicht um eine dogmatische Definition handele, müsse sie von allen akzeptiert werden und könne doch auch weiterhin Gegenstand von Untersuchungen sein.[15] Die päpstliche Entscheidung, zu antworten, gründet auf der Schwäche seiner fünf Widersacher, die inzwischen seit vielen Jahren im Ruhestand sind. Und Kardinal Sarah ist ohnehin nicht mehr tragbar, seit er mit dem zurückgetretenen Papst Ratzinger gegen die Beschlüsse der Amazonas-Synode rebelliert hat.

Am 20. Juni 2024 kommt völlig überraschend die Nachricht, dass das Dikasterium für die Glaubenslehre den ehemaligen Nuntius in den Vereinigten Staaten Carlo Maria Viganò vorgeladen habe, um sich zum Vorwurf des Schismas zu äußern. Viganò selbst macht die Angelegenheit auf X bekannt – an demselben Tag, an dem er um 15:30 Uhr im Palazzo del Sant'Uffizio erwartet wird, um die gegen ihn erhobenen Vorwürfe zu hören: »öffentliche Äußerungen, aus denen sich eine Leugnung derjenigen Elemente ergibt, die notwendig sind, um die Einheit mit der katholischen Kirche aufrechtzuerhalten, Leugnung der Legitimität von Papst Franziskus, Bruch der Gemeinschaft mit dem Papst und Ablehnung des Zweiten Vatikanischen Konzils«.[16] In seiner Antwort brandmarkt der ehemalige Nuntius das II. Vaticanum als ein ideologisches, theologisches, moralisches und liturgisches Krebsgeschwür. »Kein Katholik, der diesen Namen verdient«, fügt er hinzu, »kann mit dieser ›Bergoglio-Kirche‹ in Gemeinschaft sein, weil sie in offenkundiger Diskontinuität und im Bruch mit allen Päpsten der Geschichte und mit der Kirche Christi handelt«.[17]

Viganò erscheint nicht im Palast des Heiligen Offiziums, und er hat auch keinen Anwalt benannt. Am 4. Juli wird die Exkommunikation ausgesprochen: Das Urteil verbietet es ihm, die Messe und die anderen Sakramente zu feiern. Auch er selbst wird die Sakramente erst wieder empfangen dürfen, wenn er die Vergebung des Papstes erbeten und erhalten hat. Der ehemalige Nuntius reagiert trotzig: Er werde weiterhin die Messe lesen und sich in einer von ihm gegründeten Stiftung um die Ausbildung einer Gruppe von Seminaristen kümmern. Schon zu Jahresbeginn war verlautet, dass Viganò sich von dem exkommunizierten Lefebvre-Bischof Richard Williamson – einem Antisemiten, den auch die Piusbruderschaft aus ihren Reihen ausgeschlossen hat – erneut zum Bischof hatte weihen lassen.

In dem Bürgerkrieg, der die katholische Kirche seit mehr als zehn Jahren erschüttert, war Viganò eine zentrale Figur mit einer interessanten Vorgeschichte: Nach einer Karriere als Diplomat war er 2009 von Benedikt XVI. zum Generalsekretär des Governatorats der Vatikanstadt ernannt worden und hatte sich auf diesem wichtigen Posten vor allem durch Strenge ausgezeichnet. Nach nur zwei Jahren geriet er mit dem damaligen Kardinalstaatssekretär Tarcisio Bertone in Streit, weil er herausfand, dass bei Ausschreibungen Bestechungsgelder in Höhe von mehreren Hunderttausend Euro geflossen waren. Die Briefe, die er in diesem Zusammenhang an Bertone schrieb, wurden beim ersten Vatileaks-Skandal publik. Anstelle einer Antwort lässt ihn das Staatssekretariat aus Rom entfernen. Ihm wird der prestigeträchtige Posten eines Nuntius in den Vereinigten Staaten verliehen, den er bis 2016 innehat. Ein greiser Purpurträger erinnert sich noch heute, wie Viganò weinend in sein Büro gekommen sei: »Der Zusammenstoß mit Kardinal Bertone hatte ihn so verletzt … Ich wollte ihm vorschlagen, einen Kompromiss zu finden.«

Noch in den Tagen der Exkommunikation findet Kardinal Parolin freundliche Worte für ihn und erinnert sich an die Zeit seines Aufstiegs, bevor er zu einem erbitterten Gegner von Papst Franziskus wurde. »Ich habe ihn immer als großen Arbeiter geschätzt, der dem Heiligen Stuhl treu ergeben war … Als apostolischer Nuntius hat er gute Arbeit geleistet. Ich weiß nicht, was passiert ist.«[18]

Viganòs Wende vollzieht sich in den Vereinigten Staaten. Im Dunstkreis der theologischen Linie, die sich die »Benedikt-Option« nennt, radikalisiert er sich rasch. Nach dem Ende seines diplomatischen Diensts beginnt er Bergoglios Kurs zu torpedieren. 2018 wirft er Franziskus vor, Kardinal Theodore McCarrick gedeckt zu haben, der missbräuchliche Beziehungen zu Seminaristen unterhalten hatte. Seine Denkschrift gipfelt in der Forderung,

Franziskus solle zurücktreten. Später wird sich herausstellen, dass die Beweise, wonach McCarrick auch Beziehungen zu Minderjährigen hatte, erst seit 2017 vorlagen und der argentinische Papst ihn daraufhin aus dem Kardinalskollegium und nach entsprechendem kirchenrechtlichem Verfahren auch aus dem Klerikerstand ausgeschlossen hatte.

Der frühere Nuntius wird von Jahr zu Jahr aggressiver. Er nennt den Papst einen Ketzer, einen Tyrannen, einen »Diener Satans«, äußert Zweifel an der Gültigkeit seiner Wahl und schreibt einen Brandbrief über ein angebliches Netzwerk aus Kardinälen und Prälaten, das im Schatten des Papstthrons als Schwulen-Lobby agiere. Seine Kompromisslosigkeit fasziniert die ultrakonservativen Hardliner und erregt die Kreise der Bergoglio-Hasser. Auf dem Höhepunkt der antipäpstlichen Proteste ist Viganò eine Ikone, und seine Attacken werden aktiv in den sozialen Netzwerken verbreitet.

Während der Coronapandemie wettert er gegen Franziskus, weil dieser den Lockdown befürwortet, und spricht vom Anbruch einer Gesundheitsdiktatur. 2020 schreibt er zweimal an Präsident Trump und bezeichnet diesen als letzten Vorposten im Kampf gegen eine »globale Verschwörung gegen Gott und gegen die Menschheit«, die die Vernichtung der abendländischen Kultur und ihrer christlichen Seele herbeiführen wolle. Die Kinder des Lichts, so Viganò, dürften keine Angst haben, gegen die Kräfte des Bösen zu kämpfen. Trump sei dazu berufen, sich dem finalen Ansturm der Kinder der Finsternis entgegenzustemmen. Bergoglio hingegen habe »seine Rolle von Anfang an verraten, um die globalistische Ideologie voranzubringen«.[19]

Viganò positioniert sich im extrem rechten Lager des amerikanischen Christentums, das sowohl in seiner evangelikalen als auch in seiner katholischen Variante einen nicht unbeträchtlichen Teil von Donald Trumps Wählerbasis darstellt: eine Zusammenballung von Fundamentalisten, die sich auch dann noch nicht von ihm distanzieren, als er seine Anhänger am 6. Januar 2021 mit einer Hetzrede so sehr aufpeitscht, dass der Mob den Kapitolshügel stürmt, um die Proklamation des neuen Präsidenten Biden zu verhindern.

An der Exkommunikation eines so medienwirksamen Kämpfers der ultrakonservativen Front würden sich, so fürchten einige, womöglich neue Kontroversen im Herzen der Kirche entzünden. Das hatte auch Viganòs Pflichtverteidiger während der Verhandlung beim Heiligen Offizium zu bedenken gegeben. Doch es geschieht nichts. Die rechten Medien, die die konservativen Katholiken aus politischen Gründen hofieren, verlieren schon bald das Interesse an der Sache. Niemand protestiert gegen die angebliche Anmaßung des Vatikans. Niemand erklärt sich solidarisch. Auf der einflussreichen traditionalistischen Webseite *Nuova Bussola Quotidiana* steht zu lesen, Viganò habe sich »mit seiner Ablehnung der sichtbaren Kirche selbst exkommuniziert«. Denn wenn die Kirche nicht dort sei, wo der von den Bischöfen einmütig anerkannte Papst ist – so die konservative Seite, die den Attacken des Ex-Nuntius in früheren Zeiten breiten Raum geboten hatte –, dann existiere die katholische Kirche nicht mehr. Und es habe erst recht keinen Sinn, dass Viganò mit seiner Behauptung, Franziskus sei unrechtmäßig gewählt, »Hunderte von Menschen in ein Schisma hineinzieht«.[20]

Plötzlich wird das Heer von Viganòs Anhängern dargestellt, als wären es nur wenige Hundert. Zwischen dem früheren Nuntius und der ultrakonservativen Front senkt sich ein eiserner Vorhang herab. Noch im Juli 2023 war ein kleines Flugzeug mit einem Banner über den Strand der Römer in Ostia geflogen, auf dem zu lesen stand: »Benedikt XVI. hat nie abgedankt.« Jetzt aber werden die frontalen Kritiker des Pontifex nicht mehr gebraucht. Die Sedisvakantisten, die die Papstwahl von 2013 anfechten, nützen niemandem mehr. Das hat seinen Grund. Nach über zehn Jahren Bürgerkrieg hat sich die Lage verändert. Jetzt verfolgt man andere Ziele.

Kapitel X.
Welcher Papst, welche Kirche?

»Ich mag es nicht, wenn ein Papst ins Café geht oder sich auf bestimmte Weise ausdrückt.« Seine Eminenz ist schon ein älterer Herr und spricht mit großer Ruhe. Er ist ein sanftmütiger Mensch und hat sich in seiner langen Laufbahn, wie man früher gesagt hätte, als ein treuer Diener des apostolischen Stuhls erwiesen. Ich komme gerade von einer Reise nach Deutschland zurück, wo mir ein Bischof ein anderes, wohlwollenderes Bild gezeichnet hat: Wenn Papst Ratzinger seinen Synodenbeitrag beendet hatte, sei er für gewöhnlich aufgestanden und allein aus dem Saal gegangen. Franziskus hingegen »geht anders mit den Leuten um, er trinkt Kaffee mit uns Bischöfen. Und wenn er sagt: ›Betet für mich‹, dann ist es so, als würde er die Risse, die zwischen den verschiedenen Auffassungen von Kirche bestehen, bewusst spüren.«

Seine Eminenz in Rom sitzt an einem großen Schreibtisch, klagt über die Polarisierung, die in der Kirche entstanden sei, und betont, dass es ein Gleichgewicht brauche. Der Papst müsse respektiert werden. Denn der Papst sei immer der Papst. Als die Rede auf das Profil eines künftigen Pontifex kommt, wird der Kardinal deutlich: »Der Papst darf kein Pfarrer sein, er sollte über den Dingen stehen, oberhalb der Realität.« *Tot capita, tot sententiae*, wie die Römer zu sagen pflegten. Es gibt so viele Meinungen, wie es Köpfe gibt. Zu den Aspekten, die man im Hinblick auf die Zukunft diskutiert, gehört ohne Zweifel auch das Bild, das der Pontifex abgibt, und die Art, wie er seine Rolle ausfüllt. Anders ausgedrückt: Die Königin von England hatte immer eine eigene Aura, die sie von anderen europäischen Staatsoberhäuptern unterschied.

Seit drei Jahren wird Bergoglios Pontifikat mit Röntgenstrahlen durchleuchtet, und es werden Vorzüge wie Nachteile in den Blick genommen, um die Physiognomie seines Nachfolgers zu umreißen. Eine Missionsschwester, die schon auf mehreren Kontinenten tätig war, wünscht sich eine Persönlichkeit, die in der Lage ist, Franziskus' Erneuerungswerk mutig fortzuführen. Das ständige Hin und Her allerdings, fügt sie hinzu, sei inakzeptabel: »Etwas sagen ... richtigstellen ... sich dann entschuldigen ... Von einem Papst erwarte ich, dass er klare Vorstellungen hat.« Auch wenn es gut sei, die Rolle des Papstes zu entmythisieren, müsse der Papst doch immer richtungweisend bleiben, erklärt sie. Am schmucklosen Sitz ihres Instituts schlägt die Ordensfrau einen entschiedenen Ton an: »Dass homosexuelle Paare gesegnet werden dürfen, aber nur in der Sakristei – so etwas muss ich mir nicht anhören. Entweder sie dürfen gesegnet werden oder sie dürfen es nicht.« Denn die Menschen suchten nach Antworten und hätten ein Recht auf eine nachvollziehbare Linie. Alles andere rufe Entfremdung hervor.

Der Rücktritt Benedikts XVI. war ein Wendepunkt. »Ich glaube, dass Papst Benedikt eine Tür geöffnet hat«, sagte Franziskus vom ersten Moment an. Ratzinger hat die Form des Übergangs von einem Pontifikat zum nächsten von Grund auf verändert. Als er die Kardinäle am 11. Februar 2013 zum Konsistorium einberief, stand die Heiligsprechung der 800 von osmanischen Streitkräften getöteten Märtyrer von Otranto auf der Tagesordnung. Doch am Ende der Versammlung bekamen die verblüfften Purpurträger eine auf Latein verlesene *Declaratio* zu hören, in der der deutsche Papst seinen Amtsverzicht ankündigte, weil es ihm angesichts einer sich schnell verändernden Welt, die »durch Fragen, die für das Leben des Glaubens von großer Bedeutung sind, hin- und hergeworfen« wird, an der nötigen physischen (und psychischen) Kraft fehle. Seit jenem Tag hat sich das Thema der Nachfolge säkularisiert. In Vatikankreisen über den »nächsten Papst« zu spekulieren hat nun nichts Anrüchiges mehr – wie Krähen, die sich um einen imaginären Sarg versammeln –, sondern ist, wenngleich in höflichem Ton, ein ähnlicher Gesprächsstoff wie die Aussichten des französischen Präsidenten Macron oder der italienischen Regierungskoalition. Wahrscheinlich fühlt sich die große Mehrheit der gläubigen Katholiken von dieser Vorstellung abgestoßen, doch tatsächlich behandelt man die Frage in Rom mit Realismus und Nüchternheit.

Das beweist etwa die Seelenruhe, mit der Kardinal Müller in einem Interviewbuch über den noch amtierenden Pontifex spricht, ihn für seine Haltung in der Frage kritisiert, ob Präsident Biden trotz seiner Abtreibungspolitik die Kommunion empfangen dürfe, die päpstliche Kurienreform in Stücke reißt, weil sie »jeder stimmigen ekklesiologischen Sichtweise« entbehre, und schließlich andeutet, dass Bergoglio aufgrund seiner südamerikanischen Herkunft so etwas wie eine angeborene Abneigung gegenüber den Amerikanern hege. Das Ganze gepaart mit dem Vorwurf, dass diejenigen, die im Vatikan Kritik oder Zweifel erkennen ließen, »als die großen Feinde des Papstes hingestellt werden, als die Bösen, die Ungehorsamen, die es zu bestrafen gilt«.[1] Noch vor 15 Jahren wäre ein derartiges Buch aus der Feder eines Kardinals undenkbar gewesen.

Franziskus hat schon oft von seinem Rücktritt gesprochen. Die mexikanische Journalistin Valentina Alazraki erinnert sich, dass der Papst 2015 zu ihr gesagt habe: »Ich habe das Gefühl, mein Pontifikat wird von kurzer Dauer sein. Vier oder fünf Jahre. Ich weiß nicht, oder zwei oder drei …«[2]

Damals, so die Journalistin heute, »dachte ich nicht daran, dass er zurücktreten würde. Es kam mir eher wie eine Beschwörung vor.« Zumal der argentinische Papst gleich im Anschluss hinzufügte: »Das ist wie bei der Psychologie eines Spielers, der sich darauf einstellt, zu verlieren, damit er dann nicht enttäuscht ist. Und wenn er gewinnt, ist er zufrieden.«³ In letzter Zeit hat Franziskus durchblicken lassen, dass er die Absicht hat, weiterzumachen. Er bereitet sich allenfalls darauf vor, dass der Herr eines Tages *Basta!* sagen könnte – »aber irgendwann, wenn Er es will.«⁴ Der Gedanke an einen Amtsverzicht kommt und geht. Ein anderes Mal hat er gesagt:»Ich würde nicht nach Argentinien zurückkehren und auch nicht im Vatikan bleiben, ich wäre der emeritierte Bischof von Rom und es würde mir gefallen, den Gläubigen die Beichte abzunehmen und die Kranken zu besuchen.«⁵ Andererseits hat Franziskus gleich zu Beginn seines Pontifikats dem damaligen Kardinalstaatssekretär Bertone – für den Fall, dass seine gesundheitliche Verfassung ihn daran hindern sollte, seinem Sendungsauftrag nachzukommen – seine schriftliche Rücktrittserklärung übergeben.

Vor diesem Hintergrund sind die Signale seines Körpers wichtig. Jorge Mario Bergoglio scheint nicht durch außergewöhnlich schwerwiegende Faktoren beeinträchtigt zu sein. Gleichwohl ist er ein Patient, bei dem mehrere progrediente chronische Erkrankungen zusammenkommen. Neben den Beschwerden in seinem rechten Knie haben die Beobachter drei medizinische Symptomfelder im Blick: eine Erkrankung namens Aszites, das heißt eine Ansammlung von Flüssigkeit in der Bauchhöhle, die den Bauch anschwellen lässt und regelmäßig behandelt werden muss; Probleme mit dem Blutdruck, die die Einnahme von Medikamenten erfordern; und ein sehr anfälliges Lungensystem, das in den letzten Jahren immer wieder Krisen verursacht hat. Von Zeit zu Zeit scheint es ihm besser zu gehen. In jedem Fall aber wäre es wichtig, dass er als Patient Disziplin an den Tag legt, und genau das scheint Bergoglio schwerzufallen. Sehr diskret und absolut inoffiziell hat eine Gruppe – untereinander befreundeter – katholischer Ärzte an verschiedenen Kliniken begonnen, die Fernsehaufnahmen von seinen Auslandsreisen zu analysieren und die Gesichtszüge und Bewegungen des Pontifex zu studieren. Auf diese Weise wollen sie die Signale seines Körpers entschlüsseln. Am Ende des

Heiligen Jahres wird Franziskus 89 Jahre alt sein – ein beachtliches Alter für jemanden, der eine Gemeinschaft von mehr als 1,3 Milliarden Anhängern anführen soll. Kanzler Konrad Adenauer, der für seine schier unbezähmbare Widerstandskraft bekannt war, trat im Alter von 87 Jahren zurück. Oder sollte der argentinische Papst den Rekord Leos XIII. einstellen wollen, der bis ins hohe Alter von 93 Jahren regierte?

Angesichts der Möglichkeit eines Rücktritts und eines nicht dramatischen Übergangs scheint der harte Flügel der Anti-Bergoglio-Opposition einzusehen, dass man mildere Töne anschlagen muss, um beim nächsten Konklave die Stimmen der Gemäßigten zu gewinnen. Zumal der Vorstoß der sogenannten Sedisvakantisten, die das letzte Konklave für ungültig halten, definitiv gescheitert ist. »Auf dem Konklave wird es keinen Platz für eine extreme Rechte oder eine extreme Linke geben«, stellt es ein Kardinal, der aktiv an den letzten Wahlgängen in der Sixtinischen Kapelle teilgenommen hat, politologisch dar. »Man kann nur regieren, wenn man sich auf eine breite Mitte stützt.« Das Experiment von 2005, als Joseph Ratzinger gewählt wurde, weil manche hofften, dass er die Zeit zurückdrehen würde, hat keine guten Früchte hervorgebracht. Die wiederholten Krisen des Ratzinger-Pontifikats sind und bleiben lehrreich: Ein offen konservativer Kandidat, der sich im Zeichen der Restauration präsentiert, verspricht keinen Erfolg.

Franziskus hat das Profil seines Nachfolgers bereits angedeutet. Im September 2023 erklärte er auf dem Rückflug aus der Mongolei, er wisse nicht, ob er noch nach Vietnam werde reisen können: »Wenn ich nicht hinfahre, wird sicher Johannes XXIV. hinfahren ...«[6] Ein zweiter Roncalli-Papst? Danach sieht es aber nicht aus.

Es ist nicht so einfach auszumachen, aus welchem Pool der Nachfolger gewählt werden könnte. Der Episkopat der Vereinigten Staaten ist gespalten, und überdies hat man es bislang immer vermieden, einen Pontifex zu wählen, dessen Heimatland eine Supermacht ist. Für einen afrikanischen Papst sei die Zeit noch nicht reif, glauben die meisten, auch wenn die Meinungen geteilt sind. Und für einen asiatischen Papst kommen nur wenige Kandidaten in Frage. »Nicht noch ein Lateinamerikaner«, so die geflüsterte Devise, die im apostolischen Palast kursiert.

Das ist mehr als nur ein Scherzwort. Der eine oder andere Purpurträger weist darauf hin, dass der innovative Schwung der lateinamerikanischen Kirche geschwunden zu sein scheint. Jahrzehntelang, von der Generalversammlung der lateinamerikanischen Bischöfe in Puebla 1979 bis hin zu der in Aparecida 2007 (deren Schlussdokument von Kardinal Bergoglio abgefasst worden war), war dieser Kontinent ein Leuchtturm der Hoffnung und ein Ansporn gewesen, die Zukunft auf prophetische Weise anzugehen. »Heute wirkt Lateinamerika wie ein gealterter Kontinent«, so der erbarmungslose Kommentar eines Kardinals, der am nächsten Konklave teilnehmen wird. »In Brasilien und andernorts haben die evangelikalen Sekten immer mehr Zulauf, und im Großen und Ganzen hat es den Anschein, als hätte der Episkopat sich zur Ruhe gesetzt.« Auch die traditionelle Generalversammlung des lateinamerikanischen Episkopats hat seit der Wahl Bergoglios paradoxerweise nicht mehr stattgefunden.

Und so kommt Italien wieder ins Gespräch – nicht zuletzt deshalb, weil die gesellschaftliche Präsenz der Gläubigen in den nordeuropäischen Ländern definitiv rückläufig ist. Nach drei ›ausländischen‹ Päpsten wollen viele Purpurträger keine Experimente mehr. Sie verspüren das Bedürfnis nach einem Pontifex, der den Kurienapparat von Grund auf kennt, »denn schlussendlich«, so ein italienischer Kardinal, »lässt sich ein so heterogener Organismus nur von Rom aus zusammenhalten«. Hier schlägt der italienische Purpurträger Alarm: »Die Kirchen haben einen eigenen Nationalismus entwickelt.« Dieses Phänomen geht über die Amtszeiten der einzelnen Päpste hinaus und ist durch die zunehmende Multipolarität des internationalen Systems bedingt. Noch bis nach dem Zweiten Weltkrieg und zur Zeit des Zweiten Vatikanischen Konzils war die katholische Weltkirche überaus ›römisch‹ geprägt. Das Modell war einzigartig, und außerhalb von Europa und Nordamerika, im Katholizismus der Dritten Welt, galten Regeln, die sich in gewisser Hinsicht als kolonial bezeichnen ließen.

Dann aber entwickelte sich in der nachkonziliaren Epoche unter Paul VI. das Thema der »Inkulturation«, und allmählich setzte sich die Vorstellung durch, dass das Glaubensleben in den verschiedenen kulturellen Kontexten auch eine je unterschiedliche Ausprägung erfahren könne. Heute ist dieser Prozess deutlich vorangekommen. Die Weltkirche ist von Strömungen durchzogen, die in unterschiedliche Richtungen laufen. In den Vereinigten Staaten ist die katholische Kirche aufgrund ihrer Polarisierung nicht auf der Linie des Vatikans: Der extreme Gegensatz zwischen Traditionalisten und Reformern wird durch die gesellschaftliche und politische Polarisierung verschärft, die ihrerseits durch den um Trump herum entstandenen Block bedingt ist. Im November 2023 hat Franziskus den ultra-traditionalistischen amerikanischen Bischof Joseph Strickland von der Leitung seiner Diözese entbunden, weil er sich der päpstlichen Linie systematisch widersetzt hatte. Zwei Monate zuvor hatte der Papst bereits deutliche Worte gefunden und von einer »sehr starken reaktionären Haltung« im amerikanischen Katholizismus gesprochen, die organisiert sei und auf persönliche Bindungen setze. Er sprach von »rückwärtsgewandten« Kräften und einem Klima der Verschlossenheit, das Tradition und Lehre durch Ideologie ersetze und den Glauben unterlaufe.[7]

Seither hat sich die Situation nicht verändert. Es steht außer Zweifel, dass Kardinal Timothy Dolan, der bei Bergoglios Wahl eine wichtige Rolle gespielt hat, auch einen wichtigen Beitrag leisten wird, wenn es darum geht, das Profil seines Nachfolgers zu entwerfen. Doch noch ein weiterer US-amerikanischer Kardinal, Robert Francis Prevost, den Franziskus 2023 zum Präfekten des Dikasteriums für die Bischöfe ernannt hat, wird sich Gehör verschaffen. Ebenso wie Kardinal Joseph William Tobin, der während der zweiten Sitzung der Weltsynode gemeinsam mit den Kardinälen Robert McElroy und Blase Cupich um eine private

Unterredung mit Franziskus gebeten und diese auch bekommen hat.

In Deutschland hat sich der Synodale Weg zu einem Alleingang entwickelt und die Kirche dazu gebracht, ihr eigenes Programm und ihre eigene Sicht auf das Verhältnis zwischen Glaube und Gesellschaft zu formulieren. Damit hat sie sich jedoch zunehmend vom Vatikan und auch von anderen Kirchen entfernt, deren Haltung zwischen Argwohn, Ablehnung und Gleichgültigkeit schwankt. Auch wenn sich die Beziehungen zwischen dem deutschen Episkopat und Rom inzwischen wieder verbessert haben, hat sich ein weiteres Problem herauskristallisiert: die unsichtbare Jalta-Linie, die die Vorstellungen eines Teils der osteuropäischen Amtskirchen von denen ihrer Mitbrüder im Westen Europas trennt. Neu ist die wachsende Bedeutung Afrikas. Zwar wird sich dort vermutlich kein aussichtsreicher *Papabile* finden, doch unter der Führung des Kardinals Fridolin Ambongo Besungu haben die schwarzafrikanischen Kirchen insbesondere nach der *Fiducia-supplicans*-Affäre bewiesen, dass sie entschlossen sind, ihre Identität geltend zu machen. Das hat auch die Synode im Oktober 2024 bestätigt, an der sich die afrikanischen Stimmen besonders lebhaft beteiligt haben. Diesem neuen kirchlichen Selbstbewusstsein entspricht auch eine parallele Bewusstwerdung auf politischer Ebene: Nicht von ungefähr fordert Afrika inzwischen offiziell einen ständigen Sitz im UN-Sicherheitsrat.

Wie sich die verschiedenen von Franziskus ernannten Purpurträger aus den Randgebieten verhalten werden, bleibt abzuwarten. Auch wenn einige von ihnen die beiden Sitzungsphasen der Synode 2023 und 2024 nutzen konnten, um neue Bekanntschaften und Beziehungen zu knüpfen, wissen die Kardinäle der Welt insgesamt nicht wirklich viel voneinander, weil der Papst zu wenige Konsistorien einberufen hat, als dass sie Gelegenheit gehabt hätten, mit der Gesamtheit des Kardinalskollegiums zu verschmelzen. Beim nächsten Konklave werden die Purpurträger aus den weiter entfernten Ländern vermutlich gezwungen sein, sich der einen oder anderen Seilschaft anzuschließen. Manche im Vatikan halten es auch für möglich – oder wünschenswert –, dass Franziskus im letzten Moment eine weitere Neuerung einführen wird: dem Präkonklave der Kardinäle nach dem Muster der letzten erweiterten Synode ein größeres Treffen vorauszuschicken, an dem auch Priester, Ordensleute sowie Laiinnen und Laien teilnehmen.

Wenn es ein Italiener werden soll, sind vor allem zwei Namen im Gespräch: Staatssekretär Parolin und der Vorsitzende der Bischofskonferenz Zuppi. Ersterer wird vor allem für seine besonnene und ausgeglichene Art, seine Fähigkeiten als Vermittler und seine eingehende Kenntnis der Kurie, der internationalen Lage und der Probleme der einzelnen Kirchen gelobt. Letzterer wird geschätzt, weil er – wie ein reformorientierter Theologe es ausdrückt – »ein ruhiges Pontifikat in Fortführung des von Franziskus eingeschlagenen Kurses garantieren würde«. Es ist jedoch nicht gesagt, dass er alle italienischen Kardinäle hinter sich hätte. Was im Übrigen nie der Fall ist. Ein weiterer Italiener, der immer wieder einmal genannt wird, ist Pierbattista Pizzaballa, der Lateinische Patriarch von Jerusalem.

Ist die Büchse der *Papabili* einmal geöffnet, kommen natürlich auch andere Namen in Umlauf. Jean-Marc Aveline aus Marseille. Jean-Claude Hollerich aus Luxemburg, Generalrelator der letzten Synode, und Mario Grech, Generalsekretär der Bischofssynode. Luis Antonio Tagle, Philippine mit chinesischer Mutter, Pro-Präfekt des Dikasteriums für die Evangelisierung. Manche nennen auch den Südkoreaner Lazarus You Heung-sik, Präfekt des Dikasteriums für den Klerus. Eine andere Strömung innerhalb der Kurie steht diesem Papst-Toto allerdings skeptisch gegenüber und vertritt die Auffassung, derzeit sei keine Persönlichkeit in Sicht, die alle Gaben eines Pontifex auf sich versammelt: Wissen, Willensstärke, Kompetenz und ein Temperament, das die Ereignisse souverän zu handhaben vermag.

»Ich sehe wirklich keine herausragenden Persönlichkeiten«, ist ein Satz, den man in letzter Zeit häufiger hört. »Der Papst wird im Konklave gemacht«, das gelte diesmal mehr denn je, meint ein altgedienter Kardinal. Es wird ein unberechenbares Konklave, heißt es immer wieder. Niemand solle sich einbilden, die Situation vorhersehen zu können. »Manch einer besitzt Führungsqualitäten in seiner Teilkirche, aber nicht auf Weltebene«, so die scharfsinnige Beobachtung eines anderen Kurienveterans. Außerdem habe man nicht den Eindruck, dass wirklich charismatische *Papabili* die Bühne betreten hätten.

Der chilenische Journalist Luis Badilla hat in der Politik wie im Leben eine weite Wegstrecke zurückgelegt. Er war Präsident der jungen Katholiken unter Allende, ging dann nach Pinochets Staatsstreich nach Italien, arbeitete lange bei Radio Vatikan und gründete – um dem Pontifikat Benedikts XVI. die Bedeutung des Internets näherzubringen – vor 17 Jahren die Website *Il Sismografo*, die sich rasch zu einem vorzüglichen Hilfsmittel für alle entwickelte, die sich über die polyedrische katholische Welt auf den verschiedenen Kontinenten informieren wollen: einer Bezugsquelle, die für Kirchenmänner und Vertreter anderer Religionen, für Diplomaten, Politiker und Journalisten so wesentlich geworden ist, dass – nachdem sich Badilla Ende 2023 aus gesundheitlichen Gründen entschlossen hatte, die Redaktion niederzulegen und den Betrieb der Seite einzustellen – die US-amerikanische Botschaft in Rom ihre Fühler ausstreckte, um in Erfahrung zu bringen, ob es besondere politisch-kirchliche Gründe für das Verstummen einer Stimme gebe, die man als unverzichtbar betrachtete.

Badilla ist sich über die positiven Aspekte des Phänomens Bergoglio im Klaren: »Ein empathischer Papst, bei dem die Leute das Gefühl haben, er sei ›einer von uns‹, und der zu Beginn große Hoffnungen geweckt hat. Er hat die Sprache hoffähig gemacht, die man sprechen muss, um die Pädophilie zu bekämpfen, und er hat zahllose schuldige Priester fortgejagt. Er hat die Kirche als eine Ikone der Nähe zu den Menschen und zum Leiden präsentiert. Kurzum, er ist eine Persönlichkeit, die die Sprache eines

Papstes verständlich gemacht hat ... Das war früher anders.« In letzter Zeit jedoch ist der 78-jährige chilenische Journalist mit der päpstlichen Regierung hart ins Gericht gegangen und hat sowohl Franziskus' Haltung im russisch-ukrainischen Krieg als auch die Art und Weise kritisiert, wie der Fall Becciu im Vatikan gehandhabt wurde.

Von der Warte seines weiten Horizonts aus erklärt Badilla, dass es keinen Sinn habe, mit Namen zu spielen. Vielmehr müssten sich die wählenden Kardinäle einige wesentliche Fragen stellen: »Wie ist die Welt von heute? Wie sollte die Kirche sein, die der neue Papst leiten wird?« Auch eine Reform des Papsttums könnte zur Sprache kommen, wenn die Kardinäle sich denn entschließen würden, die inneren Zwistigkeiten zu beenden. »Es braucht einen gesetzgeberischen Papst«, betont er, denn ohne eine neue Struktur sei die heutige Kirche nicht mehr lenkbar.[8] In seinem letzten Artikel weist Badilla darauf hin, dass der nächste Papst nicht medienwirksam, sondern ein »Mann des Gesetzes« sein müsse, »ein Hirte, ein Denker, der die Wirklichkeit, die sozioökonomischen und politisch-geostrategischen Herausforderungen mit dem Blick des Glaubens zu analysieren vermag«.

Diese Forderung wird heute in verschiedenen Bereichen der Kirche laut. Ein Bedürfnis, das Franziskus' Verdienste keineswegs schmälert, sich aber auf die Zukunft konzentriert. Nach drei Päpsten, die, jeder auf seine Weise, schwerlich mit der Geschichte und der Komplexität des vatikanischen Apparats in Einklang zu bringen waren, sehnt man sich nun wieder nach einer Persönlichkeit wie Paul VI.: dem Inbegriff eines sensiblen Regenten und kenntnisreichen Theologen, der vom Geist des Konzils durchdrungen und dem zugleich bewusst ist, dass der Aufbau einer Kirchenleitung, die ihrem weltumspannenden Sendungsauftrag gewachsen ist, auf dem Fundament rechtlicher Regelungen und ausgewogener Verfahrensweisen aufruhen muss.

Von der Höhe seiner 94 Jahre herab kann sich der französische Kurienkardinal Paul Poupard, der lange Zeit für die Bereiche Kultur und interreligiöser Dialog verantwortlich war und über einen reichen Erfahrungsschatz verfügt, einen Scherz erlauben: »Ich bin gespannt darauf, das nächste Konklave aus dem Jenseits zu verfolgen«, sagt er. »Dass es einen Gesetzgeber braucht, ist nicht falsch. Eine Gesellschaft kann nicht ohne Gesetze leben.« Poupard erinnert sich noch an die Zeiten, »als sich im heiligen Kollegium alle kannten und man von jedem Kardinal wusste, was er dachte«. Damals sei das Streben nach innerer Einheit stärker gewesen als alle Unterschiede. »Uns war bewusst, dass wir einen gemeinsamen Weg und gemeinsame Wurzeln hatten.« Dieses Bewusstsein ist heute offenbar nicht mehr so ausgeprägt.[9]

Das Problem ist real. »Zuweilen fühlt es sich wie ein Ausfransen an«, gesteht Andrea Monda, Chefredakteur des *Osservatore Romano*. Erzbischof Rino Fisichella, Pro-Präfekt des Dikasteriums für die Evangelisierung, spekuliert nicht über zukünftige Verhältnisse. Er konzentriert sich auf die Herausforderung, die die digitale Kultur für die Kirche darstellt: eine, wie er sagt, völlig neue, globalisierende Kultur, eine synthetische Sprache, die die bisherigen Diskurse verändere, eine vom kritischen Denken losgelöste Kommunikation, die zu einer Vervielfachung von Erfahrungen neige. »Die Kirche scheint sich dessen nicht bewusst zu sein«, bemerkt er. Die Spannungsmomente, die in der Kirche zu spüren seien, fügt er hinzu, »sind durch die epochalen Veränderungen bedingt, die wir erleben. Niemand hat mit der Entdeckung der eigenen Schwäche gerechnet. Die Kirche befindet sich in einem Übergang, den viele noch nicht verdaut haben.« Deshalb sei es wichtig, zu verstehen, dass die Konflikte über die einzelne Person, die gewählt werden wird, hinausgehen.[10]

Entscheidende Punkte sind mit Blick auf das voranschreitende dritte Jahrtausend vor allem die mögliche Dezentralisierung in der katholischen Kirche und das Nachdenken über die Frage, ob eine ›einzige Ordnung‹ aufrechterhalten werden kann oder nicht. Die Akzeptanz regionaler Unterschiede, erklärt ein deutscher Bischof kurz nach dem Kräftemessen mit dem Vatikan über den Synodalen Weg, könne für Deutschland ein Segen sein, aber auch Gefahren mit sich bringen. »Sicher, wenn die Afrikaner und die Polen sagen, dass sie *Fiducia supplicans* nicht anerkennen, dann könnten auch wir Deutschen den Anspruch erheben, etwas zu tun, das nicht für alle verbindlich ist.« Doch so einfach sei es nicht. Das beweise die anglikanische Gemeinschaft, die, eben wegen der unterschiedlichen doktrinellen und kulturellen Sensibilitäten, auf dramatische Weise auseinandergebrochen ist. Für die katholische Welt stelle sich nach wie vor die grundsätzliche Frage, ob es praktikabel sei, einen philosophischen und theologischen Rahmen für 1,3 Milliarden Gläubige zu entwerfen, die in kultureller Hinsicht derart verschieden sind. Natürlich, so der Bischof weiter, müsse man den Katechismus neu schreiben: Das könne nicht mehr derselbe sein, den Johannes Paul II. zusammen mit Kardinal Ratzinger abgefasst habe. »Das wird eine Aufgabe für das nächste Pontifikat sein.«

Damit ist die Option eines Gesetzgebers wieder im Gespräch. Das glaubt auch der katholische Jurist und derzeitige uruguayische Botschafter beim Vatikan Guzmán Carriquiry Lecour. Mit seiner 50-jährigen Laufbahn in Diensten des Heiligen Stuhls (im Rat für die Laien, auf den Synoden, bei den Versammlungen des lateinamerikanischen Episkopats, als Sekretär und amtierender Vizepräsident der päpstlichen Kommission für Lateinamerika) zählt Carriquiry zum Kreis jener Personen, die die Maschinerie und die internationale Arbeitsweise des Vatikans im Wechsel der Pontifikate von Paul VI. bis Jorge Mario Bergoglio am besten kennen. »Franziskus«, sagt er, »ist eine große Persönlichkeit, die ein großes Erbe hinterlässt. Den Sinn für die Barmherzigkeit, die Liebe zu den Armen, die Geschwisterlichkeit, die Sorge um die Schöpfung, den Einsatz für die Migranten, den Willen zur Integration. Er ist ein Prophet und ein Missionar.« Andererseits, so betont er, brauche es ein Gerüst. »Eine neue Architektur der Zentralregierung, eine neue Architektur der Weltkirche. Das wird die Aufgabe der Nachfolger sein.«[11]

Über eine neue Kirchenarchitektur nachzudenken heißt, einige zentrale Probleme anzugehen, die sich unter Bergoglio herauskristallisiert haben. Der Mönch und Theologe Bianchi benennt deren drei: die Existenz äußerst lebendiger traditionalistischer Minderheiten, mit denen man rechnen muss; die breite Kluft in der Frage der sozialen Gerechtigkeit und der Armen, die Franziskus' Pontifikat unter den Katholiken, vor allem in den westlichen Gesellschaften, zutage gefördert hat; und die anthropologische Frage der Sexualität, die die Welt der Gläubigen zutiefst entzweit und zu der die Kirche bislang keine zeitgemäße Ausarbeitung vorgelegt hat. Die Theologin Marinella Perroni weist auf ein weiteres Betätigungsfeld hin: die Notwendigkeit, das Gerüst des Trienter Konzils aufzubrechen. Denn letztlich ist der Grundriss der Kirche nach wie vor tridentinisch. Und das funktioniert nicht mehr. »Es ist allerhöchste Zeit, das Papsttum zu reformieren, den römischen Zentralismus zu reformieren, die Ämterstruktur zu reformieren, die auf dem Laien-Kleriker-Paradigma aufbaut.«

Wenn der Moment gekommen ist, dieses Bündel an Reformen anzugehen oder zumindest organisch anzubahnen, wird die Forderung nach einem Gesetzgeber-Papst wieder akut. Auf der Grundlage seiner langjährigen Erfahrung in der Welt der katholischen Kommunikation hält der Kirchenkenner Luis Badilla einen weiteren Kandidaten für *papabile*: den ungarischen Kardinal Péter Erdő. Der Erzbischof von Esztergom-Budapest, ehemalige Vorsitzende der Ungarischen Bischofskonferenz, von 2006 bis 2016 Präsident des Rats der europäischen Bischofskonferenzen und Relator der Familiensynode 2014 hat an den Konklaven teilgenommen, die Ratzinger und Bergoglio gewählt haben.

Als Experte für Kirchenrecht wäre er der geeignete Mann, um Ordnung in eine Situation zu bringen, die er selbst bei einer Versammlung am Collegium Hungaricum in Rom mit einem »Dschungel« verglichen haben soll. Seine zehnjährige Tätigkeit an der Spitze des Verbands der europäischen Bischöfe hat ihm in kirchlicher und politischer Hinsicht das nötige internationale

Wissen verschafft. Außerdem ist er ein liebenswerter und polyglotter Mensch, der über ein großes Netz an Kontakten auf allen Kontinenten verfügt.

Europa, darin sind sich Vertreter verschiedenster Richtungen einig, spielt trotz allem im Christentum noch immer eine führende theologische Rolle. Es ist kein Zufall – wenn man sich die Struktur der Zentralregierung anschaut –, dass fast 40 Prozent der wahlberechtigten Kardinäle, die am nächsten Konklave teilnehmen werden, Europäer sind und die Vertreter des alten Kontinents bis heute in der Kurie die klare Mehrheit der leitenden Positionen besetzen. In jedem Fall bestehen etliche Purpurträger darauf, dass der Kandidat den Vatikan und die Weltkirche aus eigener Anschauung kennen muss und seinen Werdegang nicht ausschließlich im Umkreis seines nationalen Horizonts absolviert haben darf.

Unterdessen drängen die Probleme der Gegenwart. Statt über der Zukunft zu brüten, muss man sich mit den permanenten Online-Attacken der ultrakonservativen Wölfe abgeben. »Ich weiß nicht, welcher andere Papst so vielen Angriffen standhalten würde«, bemerkt Ruffini vom Kommunikationsdikasterium. Das Internet hat alles verändert. Es ist lange her, dass Radio Vatikan die einzige katholische Stimme war, die weltweit gehört wurde. Heute reichen die aggressiven Botschaften von Ex-Nuntius Viganò von New York bis nach Afrika und finden ihren Weg auf das Smartphone eines lateinamerikanischen Bischofs ebenso wie auf das einer Familienmutter in einem Dorf in Umbrien. Der US-amerikanische Fernsehsender EWTN präsentiert sich als »globales katholisches Netzwerk« mit elf Fernsehkanälen, zwei Regionalsendern, zwei Rundfunkstationen und einem Netz von katholischen Websites. Es ist nicht mehr nur die Stimme des Papstes, die in die entlegensten Winkel der katholischen Welt gelangt – es sind auch die Stimmen derer, die den Pontifex kritisieren oder bekämpfen.

»Das Trommeln in den sozialen Netzwerken ist permanent, laut und beängstigend«, verrät der Vorsitzende der Italienischen

Bischofskonferenz, Kardinal Zuppi. »Es richtet sich offen gegen Papst Franziskus und kommt aus dem Umfeld von Gruppierungen, die im Hinblick auf den Papst Spaltung und Misstrauen säen.« Die Ultrakonservativen haben ihren Marschplan längst ausgearbeitet. In der Fastenzeit 2022 übergab der australische Kardinal Pell, der im darauffolgenden Jahr verstarb, dem Journalisten Sandro Magister eine Denkschrift für das nächste Konklave, die auf dem Blog *Settimo Cielo* veröffentlicht werden sollte. Unterschrieben war sie mit Demos, dem griechischen Wort für »Volk«. In diesem Text wird die Situation der Kirche unter Franziskus in den düstersten Farben geschildert. Das Bergoglio-Pontifikat, heißt es dort, sei »in vielerlei Hinsicht ein Desaster ... auf der deutschen Synode spricht man über Homosexualität und Frauenpriestertum und der Papst schweigt ... Kardinal Hollerich ist offen häretisch ... Kardinal Becciu wurde nicht gerecht behandelt ... viele Mitarbeiter, oft Priester, wurden vorschnell und oft ohne triftigen Grund aus der vatikanischen Kurie entlassen ... Der politische Einfluss von Papst Franziskus und dem Vatikan ist nicht nennenswert ... Bei der Wahrung der Menschenrechte in Venezuela, Hongkong und Festlandchina sowie bei der russischen Invasion [in die Ukraine] hat es gravierende Versäumnisse gegeben«. Das nächste Konklave habe die Aufgabe, die Klarheit in Fragen der Glaubens- und Sittenlehre wiederherzustellen, Sonderwegen nationaler Episkopate, die, wie in Deutschland, nicht mit der apostolischen Tradition vereinbar seien, Einhalt zu gebieten, und so rasch wie möglich etwas gegen den katastrophalen Rückgang der Katholikenzahlen in Lateinamerika zu unternehmen. Es müsse vermieden werden, dass die Kirche »auf einen konturlosen Verbund von Ortskirchen mit unterschiedlichen Auffassungen reduziert« werde. In den wesentlichen Punkten müsse Einigkeit bestehen.[12]

Auch wenn Pells Denkschrift in ihrer konservativen Herangehensweise ausgeprägt ideologisch ist, enthält der Teil über die Korruption im Vatikan doch eine ganze Reihe von präzisen Beobachtungen. Hier stützt sich der Kardinal auf seine Erfahrung im Wirtschaftssekretariat, dessen Leitung er – auf ausdrücklichen Wunsch von Papst Franziskus, der ihn schätzte – von 2014 bis 2019 innehatte. Bemerkenswert ist seine Einschätzung der 2017 von Kardinal Becciu genehmigten und von der vatikanischen Gendarmerie durchgeführten Razzia in den Büroräumen des Generalrevisors Libero Milone. Er hatte fragwürdige Ausgaben im Vatikan geprüft, und die Durchsuchung, so Pell, sei eine »einschüchternde und gewaltsame« Maßnahme gewesen. »Es ist möglich, dass die Beweise gegen Milone erfunden waren.« In einem anderen Absatz wird der Kardinal deutlicher: »Die Wirtschaftsprüfer von Price Waterhouse and Cooper wurden entlassen [und] … Milone zum Rücktritt gezwungen … Sie waren der Korruption im Staatssekretariat zu nahegekommen.«

Kardinal Pells Dokument fand recht weite Verbreitung. Dem Abschnitt über die Ziele des nächsten Konklaves geht ein lapidarer Hinweis voran: »Der Heilige Vater hat wenig Rückhalt bei Seminaristen und jungen Priestern, und in der vatikanischen Kurie herrscht verbreitet Unzufriedenheit.« Pell starb am 10. Januar 2023. Seine Denkschrift hat Analysen gefördert und Nachahmer gefunden.

2024 nämlich erscheint ein weiteres Memorandum, diesmal unterschrieben mit Demos II. Der Ton ist milder – ganz im Einklang mit dem Gebot der Stunde, sich auf dem nächsten Konklave Stimmen zu sichern, ohne allzu laut gegen den amtierenden Papst zu wettern. Franziskus' Stärken – namentlich seine »Betonung des Mitgefühls gegenüber den Schwächsten« – werden zunächst ausdrücklich anerkannt, ehe die Schrift auf seine Schwächen zu sprechen kommt. Die fehlende Eindeutigkeit in Fragen des Glaubens und der Moral, so heißt es dort, stifte Verwirrung unter den Gläubigen. Daher sei es Aufgabe des nächsten Pontifikats, die Wahrheit »zurückzugewinnen und wiederherzustellen«. Dem künftigen Pontifex müsse bewusst sein, dass er kein Alleinherrscher sei, mithin »die Lehre der Kirche nicht verändern«

könne und »die Ordnung der Kirche nicht beliebig neu erfinden oder verändern« dürfe. Gleichzeitig müsse er bedenken, dass die Kirche keine Demokratie sei, weil sie Jesus Christus gehöre. Er dürfe das Kirchenrecht nicht geringachten, sondern müsse die korrekten kanonischen Verfahren einhalten.

Ein Aspekt ist neu im Demos-II-Memorandum: die Überlegung, dass nach der von Johannes Paul II. eingeläuteten Zeit der großen Pastoralreisen das Augenmerk nun vor allem auf Italien und Europa liegen müsse, wo die Kirche sich in einer Krise befinde. Doch auch der Vatikan sei krank und brauche dringend »eine Erneuerung seiner Moral, eine Reinigung seiner Institutionen, Verfahrensweisen und seines Personals sowie eine gründliche Reform seiner Finanzen, um sich auf eine herausfordernde Zukunft vorzubereiten.«[13] Was wiederum, wie das Dokument durchblicken lässt, die ständige Anwesenheit des Papstes in Rom und ein Engagement erfordere, das auch die regelmäßige Konsultation des Kardinalskollegiums umfasse. Dieser Ansatz weist über den Bürgerkrieg hinaus, der seit über zehn Jahren im Katholizismus tobt: Man spürt die Sorge, dass es beim nächsten Konklave wirklich um die Zukunft der Kirche gehen wird. Angefangen bei dem Vakuum, das sich auf dem europäischen Kontinent bildet – von jeher einem der tragenden Pfeiler des Christentums.

Man solle sich ja hüten, bei der Wahl des nächsten Papstes zu improvisieren, warnen viele Kirchenmänner besorgt, man solle bloß nicht wieder in alte Muster verfallen. Die Schar der Kardinäle, die sich beim nächsten Konklave in der Sixtinischen Kapelle versammeln wird, ist heterogen und zersplittert wie nie. Vor Michelangelos Jüngstem Gericht, so die Prognosen, wird eine Wahl stattfinden, die schwieriger, umkämpfter und mühseliger ist als jemals zuvor.

Kapitel XI.
Der Süden klopft an die Tür

Die Vorstellung, die kirchliche Struktur weniger monarchisch zu gestalten, um zu einer gemeinschaftlichen Form von Kirche zu gelangen, ist seit Beginn seines Pontifikats fest in Jorge Mario Bergoglio verwurzelt. Von »unseren orthodoxen Brüdern«, sagt er im Interview mit der Zeitschrift *La Civiltà Cattolica* in den ersten Monaten nach seiner Wahl, »kann man noch mehr den Sinn der bischöflichen Kollegialität und die Tradition der Synodalität lernen.«

Im November 2013 weist Franziskus in seinem apostolischen Schreiben *Evangelii gaudium* erneut auf die Notwendigkeit hin, die synodale Erfahrung der orthodoxen Christen zu würdigen. Syn-odos bedeutet auf Griechisch, gemeinsam unterwegs zu sein. Seine Vision, das wird sich im Lauf der Jahre zeigen, geht über die bloße Kollegialität der Bischöfe hinaus. Sie sieht vor, auch das Volk Gottes, die Gläubigen, an den Entscheidungen zu beteiligen, die den missionarischen Weg der Kirche betreffen. Vor allem findet sich in beiden programmatischen Texten bereits die Aufmerksamkeit für die Frauenfrage, die sich nicht zuletzt in dem Hinweis ausdrückt, dass die Präsenz der Frauen »gerade auch dort« gewährleistet sein müsse, »wo in den verschiedenen Bereichen der Kirche Autorität ausgeübt wird.«[1]

Zehn Jahre später scheint der Moment gekommen. Auf der Versammlung, die das Thema für die Synode 2023 auswählen sollte, erzählt der amerikanische Kardinal Joseph Tobin, hätten drei Vorschläge auf dem Tisch gelegen: Migranten und Geflüchtete, die Rolle der Priester und Synodalität. »Ich plädierte für die ersten beiden. Dann kam der Papst und sagte: Synodalität.« Wenn man sehe, was Franziskus in *Amoris laetitia* und in den Enzykliken *Laudato si'* und *Fratelli tutti* geschrieben habe, so der Purpurträger, verstehe man, »dass die Kirche anders gedacht werden muss«.

Der Titel der für das Jahr 2023 einberufenen XVI. ordentlichen Generalversammlung der Bischofssynode atmet den Geist des Konzils: »Für eine synodale Kirche: Gemeinschaft, Teilhabe und Sendung«. Als Erstes wird die Basis befragt. Maßgeblich ist – wie schon bei den Fragebögen im Vorfeld der Familiensynoden von 2014 und 2015 – auch hier wieder Franziskus' Plan, die Gläubigen aktiv zu beteiligen. Diesmal ist der Prozess noch stärker strukturiert: Er beginnt auf Diözesanebene, geht sodann in die nationale und kontinentale Phase und mündet schließlich in die Weltsynode. Es ist eine noch nie dagewesene Massenkonsultation, und sie betrifft denkbar brisante Fragen: Erneuerung der Liturgie, Multikulturalismus, Verhältnis von Synodalität und päpstlichem Primat, Frauendiakonat, Priesterzölibat, Kontrolle des bischöflichen Handelns, negative Auswirkungen des Klerikalismus und die Debatte über die sexuelle Identität. Kein Thema ist tabu, und es wird auch nicht verschwiegen, dass die breite Masse der Gläubigen nichts über die Lehren des Zweiten Vatikanischen Konzils, die Soziallehre der Kirche und die päpstlichen Enzykliken weiß.

Insgesamt spiegeln die Berichte, die in den einzelnen Phasen ausgearbeitet worden sind, die verschiedenen Erscheinungsformen der Weltkirche wider. »Früher wurden Fragebögen an die Bischofskonferenz, die Ordensgemeinschaften und die theologischen Fakultäten geschickt«, räumt Tobin ein. Jetzt erreiche man die Gläubigen direkt. »Wenn ich nach Rom komme, weiß ich, was die Leute zuhause denken.«[2] Um den Austausch zu fördern, beschließt der Papst, die Zahl der Sitzungen zu verdoppeln. Die Synode soll zwei Jahre dauern.

Ehe die Synode am 4. Oktober 2023 beginnt, unternimmt Franziskus einen Schritt, der in der tausendjährigen Geschichte der Kirche geradezu revolutionär anmutet: Auch Frauen (Laiinnen und Ordensschwestern) sollen teilnehmen und abstimmen dürfen. Es sind 54. Zwei von ihnen werden bei der Versammlung als delegierte Vorsitzende fungieren. Die Befugnis, auf das Abschlussdokument Einfluss zu nehmen, ist nicht länger auf Bischöfe und Männer beschränkt. Damit fällt eine Barriere, die 1700 Jahre lang, seit dem ersten Konzil von Nizäa, Bestand hatte. Die eine oder andere feministische Theologin zuckt mit den Achseln: »Was nützt das schon, wenn wir doch nur darüber abstimmen dürfen, ob das Wasser mit oder ohne Kohlensäure sein soll!« Doch gemessen an der langsamen Gangart der Kirche und dem überaus heftigen Widerstand gegen Frauen am Altar oder auf der Kanzel ist es eine kopernikanische Wende. Ein Punkt, nach dem es kein Zurück mehr gibt.

Auf dem synodalen Treffen zeigt sich die ultrakonservative Front kampfbereit. Der Synodalprozess wird als eine »Büchse der Pandora« beschrieben. Im Vorwort zu einem Pamphlet mit demselben Titel äußert Kardinal Burke die Befürchtung, dass Verwirrung, Irrtümer und Spaltungen »die Weltkirche heimsuchen werden«.[3] Das Buch ist mit Kritik am synodalen Projekt gespickt und lässt – wie Rosenkranzperlen – aggressive Zitate von lebenden und verstorbenen Persönlichkeiten aufeinanderfolgen.

Joseph Ratzinger wird als Theologe zitiert, weil er sich gegen die Vorstellung von einer gemischten, aus Bischöfen und Laien bestehenden Synode als ständigem Leitungsorgan der Nationalkirchen wendet. Einem solchen Organ, steht da zu lesen, müsse man den Gehorsam verweigern. Kardinal Müller attackiert die Gender-Ideologie, der emeritierte Bischof von Chur in der Schweiz, Marian Eleganti, stempelt die Initiative als einen Aufguss von Thesen ab, die aus den 1970er Jahren übriggeblieben seien, und der niederländische Bischof Rob Mutsaerts bezeichnet sie als »ein soziologisches Experiment«, das »wenig mit dem Heiligen Geist zu tun« habe. Beißend auch die Kritik des verstorbenen Kardinals Pell, der das Vorbereitungsdokument als »eines der inkohärentesten Dokumente« bezeichnet, »die jemals von Rom versandt wurden«. Die amerikanische katholische Zeitschrift *The Pillar* fällt ein besonders hartes Urteil, wenn sie schreibt, dass »der synodale Prozess absichtlich einen Raum für die Teilnehmer geöffnet habe, um Sichtweisen zu äußern, die gegen die Lehre der Kirche sind.«[4]

Auch die Reformer bereiten sich vor, weil sie mit einer konzilsähnlichen Atmosphäre und groß angelegten Manövern der verschiedenen theologischen Parteien rechnen. Doch es kommt anders. Der Papst hindert die Versammlung daran, sich Gefechte zu liefern und die katholische öffentliche Meinung einzubeziehen. Niemand darf der Presse mitteilen, wer gesprochen und was er gesagt hat. Es wird nicht publik werden, ob eine Wortmeldung von einem Bischof aus Amerika oder Asien, aus Ost- oder Westeuropa, aus Afrika oder aus Ozeanien stammt. Nicht einmal die Zwischenberichte der verschiedenen Sprachgruppen sollen veröffentlicht werden. Alles liegt in den Händen des Generalsekretariats der Synode unter Leitung des maltesischen Kardinals Mario Grech.

Die mangelnde Transparenz der synodalen Arbeiten ist ein Bruch mit der von Paul VI. begründeten und von Johannes Paul II. und Benedikt XVI. fortgeführten Tradition. Papst Bergoglio fürchtet, dass die Versammlung im Sumpf der Konflikte zwischen den gegnerischen Parteien steckenbleibt. Deshalb hat er nicht nur Stillschweigen über die Synodenbeiträge verfügt, sondern außerdem entschieden, dass den Arbeiten der Versammlung Tage der geistlichen Einkehr vorangehen und die Tagungen von Momenten der Stille und des Gebets unterbrochen werden sollen. Es sei wichtig, so betont er mehrfach, dass das Klima der Versammlung von einem »wahren Hören auf den Geist« geprägt sei. Damit, erklärt Kardinal Marc Ouellet, verbinde sich die Absicht, die verschiedenen »Inhalte« miteinander ins Gespräch zu bringen, damit das wechselseitige Zuhören zu »gemeinsamen Schlussfolgerungen« jenseits von »Polarisierungen« führe, die »durch das Echo von außen bedingt« seien.[5]

Eins macht Franziskus von Anfang bis Ende immer wieder deutlich: »dass die Synode kein Parlament ist, sie ist etwas Anderes [...]. Synode ist ein Weg, den der Heilige Geist wirkt.«[6] Das sagt er 2021 zu Beginn des synodalen Prozesses, dann wieder anlässlich der ersten Sitzung und schließlich, nicht weniger als vier Mal, am 4. Oktober 2024 während der Messe zur Eröffnung der zweiten Sitzung: »Wir sind nicht hier, um eine parlamentarische Sitzung oder einen Reformplan voranzubringen. Die Synode [...] ist kein Parlament. [...] Wir sind nicht hier, um ein Parlament zu bilden«, vielmehr »sollten wir uns erneut daran erinnern, dass sie keine politische Versammlung ist, sondern eine Zusammenkunft im Heiligen Geist; kein polarisiertes Parlament«.[7]

In Wirklichkeit waren die christlichen Synoden und Konzilien in der Abenddämmerung der antiken Welt – seit dem Ende der Demokratie in der römischen Republik und dem Beginn der kaiserlichen Alleinherrschaft – die einzigen Räume, wo eine freie ›parlamentarische Debatte‹ stattfinden konnte. Damit trifft – wie etliche Reformer anmerken, die sich noch an die große Freiheit der Bischöfe auf dem II. Vaticanum erinnern – das Gegenteil von dem zu, was der Pontifex behauptet. Franziskus' Appelle erwachsen andererseits aus der Sorge und Furcht, zusehen zu müssen, wie sich zwischen den konservativen Fundamentalisten und der neuerungsängstlichen Masse der Bischöfe ein Bündnis bildet. Einer Masse, die imstande ist, die Reformbemühungen zu blockieren.

Und tatsächlich offenbart die erste Sitzung das Gewicht der gemäßigten ›Mitte‹, die nicht bereit ist für radikale Reformen. Die Bezeichnung LGBTQ+ verschwindet aus den Texten. Was das Abschlussdokument zu den Themen des Frauendiakonats und des freiwilligen Priesterzölibats sagt, ist bewusst allgemein gehalten. Die nötige Zweidrittelmehrheit wird – bei einer beträchtlichen Zahl von Gegenstimmen – nur erreicht, weil der Text feststellt, dass es Gegner und Befürworter gebe, und zu einer eingehenderen Beschäftigung mit der Frage aufruft. Es scheint offensichtlich, dass radikale Neuerungen auf diesem Gebiet nicht, wie erforderlich, von zwei Dritteln der Synodenteilnehmer befürwortet werden.

Und so kommt es dazu, dass zwischen der ersten und der zweiten Sitzung einige heiße Punkte von der Tagesordnung »stibitzt« werden – so zumindest wird es von nicht wenigen Synodenvätern und -müttern wahrgenommen. Der Papst entscheidet, dass nicht mehr über den Zölibat diskutiert wird, und reißt zehn Themen an sich, die ebenso vielen Studiengruppen anvertraut werden. Diese Studiengruppen, die ihre Schlussfolgerungen am 15. Juni 2025 – also lange nach Abschluss der zweiten Synodensitzung – vorlegen sollen, werden sich unter anderem mit dem Frauendiakonat, der Priesterausbildung, den Methoden zur Auswahl der Bischöfe, der Rolle der Nuntien und mit den theologischen Kriterien für die Prüfung umstrittener pastoraler und ethischer Fragen befassen. Eine weitere Gruppe beschäftigt sich mit der Polygamie.

In der Zeit zwischen den Sitzungen wird dem Vatikan bewusst, dass die Welt der Priester in Aufruhr ist. Sie sind irritiert und fühlen sich übergangen. Man spricht über die Bischöfe, über die Laien, über die Frauen, öffnet die Synode für die Beteiligung und das Votum der Gläubigen – doch die Pfarrer, die tagtäglich die Mühe auf sich nehmen, zunehmend dezimierte Gemeinden zu leiten, werden nicht berücksichtigt. Einige von ihnen sind verstimmt, weil sie einen Machtverlust befürchten, einige sind gleichgültig und einige möchten am Reformprozess beteiligt werden. Knapp 279 000 Diözesanpriester sind für mehr als 1,3 Milliarden Gläubige zuständig. Die Ordensgeistlichen mit eingerechnet sind es kaum mehr als 400 000. Und ihre Zahl nimmt unerbittlich ab.

Das internationale Treffen der »Pfarrer für die Synode«, das vom 28. April bis zum 2. Mai 2024 unter Leitung von Kardinal Grech in Sacrofano (Rom) stattfindet, zeichnet in seinen Berichten ein zuweilen dramatisches Bild der Situation. Es fehlt nicht an positiven Impulsen: der Forderung, den Gläubigen unabhängig von ihrem gesellschaftlichen Status oder ihrer politischen und religiösen Verortung Gehör zu schenken; dem Willen, die Frauen zu einer vollumfänglichen Beteiligung zu ermutigen; der Notwendigkeit, sich »nicht wie die Herren im Haus aufzuführen«. Andere Aussagen aber zeugen von einem nicht selten harten und bedrückenden Leben. Einsamkeit, Verschleiß, Burnout. Laien, die sich häufig klerikalisieren und sich in den partizipativen Strukturen als ›rettende Helden‹ gebärden. Gläubige, die zur Beteiligung aufgerufen sind, sich dann aber nicht aktiv in die Seelsorgeteams einbringen. Jüngere Priester, die oft weniger aufgeschlossen sind als die Generation gleich nach dem Konzil. Medienpriester ohne Gemeinschaftserfahrung, die Anhänger um sich scharen. Bischöfe ohne Gemeindeerfahrung. Priester, die sich weigern, eine Stelle auf dem Land anzutreten. Die Sensibilitäten sind denkbar unterschiedlich. In einigen Berichten ist von der Rolle der Frauen die Rede, in anderen wird sie nicht einmal erwähnt.

Die 300 Delegierten, die an dem Treffen teilnehmen, nehmen kein Blatt vor den Mund. »Jeder lebt, so gut er kann, und fühlt sich kaum wertgeschätzt ... Die Institution steht über der Person ... Es gibt ein Problem zwischen uns und den Bischöfen ... Die Synodalität hilft, aber wer trifft am Ende die Entscheidungen?« In einem der Berichte sticht ein Verzweiflungsschrei ins Auge, der, das spürt man, kein Einzelfall ist: »Einer, der sich das Leben genommen hat, schreibt: Mir kann keiner helfen.«[8]

In einem an sie gerichteten Brief erkennt Franziskus die Vielfalt der gegenwärtigen Landschaft an: von den Randpfarreien der Megastädte – wie er selbst sie in Buenos Aires kennengelernt hat – über Seelsorgebereiche von der Größe einer Provinz bis hin zu den typischen Strukturen vieler europäischer Länder, wo uralte Basiliken immer kleinere Gemeinden beherbergen. Der Papst besteht auf einer Kehrtwende, die seiner Meinung nach in der heutigen Zeit notwendig ist: Pfarrgemeinden, die entschieden von der »Beteiligung aller Getauften an der einen Mission der Verkündigung des Evangeliums« geprägt sind.[9] Das ist die synodale missionarische Kirche, die ihm vorschwebt.

Bergoglios Freunde und Feinde wissen, dass die Synode das Projekt ist, das ihm in der Schlussphase seines Pontifikats am meisten am Herzen liegt. Sie soll die Krönung seiner Bemühungen sein, die Kirche zu verändern. In der Kurie scherzt man über den inflationären Gebrauch des Adjektivs »synodal«. Alles sei plötzlich synodal: sogar das Wetter, ein Getränk, ein Husten … Der römische Humor ist anders als der trockene britische, als der aggressive berlinerische Witz oder die bissige französische Ironie. Der Römer tötet gutmütig. Und so wird die Synode in der Kurie zum *Sinodone*, zur »tollen Synode«. »Hoffen wir, dass es keine Enttäuschung wird«, raunt ein Kurienpräfekt.

Sie kann, sie *darf* keine Enttäuschung werden, wenn es nach dem Papst und nach dem Generalsekretariat der Synode geht, das die Maschinerie der Versammlung steuert. Die Themen, die laut *Instrumentum laboris*, dem vorbereitenden Dokument, zur Diskussion stehen, sind relevant. Sie betreffen konkrete Formen der Partizipation der Frauen außerhalb des Diakonats; die Beteiligung der Gläubigen an Entscheidungsprozessen; und die Pflicht, auf allen Ebenen – nicht nur in finanziellen Fragen oder Missbrauchsverdachtsfällen – Rechenschaft über das pastorale Handeln abzulegen.

Die Organisation der Arbeiten folgt einer straffen Ordnung. Die 365 stimmberechtigten Teilnehmer sitzen an 36 Tischen. Man richtet sich nach dem Entwurf des in drei Module unterteilten Grundlagendokuments. Jeder hat drei Minuten Redezeit, um seine These vorzustellen, und weitere drei Minuten, um andere Meinungen zu widerlegen. Dann, nach einer Pause, noch einmal drei Minuten, um die strittigen Punkte zu benennen, und schließlich drei Minuten, um die Punkte zu vertiefen, wo eine Übereinstimmung möglich ist. An jedem Tisch gibt es einen »Moderator«, der die Diskussion leitet. Anschließend wird das, was an den Tischen erarbeitet worden ist, an fünf Sprachgruppen weitergegeben, die das Ganze in Form bringen und dem Generalsekretariat übergeben. Ein Team aus theologischen Beratern steht bereit, um zu helfen.

Mit einem offenen Meinungsaustausch hat das Ganze nicht viel zu tun. Es erinnert eher an ein Universitätsseminar oder an eine Sitzung des Planungsteams in einem Unternehmen. Ein Vorgehen im Stil der Jesuiten, sagen Kritiker. Unterschwellig, bemerkt ein Bischof, fühle es sich so an, als solle hier ein Produkt hergestellt werden. Die Moderatoren neigen dazu, freiere Herangehensweisen auszubremsen. »Das wirkt, als wäre jemand aus der Reihe getanzt«, meint Erzbischof Vincenzo Paglia, Präsident der Akademie für das Leben. Jede Woche wechselt man die Tische und nimmt sich ein neues Modul des Arbeitspapiers vor. »Unter Umständen muss man den anderen dann die eigene Position noch einmal ganz von vorne erklären«, kommentiert Erzbischof Rino Fisichella, Pro-Präfekt des Dikasteriums für die Evangelisierung. Einige Bischöfe wirken entnervt. Man könne nicht diskutieren, sagen sie. Man könne nicht auf eine Position reagieren, die man für inakzeptabel halte. Bei den Generalversammlungen gilt die Regel, dass jeder, der seine Rede gehalten hat, erst wieder an der Reihe ist, nachdem alle anderen gesprochen haben. Pater Tom Reese, langjähriger Chefredakteur der wichtigen Jesuitenzeitschrift *America*, schlägt in seinem Blog vor, die Synodenteilnehmer sollten sich ein Herz fassen und es machen wie die Konzilsväter auf dem II. Vaticanum: sich in Bewegung setzen, um »ihre eigene Agenda voranzubringen, auch wenn das vielleicht bedeutet, von der Agenda des Papstes abzuweichen«. Doch dazu ist offenbar niemand in der Lage.

Und doch scheint das System allmählich zu funktionieren. Bei der Synodensitzung des Jahres 2023, verrät Kardinal Jean-Claude Hollerich, der Generalrelator der Versammlung, seien noch Mehrheiten und Minderheiten zu erkennen gewesen. Jetzt, so sagt er, zeige sich eine »Umkehr im Geiste ..., es waren keine Treffen zu beobachten, wo wie in der Politik nach Mehrheiten gesucht wurde«. Vor allem, so betont er – und gebraucht dabei ausdrücklich parteipolitische Begriffe –, finde keine »Schlacht zwischen Konservativen und Liberalen« statt.[10]

Statt des vom Papst befürchteten Zusammenstoßes der beiden entgegengesetzten Pole zeichnet sich etwas vollkommen Neues und Unerwartetes ab. Darauf weist der 80-jährige Wiener Kardinal Christoph Schönborn hin. »Bei meiner ersten Synode 1985, die dem 20. Jahrestag des II. Vaticanums gewidmet war, waren die Europäer alles und die anderen waren europäisiert. Jetzt steht der Globale Süden im Mittelpunkt. Das Blatt hat sich gewendet.«[11] Die große Mehrheit der Bischöfe, Männer und Frauen, die an der Synode 2024 teilnehmen, kommt von dort. Früher schienen sie beinahe Gäste zu sein, doch heute sind sie es, die »das Bild prägen und ihre Themen und Sorgen einbringen. Wir aus dem ›reichen Norden‹ sind zu einer Minderheit geworden.«[12]

Die Wahrnehmung ist überaus deutlich. Afrika hat die Rolle der ehemaligen religiösen Kolonie abgestreift. Während die Stimme Lateinamerikas schwächer geworden und die Stimme Asiens nur sporadisch zu hören ist – auf großes Interesse stoßen jedoch die Beiträge der beiden chinesischen Bischöfe, die sich in ihrer Muttersprache äußern –, macht die Präsenz der afrikanischen Delegierten durch ein neues Identitätsbewusstsein auf sich aufmerksam. Aus ihren Wortmeldungen geht hervor, dass sie nicht die Absicht haben, sich an dem Bürgerkrieg zu beteiligen, der Franziskus' Pontifikat seit zehn Jahren zerreißt, aber auch nicht bereit sind, sich von den Bischöfen und Theologen des Nordens die Tagesordnung diktieren zu lassen. Heißt im Klartext, dass die Europäer, die vor 200 Jahren nach Afrika gekommen sind und gewisse Regeln aufgestellt haben, heute nicht einfach hingehen und diese Regeln wieder ändern können.

Das ist der Kurs, den Kardinal Ambongo, der Vorsitzende der afrikanischen Episkopate, hinsichtlich der Segnungen homosexueller Paare verfolgt. Treue zum Papst, aber Verteidigung des eigenen kulturellen Kontexts. Und noch ein zweites Leitmotiv tritt in den Diskussionen in unterschiedlichen Nuancierungen zutage. Krass vereinfacht: »Ihr steckt in einer demographischen Krise und eure Kirchen werden immer leerer, während wir eine Blütezeit erleben. Wie kommt ihr also auf die Idee, ihr könntet uns die Tagesordnung diktieren?« In diesem paritätischen Kontext können sich sogar beinahe spaßig anmutende Rededuelle wie das zwischen einem deutschen Bischof und seinem afrikanischen Amtsbruder entspinnen: »Also gut, wir wollen die Homosexuellen segnen und ihr protestiert, dabei traut ihr euch nicht mal, den Polygamisten die Meinung zu sagen, weil euch die Leute sonst davonlaufen!«

In den gezwungenermaßen gemischten Tischgruppen wird den Synodenteilnehmern bewusst, dass die katholische Weltgemeinschaft sich in einem Übergangsstadium befindet, sich eine neue Gestalt gibt, und dass die neuen Formen und Strukturen, die sie annehmen wird, nicht einfach von Rom oder von den Hierarchien der nördlichen Hemisphäre diktiert werden können. Alle müssen überzeugt sein und das neue Projekt gemeinsam tragen. Während der dreiwöchigen Synode wird auch das besondere Engagement der Afrikanerinnen spürbar. Frauen, die sich nicht scheuen, die zuweilen beschönigenden Reden ihrer Bischöfe zu entlarven, wenn es um sexuellen Missbrauch oder Ausbeutung geht. Theologinnen, die sich selbstbewusst äußern. Synodalität, erklärt Schwester Solange Sia aus Elfenbeinküste, die erste Ordensfrau im westlichen Afrika, die in Theologie promoviert hat, verlange die »Demut, sich bewusst zu machen, dass man nicht alles weiß, weil es andere Wirklichkeiten gibt, mit denen man ins Gespräch kommen muss«.[13] An ihren runden Tischen können die Synodenmitglieder mit Händen greifen, dass die Muster des Trienter Konzils in der globalisierten Welt nicht mehr funktionieren und kleine Korrekturen nicht länger ausreichen. Es gilt, eine neue kirchliche Realität zu schaffen, deren Umrisse noch nicht festgelegt sind. Franziskus drängt in diese Richtung.

Während der Arbeiten der Synodenversammlung sorgt der Fall Fernández für Zündstoff. Viele Synodenväter und -mütter haben noch nicht verdaut, dass der Papst die Frage des Frauendiakonats an sich gerissen und einer Studiengruppe anvertraut hat, die vom Dikasterium für die Glaubenslehre koordiniert wird. Sie wollen eine Einschätzung abgeben dürfen. In den ersten Tagen der Synode, als die laufenden Arbeiten aller zehn Gruppen vorgestellt werden, erklärt Kardinal Fernández lakonisch: »Wir kennen die öffentliche Position des Pontifex, der die Frage noch nicht für reif hält ... Es bleibt die Möglichkeit einer Vertiefung.« In den Reihen der Versammlung reagiert man irritiert. Eine interne Abstimmung ergibt, dass 265 Teilnehmer eine Debatte über das Thema befürworten; 74 sind dagegen. In den darauffolgenden Tagen lässt Fernández eine Mitteilung verbreiten, in der er betont, dass der Papst schon seit längerem entschieden habe, die Frage des Frauendiakonats dem Dikasterium für die Glaubenslehre anzuvertrauen. Mithin hätten die Verfahrensweisen des besagten Dikasteriums zu gelten. Die Irritation nimmt zu. Dennoch wird angekündigt, dass es am 18. Oktober, Freitagnachmittag, die Möglichkeit zu einem Austausch geben soll.

Etwa 100 Synodenmitglieder, Bischöfe und Laien, erscheinen zu dem Treffen – und sehen sich zwei Beamten des Dikasteriums gegenüber, die nicht zu Gesprächen befugt sind, sondern lediglich Vorschläge entgegennehmen dürfen. Stattdessen ergießt sich eine Flut von Unmutsbekundungen über die beiden Funktionäre. »Wir sind hier nicht im Kindergarten!«, ruft ein Bischof aus dem Auditorium. Fernández lässt daraufhin verlauten, dass er das Missverständnis bedauere, und verliest drei Tage später in der Versammlung eine Erklärung, in der er noch einmal betont, dass der Papst die Frage für noch nicht reif halte und deshalb »darum gebeten hat, dass wir uns nicht mit dieser Möglichkeit aufhalten«. Die Kommission, die 2020 eingerichtet wurde, werde ihre Arbeit fortsetzen. Ihre Teilergebnisse, fügt Fernández hinzu, »werden wir zum gegebenen Zeitpunkt veröffentlichen lassen«.

Damit ist die Synode praktisch entmachtet.

Das Tauziehen endet schließlich am 24. Oktober mit Fernández' Ankunft in der Synodenaula und einer eineinhalbstündigen Debatte, die per Video aufgezeichnet und ungekürzt zur allgemeinen Verfügung ins Netz gestellt wird. Die Aussage, dass die Frage des Frauendiakonats noch nicht reif sei, erklärt der Kardinal, bedeute nicht, dass man nicht länger daran arbeiten wolle, den Frauen mehr Möglichkeiten und mehr Macht einzuräumen – zumal es auf verschiedenen Kontinenten schon etliche Erfahrungen mit Frauen als Gemeindeleiterinnen gebe.

In mühevoller Kleinarbeit – man fühlt sich an eine Autowerkstatt erinnert – setzt die Synode das Abschlussdokument Stück für Stück zusammen wie die verschiedenen Teile eines Motors. Es enthält präzise Ziele, die von mehr als zwei Dritteln der Stimmberechtigten verabschiedet worden sind. Im Laufe der Arbeiten sind typische Begriffe aus der angelsächsischen Soziologie aufgetaucht: *Decision Making, Decision Taking, Transparency, Accountability.* Dieser sehr konkrete Ansatz spiegelt sich im Text wider. Das Dokument befürwortet, ja fordert funktionierende Strukturen der Partizipation, die die Gläubigen auf verschiedenen Ebenen beteiligen: den Pastoralrat auf Pfarr- und auf Diözesanebene, die Diözesansynode, den Vermögensverwaltungsrat. Es tritt dafür ein, überall dort, wo Entscheidungen getroffen werden, auch Frauen einzubeziehen. Die Richtlinie ist unmissverständlich: »Es gibt keine Gründe, die Frauen daran hindern sollten, Führungsrollen in der Kirche zu übernehmen: Was vom Heiligen Geist kommt, kann nicht aufgehalten werden.« (Mit 97 Nein- und 258 Jastimmen war dies der umstrittenste Paragraph.) Ferner ermutigt der Text dazu, die kirchliche Unterscheidung mit einer Kultur der Transparenz, Rechenschaftspflicht und Evaluation zu verbinden, und bezeichnet es als »notwendig, über Strukturen und Methoden zur regelmäßigen Bewertung der Amtsausübung zu verfügen.«[14]

Hier werden die Umrisse eines neuen Modells von Kirche sichtbar, in dem die Kontrolle nicht nur von oben, sondern auch von unten ausgeübt wird. Weil die Getauften nicht länger eine passive Herde, sondern für den Sendungsauftrag, das Evangelium zu verbreiten, mitverantwortlich sind und deshalb mitentscheiden. Gewünscht wird auch ein Nachdenken darüber, wie die Liturgie synodaler gestaltet, das heißt für die Beteiligung der Gläubigen geöffnet werden kann.

Dass das Volk der Getauften als zentraler Akteur wiederentdeckt wird, ist in gewisser Hinsicht eine der Neuerungen der von Franziskus gewollten Synode. Das wirkt sich auch auf die Ökumene aus. Noch nie waren auf einer Synode so viele Delegierte anderer christlicher Kirchen anwesend – zwölf bei der ersten und 16 bei der zweiten Sitzung –, die sich nicht nur zu Wort gemeldet, sondern an den Tischen auch gemeinsam mit den anderen abgestimmt haben. Die Mennonitenpastorin Anne-Cathy Graber hat diese Neuheit hervorgehoben. Die christlichen Gemeinschaften, so hat sie es ausgedrückt, seien »nicht nur Nachbarn, Seite an Seite: Wir sind vom selben Fleisch Christi«.[15]

Was die Synode im Vorfeld belastet hatte, war die Angst, geradewegs in die Spaltung hineinzusteuern. »Wir dürfen nicht auseinanderbrechen wie die Anglikaner«, hatte ein Bischof aus Mitteleuropa erklärt. Doch die mühselige Prozedur der wechselnden Tischgruppen hat sich als eine Art Gruppentherapie erwiesen und ein noch nie dagewesenes Modell hervorgebracht: eine globale kirchliche Struktur auf der Basis von Prinzipien, die in ihren grundlegenden Zügen von allen bejaht werden und in den verschiedenen kulturellen Kontexten mit je unterschiedlichem Tempo umgesetzt werden können. »Wir arbeiten zusammen, weil die Kirche eins ist: nicht eine Kirche für die Bischöfe und eine andere für die Laien und noch eine andere für die Ordensleute: Sie ist eins«, so das Fazit des kamerunischen Bischofs Emmanuel Dessi Youfang. Offenbar hat gerade die Vielfalt der soziokulturellen Kontexte in den Teilnehmern den Wunsch nach Einheit verstärkt. Nicht von ungefähr erzählt der US-amerikanische Kardinal Robert Prevost, Präfekt des Dikasteriums für die Bischöfe, dass eine buddhistische Delegation, die vom Papst im Vatikan empfangen wurde, »ein wenig neidisch« gewesen sei, »weil es in Rom eine konkrete und klare Art und Weise gibt, das Prinzip der Einheit zu leben«. Und Papst Franziskus hat in seinem abschließenden Grußwort betont, wie wichtig es sei, die Unterschiede miteinander in Einklang zu bringen.

Zwei weitere Signale gehen von der Synode aus. »Die Frage des Zugangs von Frauen zum diakonischen Amt [bleibt] offen«, heißt es im Abschlusstext. Ein Schlag gegen das Nein, das Papst Wojtyła als endgültig verstanden wissen wollte. Der Jesuit Giacomo Costa, Berater des Synodensekretariats, weist auf ein weiteres Detail hin: Es ist nicht mehr von der Weltkirche, sondern von der »Gemeinschaft der Kirchen« die Rede. Das ist ein Begriff, der die Identität der Ortskirchen würdigt. Und de facto eine Absage an den zentralistischen Universalismus à la Ratzinger.

Allen Vorhersagen zum Trotz hat Papst Franziskus auf ein nachsynodales Schreiben verzichtet und die Thesen der Versammlung formell bestätigt. Damit besitzen sie lehramtliche Autorität. »Es ist eine Roadmap, ein Wegweiser für die Zukunft«, meint der Vorsitzende der Deutschen Bischofskonferenz Georg Bätzing. Die Synode ist das Vermächtnis, das Papst Bergoglio seinen Nachfolgern hinterlässt, glauben viele im Vatikan. Alles ist möglich: dass sie in den Archiven verstaubt oder als Gerüst dient, um der Kirche eine neue Gestalt zu geben.

Kapitel XII.
Gegen den Wind

In Paris gibt Emmanuel Macron den Franzosen und der Welt die Kathedrale *Notre-Dame* zurück – und Franziskus fliegt zu einem Kongress über Volksfrömmigkeit nach Ajaccio. Der neugewählte Herrscher des Westens, Donald Trump, Regierungschefs und Staatsoberhäupter sind in der französischen Hauptstadt versammelt, doch der Pontifex bleibt dem Treffen fern. Der Brand von *Notre-Dame* – überlegt Andrea Riccardi, Gründer der Gemeinschaft Sant'Egidio – steht metaphorisch für ein Christentum, das in die Endphase seines gesellschaftlichen Bedeutungsverlusts eingetreten zu sein scheint. Dieses Ereignis habe zahlreiche Europäer in ihrer Wahrnehmung bestätigt, dass sie als »Kinder der Leere« geschichtsvergessen durch ein verdunstetes Christentum taumeln ...[1] Die Wiedergeburt der Kathedrale, so Papst Franziskus in einer Botschaft, möge »ein prophetisches Zeichen für die Erneuerung der Kirche in Frankreich sein.«[2] Doch es wäre etwas anderes gewesen, wenn er es persönlich gesagt hätte.

Keine der offiziellen Erklärungen für die Abwesenheit des Papstes kann überzeugen. »Der Heilige Vater«, so der vatikanische Nuntius in Frankreich Erzbischof Celestino Migliore, »hat eben eine Sicht auf die Welt, die die Peripherien bevorzugt, die armen Länder und die Orte, die er noch nicht besucht hat«.[3] Viele sind der Meinung, dass er – womöglich auch zu einem anderen Zeitpunkt – nach Paris hätte reisen können. An Einfallsreichtum hat es Bergoglio noch nie gefehlt. Er ist der Papst, der an den Gründonnerstagen immer wieder Wert darauf gelegt hat, auch andersgläubigen Frauen und Männern die Füße zu waschen, und der noch Ende 2024 auf den Gedanken verfallen ist, das Heilige Jahr mit der Öffnung einer zweiten Heiligen Pforte im römischen Gefängnis Rebibbia einzuläuten. Seine Abwesenheit in Paris wirkt, als hätte er sich abgewandt.

In den ersten zehn Jahren des Pontifikats signalisierte die öffentliche Meinung Verständnis dafür, dass Franziskus den Peripherien der Welt den Vorzug gab. Doch auch das europäische Christentum ist im spirituellen Sinne zu einer Peripherie geworden und fristet ein Dasein am Rand der postsäkularisierten Gesellschaften. Frankreich, Spanien, Österreich, Deutschland und England sind seit geraumer Zeit nicht mehr der stolze Motor der Evangelisierung, sondern verbrannte Erde – mit gewaltigen Kathedralen, die eine immer kleinere Herde beherbergen. Riccardi, ein entschiedener Unterstützer des Pontifex, gibt ohne Umschweife zu, dass die Kirche vielleicht schon »verbrannt« ist, weil zahlreiche Indikatoren ihrer Lebensfähigkeit »wie die sonntägliche Praxis, die Berufungen und vieles andere inzwischen einen echten Tiefstand erreicht haben«.[4]

Zu Beginn seines Pontifikats, erinnert sich ein Kurienbischof, habe Franziskus leise gemurrt, dass er nicht gerne die »reichen und mächtigen« Länder besuche. Die Reise in die Vereinigten Staaten 2015 fand statt, weil er sie mit dem Besuch bei den Vereinten Nationen und der Teilnahme am Weltfamilientreffen verbinden konnte. Dass er Westeuropa praktisch gemieden hat, bleibt letztlich unerklärlich und befremdlich und hinterlässt in seinem ganzen Pontifikat einen Nachgeschmack. Tatsächlich hatten die Katholiken im reichen Singapur, die den Papst im September 2024 während seiner Reise in den Fernen Osten sehen und hören konnten, mehr Glück als viele ihrer Glaubensbrüder und -schwestern in Westeuropa.

Andererseits hat die kurze Reise, die Franziskus im selben Zeitraum nach Belgien und Luxemburg unternahm, auch für

Spannungen gesorgt. Die Worte über die durch sexuellen Missbrauch und Vertuschungen verursachten Verletzungen, die Belgiens Premier Alexander De Croo an den Papst richtete, wogen schwer – ebenso schwer wie die kritischen Anmerkungen der progressiv-katholischen Kreise an den beiden katholischen Universitäten von Löwen zu den brisanten Themen der Gender Diversity und der Rolle der Frau in der Kirche.

Das dreizehnte Jahr von Franziskus' Pontifikat beginnt vor einem chaotischen internationalen Panorama, das von großen Umwälzungen gekennzeichnet ist: dem Ukrainekrieg, dem Krieg Israels gegen Hamas und Hisbollah und dem Zusammenbruch des Assad-Regimes in Syrien, der die Verhältnisse im Nahen Osten von Grund auf verändert. Doch da ist noch etwas – etwas, das auf einen »Epochenwandel« hindeutet: Der antidemokratische extremistische Populismus betritt die Bühne.

Wenn es darum ging, die Zeichen der Zeit zu erkennen, hat sich Papst Bergoglio von jeher als wachsam und hellsichtig erwiesen.

Er hat die epochale Tragweite des Migrationsphänomens sofort erfasst. Er hat die Kirche unter dem Banner des ökologischen Wandels versammelt, weil die Umweltzerstörung zwangsläufig eine Verschlechterung der sozialen Situation nach sich zieht. Er hat die Gläubigen ermutigt, sich im Kampf gegen die wachsenden Ungleichheiten zu engagieren.

Seit Jahren warnt er vor dem autoritären Rechtspopulismus, der sich gegenüber den Eliten als Retter des armen Mannes aufspielt. Auf dem Treffen der Bischöfe des Mittelmeerraums im Februar 2020 in Bari – kurz bevor Europa von der Coronapandemie heimgesucht wurde – erklärte der Pontifex: »Mir macht es Angst, wenn ich manche Reden einiger Anführer der neuen Formen des Populismus höre«. Er fühle sich an die Reden erinnert, »die in den 30er-Jahren des vergangenen Jahrhunderts Angst und dann Hass gesät haben.«[5] Es ist ein Thema, das er auch bei anderen Gelegenheiten wiederaufgreift, um politische

Bewegungen anzuprangern, die Hass, Gewalt und Spaltung schüren und das Gespenst immer neuer Sündenböcke heraufbeschwören: gestern die Juden, heute die Geflüchteten. Am Ende läuft alles darauf hinaus, dass man sich in die Hände eines starken Mannes begibt, denn Hitler – daran erinnert Franziskus ein anderes Mal – ist durch die Wahlzettel des Volkes an die Macht gekommen.

Zwischen 2022 und 2024 wird dann Europa von der Lawine des Rechtspopulismus erfasst. In den Niederlanden gewinnt die immigrantenfeindliche und islamophobe Partei von Geert Wilders die Wahlen und wird mit der Regierungsbildung beauftragt. In Frankreich ist Marine Le Pen auf dem Vormarsch. In Italien kommt die Partei von Giorgia Meloni an die Regierung, die neofaschistische Wurzeln hat. In Österreich erringt die rechtsextreme FPÖ fast 30 Prozent. In den deutschen Bundesländern Thüringen und Sachsen stimmen über 30 Prozent der Wähler für die AFD, die Sympathisanten von Neonazis zu ihren Mitgliedern zählt. In England hat die populistische und ultranationalistische Partei von Nigel Farage, die die Kluft zwischen dem Vereinigten Königreich und Europa vertiefen will, bei den Umfragen die Nase vorn. Und Argentiniens neuer Präsident ist der anarcho-kapitalistische Extremist Javier Milei.

Der Heilige Stuhl beobachtet diese Entwicklungen mit Sorge. Besonders beunruhigt ist man in Rom über die Ereignisse in den Vereinigten Staaten und Donald Trumps triumphale Rückkehr an die Macht. Die ehemalige Republikanische Partei ist von der Trump-Bewegung *Make America Great Again* unterwandert worden. Während des Wahlkampfs, als das Duell zwischen Kamala Harris und Donald Trump Fahrt aufnahm, mahnte Franziskus vorsichtig, das »kleinere Übel« zu wählen. Nachdem Trumps Wahlsieg feststand, äußerte Kardinalstaatssekretär Parolin behutsam den Wunsch, dass der Neugewählte in der Lage sein möge, »die Polarisierung zu überwinden, die in dieser Zeit [in den USA] sehr, sehr deutlich zu spüren war.« Mit Blick auf eine mögliche Massenabschiebung von Einwanderern brachte der Kardinal die Hoffnung zum Ausdruck, dass man »nicht in diese Extreme geht«.[6]

Bei den US-Wahlen ist eine erhebliche Verschiebung im Votum der katholischen Wählerschaft sichtbar geworden, die traditionell eher den Demokraten zuneigt. Diesmal hatte die Republikanische Partei einen deutlichen Vorsprung. Bundesweit stimmten die Katholiken mit 52% für Trump und mit 45% für Kamala Harris (*Associated Press*), während in den zehn entscheidenden Staaten 56% der katholischen Stimmen auf Trump und 41% auf Harris entfielen (*NBC News*). Grund für diese Wende waren neben dem Antiabtreibungsvotum der konservativen Katholiken vor allem veränderte Tendenzen in der hispanischen Wählerschaft, für die die Probleme mit Einwanderung und Inflation stärker ins Gewicht fielen als die Soziallehre der Kirche.

Für den Vatikan ist der Fall Amerika mehr als bloß eine Schwankung im Wählerverhalten: Er spiegelt vielmehr den »Epochenwandel« – ein Ausdruck, den Franziskus gern benutzt, um eine Welt zu beschreiben, die die eingefahrenen Geleise verlässt und sich aufmacht in eine neue Dimension voller unbekannter Größen und sogar unvorhersehbarer Gefahren. Zum ersten Mal greifen die neuen Oligarchen – befehlsgewohnte Technologen und Unternehmer, die (zuweilen unter dem Deckmantel einer libertären Gesinnung) einem autoritären und möglichst uneingeschränkten Kapitalismus das Wort reden – direkt, das heißt ohne Vermittlung durch die Politik, nach der Macht. Das Gesamtvermögen der Milliardäre aus Trumps Regierungsteam – das hat der Fernsehsender *ABC News* ausgerechnet – beläuft sich, über den Daumen gepeilt, auf 460 Milliarden Dollar. »In der Wirtschaft«, so der Kommentar eines Erzbischofs aus dem vatikanischen Apparat, »geht der Sinn für das Gemeinwohl verloren. Es besteht die Gefahr, dass das Anhäufen von Reichtümern stärker gefördert wird als deren Verteilung. Es droht, mit anderen Worten, ein Kapitalismus, der systematisch Ungleichheiten schafft.«

Elon Musk, der mächtigste Milliardär der Welt, Besitzer riesiger Unternehmen wie Tesla, X, Starlink und SpaceX, wird der *First Buddy*, der »beste Kumpel« und Berater des Präsidenten. Nicht von ungefähr erhält er den Auftrag, die staatliche Bürokratie drastisch zu verschlanken, will sagen: die Regulierungsmöglichkeiten des Staates weitestmöglich aufzuweichen oder auszuschalten. Musk duldet in seinen Firmen keine Gewerkschaften. Während der Pandemie hat er sich als frontaler Gegner der Corona-Schutzmaßnahmen präsentiert, offen Streit mit den Behörden gesucht und diese sogar bedroht. In Europa hat man alarmiert und kontrovers auf seine Behauptung reagiert, dass »nur die AFD Deutschland retten kann«, die mit Einmischungen in die inneren Angelegenheiten Großbritanniens und Italiens einherging.

Fast ein Jahrhundert nach dem *New Deal* von Franklin D. Roosevelt tritt eine entgegengesetzte Anschauung auf den Plan, die den Wert der sozialen Marktwirtschaft – besonderes Anliegen der Päpste Johannes Paul II., Benedikt XVI. und Franziskus – grundsätzlich negiert. Nach Ansicht Professor Zamagnis, des ehemaligen Präsidenten der Päpstlichen Akademie der Sozialwissenschaften, steht dahinter die Idee, »dass der Kapitalismus die Demokratie nicht mehr braucht und dass die Macht in den Händen einiger weniger, nämlich der wahrhaft Tüchtigen, konzentriert werden muss!« Die herrschende Überzeugung, so fügt er hinzu, verlangt, dass man die neuen Technologien nicht durch gesetzliche Maßnahmen behindert.[7] Franziskus hingegen hat von jeher gegen die Herrschaft des »technokratischen Paradigmas« protestiert.

Mit einem einzigartigen, wenngleich zufälligen Timing attackiert der argentinische Papst in den Tagen von Trumps Wahlsieg die ideologische Auffassung von einem »Markt«, der in der Lage sei, Harmonie zu stiften. Dieses Narrativ, betont Franziskus in einem Brief an das Panamerikanische Komitee von Richterinnen und Richtern für soziale Rechte (COPAJU), habe noch nie etwas Gutes hervorgebracht. »Der Staat, nicht der Markt, schafft Harmonie und garantiert die soziale Gerechtigkeit«. Keiner dürfe aussortiert werden, vielmehr müssten »alle in gleicher und integrativer Weise Teil des wirtschaftlichen und sozialen Systems« sein. Deshalb, so der Papst, »muss der Reichtum gleich und gerecht verteilt werden«.[8]

Die Kluft zwischen der internationalen Perspektive des Heiligen Stuhls und der neuen US-amerikanischen Führung wird außerdem dadurch vertieft, dass Trump sich erneut aus dem Pariser Klimaabkommen zurückziehen will und plant, der Weltgesundheitsorganisation seine Unterstützung aufzukündigen. Das ist das genaue Gegenteil der Sicht vom »Gemeinwohl« der Menschheitsfamilie, die der argentinische Pontifex in seinen Enzykliken *Laudato si'* und *Fratelli tutti* verfochten hat.

Kardinal Tolentino de Mendonça, Präfekt des Dikasteriums für die Kultur, warnt vor der Vorstellung von einer mystischen Macht der Technologie und der Ökonomie. Die internationale Ordnung sei von der Dominanz großer Technologiekonzerne geprägt, und das sei eine Herausforderung für die Demokratie. »Die Kirche«, erklärt er, »bleibt besorgt und wachsam. Und sie betrachtet es als ihre Aufgabe, Denkanstöße zu geben, denn es wird heute zu wenig über die Demokratie nachgedacht«.[9]

Das Zünglein an der Waage in der sich anbahnenden geopolitischen Auseinandersetzung zwischen dem Vatikan und den Vereinigten Staaten könnte der Mann sein, den Trump als neuen Botschafter beim Heiligen Stuhl designiert hat: Brian Burch, Vorsizender der militanten konservativen katholischen Gruppierung *CatholicVote*, die sich im Wahlkampf für den neuen Präsidenten starkgemacht hat und nicht selten – etwa in Sachen Einwanderung, Klima, Wirtschaft oder Segnung homosexueller Paare – einen anderen Kurs einschlägt als Papst Franziskus. *CatholicVote* wird vorgeworfen, 2020 die Methode des *Geofen-*

cing (Erfassung von Wählergruppen durch Geolokalisierung) eingesetzt zu haben, um regelmäßig praktizierende Katholiken ausfindig zu machen und mit gezielter Wahlpropaganda zu erreichen.

Auch Papst Franziskus rüstet sich für das Gefecht mit der neuen Trump-Administration. 2020, auf dem Höhepunkt der Bewegung *Black Lives Matter* – ins Leben gerufen nach dem gewaltsamen Erstickungstod des Afroamerikaners George Floyd durch einen Polizisten – hatte der Papst dem Erzbischof von Washington und Afroamerikaner Wilton Gregory den Kardinalspurpur verliehen. Nachdem dieser aus Altersgründen seinen Rücktritt eingereicht hatte, ernannte Franziskus im Januar 2025 mit Kardinal Robert McElroy eine Persönlichkeit zum Erzbischof der amerikanischen Hauptstadt, die eine besondere Aufmerksamkeit für soziale und Einwanderungsprobleme mitbringt und sich für die Grundsätze der Integration und der Achtung der Menschenwürde einsetzt.

Noch an einer anderen Front befindet sich der Heilige Stuhl auf Kollisionskurs. Die Beziehungen zur israelischen Regierung sind überaus angespannt. Für Franziskus, der seit seiner Zeit in Buenos Aires stets ein enges Verhältnis zum Judentum hatte – man denke nur an seine Freundschaft mit dem Rabbiner Abraham Skorka, den er im Mai 2014 beim Gebet an der Klagemauer in Jerusalem an seiner Seite haben wollte –, ist die Situation in Gaza ein Stachel im Fleisch. Dass auf Kinder geschossen wird, hat er am Vorabend des Weihnachtsfests 2024 gleich mehrfach angeprangert.

Beim Neujahrsempfang für das diplomatische Korps am 9. Januar 2025 erklärt der Papst, dass die Welt »der immer realer werdenden Gefahr eines Weltkriegs« entgegensehe. Deshalb sei es notwendig, auch mit unbequemen Gesprächspartnern zu reden. Er drängt darauf, zum »Geist von Helsinki« zurückzufinden, der es Staaten trotz gegensätzlicher Positionen ermöglicht habe, »einen Raum der Begegnung zu schaffen«.

Im Hinblick auf den Nahen Osten nimmt Franziskus kein Blatt vor den Mund. Man müsse einen Waffenstillstand und die Freilassung der israelischen Geiseln im Gazastreifen erreichen, »wo eine überaus ernste und schändliche humanitäre Situation besteht«. Die palästinensische Bevölkerung, betont er, solle jede nötige Hilfe erhalten. Erfolg verspricht letztlich nur eine Zweistaatenlösung: Palästina und Israel »Seite an Seite in Frieden und Sicherheit«. Den Antisemitismus verurteilt der Papst so deutlich wie eh und je.

Dass Bomben auf die Zivilbevölkerung abgeworfen werden, so der Papst abschließend, ist an allen Kriegsfronten der Welt inakzeptabel: »Wir können nicht hinnehmen, dass Kinder erfrieren, weil Krankenhäuser zerstört oder das Energienetz eines Landes beschädigt wurde.«[10]

Am Abend des 24. Dezember 2024 zeigte sich Jorge Mario Bergoglio – im Rollstuhl, nur wenige Schritte von der Heiligen Pforte der Vatikanbasilika entfernt – in seiner ganzen Ohnmacht. Anfang des Monats war er bei einem üblen Sturz in seinem Schlafzimmer gegen den Nachttisch gestoßen und hatte sich ein sichtbares Hämatom unterm Kinn zugezogen. In der Vorhalle des Petersdoms musste ihn ein Assistent im Rollstuhl bis zur Pforte schieben, die der Papst sodann ein paar Mal kraftlos berührte. Zwei Tage später, vor der »Heiligen Pforte« der Kirche im Rebibbia-Gefängnis, stand der Papst energisch auf und versetzte der metallenen Oberfläche fünf kräftige Schläge.

Zwischen diesen beiden Polen – Schwäche und Zähigkeit – gürtet sich der Papst vom anderen Ende der Welt für die letzte Phase seiner Amtszeit. Mit der Absicht, bis zuletzt für einen Glauben zu kämpfen, der von Barmherzigkeit und Hoffnung inspiriert ist. »Wenn Gott kommt, auch wenn unser Herz einer ärmlichen Krippe gleicht« – erklärt er in der Christmette zur Eröffnung des Heiligen Jahres –, »dann können wir sagen: Die Hoffnung ist nicht gestorben, die Hoffnung lebt und umhüllt unser Leben«. Doch die christliche Hoffnung, fügt er sofort hinzu, setze voraus, dass man nicht in Trägheit und Mittelmaß verharrt. Sie brauche Frauen und Männer, »die sich von Gottes Traum aufrütteln lassen, der der Traum von einer neuen Welt ist, in der Frieden und Gerechtigkeit herrschen.« Die Passivität derer, die nichts wagen, weil sie Angst haben, sich zu engagieren, oder das Kalkül derer, die nur an sich selbst denken, sei keine Option. Der Eintritt in das Heilige Jahr, so der Papst, »ist unvereinbar mit dem geruhsamen Leben derer, die ihre Stimme nicht gegen das Übel und gegen das Unrecht erheben, das sich zu Lasten der Ärmsten ereignet.«[11] Das ist sein Katechismus des 21. Jahrhunderts. Franziskus gibt den Gläubigen zwei Wörter mit auf den Weg: Verantwortungsbewusstsein und Mitgefühl.

Den Insassen von Rebibbia (demselben Gefängnis, in dem Johannes Paul II. 41 Jahre zuvor mit seinem Attentäter Ali Ağca zusammengetroffen war) sagt der Pontifex, dass sie das Seil, das sie mit dem Anker der Hoffnung verbindet, gut festhalten sollen. Als er nach der Messe wieder in den Wagen steigt, vertraut er den Journalisten mit trockenem Realismus an, dass die meisten Häftlinge kleine Fische seien, denn »die großen Fische sind schlau genug, um draußen zu bleiben«.

Die Kirche, die Franziskus aufgerufen hat, das Jubiläum der Hoffnung zu feiern, empfängt Millionen von Pilgern in Rom – und ist doch eine zerrissene Kirche. Die langen inneren Grabenkämpfe haben sie zermürbt und sie ist unschlüssig, welchen Weg sie einschlagen soll. Der argentinische Papst hat Breschen geschlagen, Fenster aufgerissen, alte Muster aufgebrochen. Er hat die jahrhundertealte Obsession des Katholizismus mit den Fragen der Sexualmoral vom Tisch gefegt. Er hat die Frauenfrage in der Kirche ins Zentrum gerückt, zum ersten Mal Frauen mit Entscheidungsbefugnis an einer Versammlung von Bischöfen teilnehmen lassen und – ein absolutes Novum – zu Beginn des Heiligen Jahres eine Ordensfrau, Schwester Simona Brambilla, zur Präfektin eines vatikanischen Dikasteriums ernannt. Und bald soll eine Frau ›Chefin‹ des Governatorats der Vatikanstadt werden.

Franziskus hat strenge Vorschriften im Kampf gegen Missbrauch erlassen. Er hat die Güte des Samariters über die Härte der Seelenzöllner gestellt. Seine Kirche, sagt Kardinal Jean-Claude Hollerich, der Erzbischof von Luxemburg, ist nicht länger eine »Kirche ohne Menschlichkeit, in der sich die Menschen zurückgewiesen und verletzt fühlten«.

Doch die Revolution von oben, auf die viele Gläubige gehofft haben, bleibt unvollendet. Zwischen Traditionalisten und Reformern klafft ein Riss von oben bis unten. In gewissen konservativen Kreisen hat sich der Unmut über die Veränderungen verfestigt, in manchen reformerischen Randgruppen hat die Enttäuschung zugenommen. Unterdessen hat ein kirchlicher Nationalismus zentrifugale Kräfte auf den Plan gerufen. Vor allem aber ist in den Jahren des Bergoglio-Pontifikats keine starke Bewegung von Gläubigen, Theologen und Bischöfen herangewachsen, die sich (wie zur Zeit des Zweiten Vatikanischen Konzils) öffentlich für eine Erneuerung der Kirche in dem von Bergoglio skizzierten Sinne einsetzt. Bischöfe, die zögern, Priester, die sich trotzig bedeckt halten, und Gläubige, die untätig bleiben, kennzeichnen das Panorama. »Die Generationen der Nachkonzilszeit waren Riesen«, seufzt Kardinal Hollerich, Generalrelator der Synode und bis 2023 Präsident der Kommission der Bischofskonferenzen der Europäischen Gemeinschaft, »und ich halte mich für sehr klein. Wir müssen uns auf ihre Schultern stellen.«

Europa und die Vereinigten Staaten, so fährt er fort, hätten in den vergangenen Jahren eine zermürbende kirchliche Polarisierung vorangetrieben und damit eine Rückwärtsbewegung in die Vergangenheit ausgelöst. Dabei müsse die Kirche von morgen eine Gemeinschaft sein, die Progressiven wie Konservativen Raum bietet: Manche kämen langsamer und andere schneller voran, doch alle müssten den missionarischen Weg akzeptieren, den es einzuschlagen gilt.[12] »Die Polarisierung«, pflichtet Kardinal Tolentino bei, »war eine Verarmung. Weil es nicht an der Möglichkeit fehlen darf, dem anderen zuzuhören und die Vielfalt zu akzeptieren. Das macht ja die Qualität der Kirche aus: dass sie ein heterogener Leib ist«.[13]

Die Konflikte zwischen den verschiedenen kirchlichen Parteien sind jedoch nicht die einzige Ursache für die Schwierigkeiten des Bergoglio-Pontifikats. Die nachchristliche Gesellschaft in Europa und den USA erlebt den Zerfall der traditionellen kirchlichen Strukturen. »Als ich ein Junge war«, erzählt der 67-jährige Hollerich, »gab es in Luxemburg 700 Geistliche, man ging mit der ganzen Schule zur Messe und der Priester kam dreimal pro Woche in die Klasse. Heute haben wir im Bistum noch 70 Priester.« In unzähligen anderen Diözesen ist es ähnlich. Pater Federico Lombardi, der langjährige Pressesprecher Benedikts XVI. und derzeitige Vorsitzende der Ratzinger-Stiftung, sieht die Gefahr, dass die Kirche und der Glaube sich aus den westlichen Gesellschaften zurückziehen: das Risiko eines »Untergangs Gottes«, wie der deutsche Papst es genannt hat. In *Avvenire*, der Tageszeitung der italienischen Bischöfe, steht im Heiligen Jahr zu lesen, dass die eigentliche Herausforderung für die Kirche nicht mehr der Atheismus, sondern die totale Gleichgültigkeit derjenigen sei, die die Existenz Gottes durchaus für möglich halten, aber nicht der Meinung sind, dass das für ihr Leben irgendeine Relevanz besitzt.

Erzbischof Vincenzo Paglia, Präsident der Akademie für das Leben, beobachtet weitere, zunehmend verbreitete Phänomene: auf der einen Seite die Schwächung der europäischen Theologie und auf der anderen Seite die Zunahme eines christlichen Individualismus (auch begünstigt durch die Jahre der Coronapandemie, als es üblich wurde, die Messfeier im Fernsehen zu verfolgen). »Der Verlust der gemeinschaftlichen Dimension«, sagt er, »ist negativ. Die Vorstellung von einem individualistischen Heil ist dem Christentum vollkommen fremd. Die Heilige Schrift verortet das Heil in einem Volk!«[14] Denn entweder ist die Kirche eine Gemeinschaft oder sie ist es nicht. Franziskus vertritt von jeher den Standpunkt, dass die christliche Identität in der Zugehörigkeit zur Kirche wurzelt: »Jesus außerhalb der Kirche zu finden«, betonte er wenige Wochen nach seiner Wahl in Anlehnung an Paul VI., »ist nämlich nicht möglich.«[15]

Franziskus hat einen Traum. Bei einem Treffen mit einer Gruppe syrisch-orthodoxer Bischöfe aus Indien ruft er aus: »Ich träume von einer Synode aller Kirchen«. Einer Synode jedoch, die sich nicht mit Fragen der Lehre befasst, sondern darauf konzentriert, »Jesus Christus und sein Evangelium in der Welt von heute gemeinsam zu bezeugen«. Kardinal Hollerich, der die Episode erzählt, erinnert an die Bedeutung, die die letzte Synode 2023/24 allen in Christus Getauften zuerkannt hat. »Wir Katholiken sind nicht die ganze Kirche … Wenn wir vollständiger sein wollen, brauchen wir die Brüder und Schwestern der christlichen Kirchen«.[16]

Eine panchristliche Synode ginge sogar noch weiter als die Pläne Johannes Pauls II., der in der Enzyklika *Ut unum sint* ein gemeinsames Nachdenken aller christlichen Kirchen über die Rolle des Papstes als eines Dieners der christlichen Einheit vorgeschlagen hatte. Ein Projekt, das unter Benedikt XVI. rasch wieder in der Schublade verschwand. Ein erster Schritt in diese Richtung könnte die Begegnung der christlichen Kirchen in Nizäa sein, die der Ökumenische Patriarch Bartholomaios im Gedenken an das erste christliche Konzil im Jahr 325 organisiert.

Der argentinische Papst hat keine Angst vor der Zukunft, obwohl er in den ersten Wochen des Jubiläums wieder in seinem Appartement mitten in der Nacht zu Boden gestürzt ist und sich am rechten Unterarm leicht verletzt hat. Er hat bereits bestimmt, dass er nicht im Vatikan, sondern in einer Kapelle in der Basilika Santa Maria Maggiore begraben werden will: jenem Ort, an den er sich vor und nach jeder Reise begibt, um vor der Marienikone *Salus populi Romani* zu beten. Er hat seine vierte Enzyklika *Dilexit nos* über das Herz Jesu als Symbol des Mitgefühls und der geistlichen Heilung verfasst. Und er hat beschlossen, seine Autobiographie herauszubringen.[17] Gleichzeitig hat er die Veröffentlichung eines Dokuments über die künstliche Intelligenz vorangetrieben: eine kostbare Entdeckung, die aber der »menschlichen Kontrolle« bedarf. Die Risiken, die in einer gemeinsamen Note der Dikasterien für die Glaubenslehre und für Kultur aufgezählt werden, sind zahlreich und betreffen das Verhältnis zwischen Ethik und Technologie. Es drohen eine »funktionalistische Sichtweise«, die den Menschen auf seine Arbeitsleistung reduziert, die Ausweitung einer automatisierten Überwachung und die Manipulation und Radikalisierung der öffentlichen Meinung durch Fake News. Außerdem besteht die Gefahr, dass »der größte Teil der Verfügungsgewalt über die wesentlichen Anwendungen der KI in den Händen einiger weniger mächtiger Firmen konzentriert wird«.

Nach Anbruch des Heiligen Jahres und der großen Wende in den Vereinigten Staaten scheint alles in der Schwebe. Auch die Kirche. Sogar Franziskus selbst. Zu Weihnachten 2024 hat er die guten Wünsche der Kardinäle und Prälaten mit folgender Mahnung erwidert: »Sprecht gut über die anderen, redet nicht schlecht über sie«. Man solle »darauf verzichten, schlecht über andere zu denken und zu sprechen.« Ziel müsse es sein, in Einklang miteinander zu leben: »Versuche nicht, die Bosheit deines Nächsten zu ergründen, und hege keine Verdächtigungen gegen ihn.«[18] Und wirklich sind die Ressentiments in den Kreisen, die dem argentinischen Papst feindlich gesonnen sind, zu einem mächtigen Dickicht herangewuchert. Es ist kein Zufall, dass sich der Prager Theologe Tomáš Halík, der die Zukunft eines zwischen Traditionalismus und Progressismus umherirrenden Katholizismus erforscht, als Franziskus' Nachfolger einen Papst namens Raphael vorstellt. Raphael bedeutet auf Hebräisch »Gott heilt«. Man müsse lernen, die »Verwundbarkeit« zu akzeptieren, meint Kardinal Tolentino. Die Verwundbarkeit Gottes, von der Dietrich Bonhoeffer gesprochen hat, die Hinfälligkeit von uns allen, Menschen wie Institutionen. In der Demut lernen, dass der Mensch den Anderen braucht.[19]

Franziskus hat die Saat ausgebracht und ihm ist bewusst, dass ein anderer die Ernte einfahren wird. Seinem Pontifikat haftet etwas Unvollendetes an. Und doch bleibt das »Gefühl« wichtig, das er um sich herum geerntet hat: Glaubende wie Nichtglaubende – so ein ihm nahestehender Kardinal – sind beeindruckt von seinem nackten und vitalen Christentum. Seine universale Sprache ist seine Stärke. Das bezeugt die innige Umarmung, mit der ihn die jüdische Schriftstellerin und Holocaust-Überlebende Edith Bruck begrüßte, als er sie zuhause besuchte. Noch heute erklären 76 % der Italiener, dass sie dem Papst »vertrauen«, der ein Sohn von Migranten ist.[20]

Dennoch flammt die Feindseligkeit im katholischen Lager wieder und wieder auf. Aus dem unermüdlichen Murmeln, das die vatikanischen Paläste erfüllt, dringen schrille Stimmen: Äußerungen, wie man sie aus dem Mund eines Kirchenmannes oder Mitarbeiters des Heiligen Stuhls niemals erwartet hätte. »Besser, er stirbt … Auf dem Lehrstuhl richtet Mist nur Schaden an«. Ein ehemaliger Funktionär, der für die päpstlichen Reisen zuständig war, beschreibt Franziskus in den sozialen Medien als »schwarzen Mann im weißen Gewand«. Noch nie ist in diesem Ton über einen regierenden Papst der Gegenwart gesprochen worden. Die Kirche wird nicht – wie im Film *Konklave* – durch die Wahl eines unbekannten, intergeschlechtlichen Kardinals aus Kabul auf wunderbare Weise erneuert werden. Auch die katholische Welt ist in eine Zeitenwende eingetreten – und die Folgen sind nicht abzusehen.

Als Jorge Mario Bergoglio am Abend des 13. März 2013, nachdem er sich für den Namen Franziskus entschieden hatte, auf der Loggia der vatikanischen Basilika erschien und die Menge der Gläubigen auf dem Petersplatz bat, für ihn und seine Sendung zu beten, ahnte er noch nicht, dass er Jahre später sagen würde: »Bittet, betet für mich und nicht gegen mich.«

Anmerkungen

Soweit nicht anders vermerkt, wurden für die amtlichen Texte des Papstes jeweils die offiziellen Übersetzungen des Heiligen Stuhls (zugänglich über https://www.vatican.va) übernommen.

Kapitel I. Wirre Zeiten

1 Vgl. americamagazine.org, *Archbishop Coyne calls for relocating the Vatican and ordaining women deacons*, 22.11.2023.
2 Franziskus, *Laudate Deum*, 4.10.2023.
3 Siehe Oxfam, *Survival of the Richest*, 16.1.2023.
4 Siehe Oxfam, *Bericht zur sozialen Ungleichheit 2024*, 15.1.2024.
5 Franziskus, *Ansprache*, 23.9.2023.
6 vaticannews.va, *Pope Francis consoles migrant-survivor of Tunisia-Libya desert*, 17.11.2023.
7 G. Meloni, *Pressekonferenz*, governo.it, 9.3.2023.
8 G. Meloni, *Rede*, 11.10.2021.
9 G. Meloni, *Io sono Giorgia*, Rizzoli 2021.
10 Franziskus, *Schreiben*, 2.2.2024.
11 P. Gallagher, *Gespräch mit dem Autor*.
12 Franziskus, *Pressekonferenz mit dem Heiligen Vater auf dem Rückflug nach Rom*, 29. September 2024.
13 G. Belardelli, *Huffington Post*, 23.11.2023.
14 Franziskus, *Interview mit Radio Cope*, Osservatore Romano, 1.9.2021.
15 Franziskus, *Begegnung mit den Jesuiten in der Slowakei*, ANSA, 21.9.2021.
16 *vaticannews.va*, 1.4.2023.
17 Presseamt des Heiligen Stuhls, *Bollettino 838*, 26.11.2023.
18 Bei der *Sedia gestatoria* handelt es sich um einen zeremoniellen Tragethron. Schon Johannes Paul II. lehnte ihren Gebrauch aufgrund des triumphalistischen Erscheinungsbildes ab [*Anm. d. Red.*].

19 Franziskus, *Ansprache an die 28. UN-Klimakonferenz (COP 28)*, Dubai, 2.12.2023.

20 Franziskus, *Homilie*, 5.1.2023.

21 R. Sarah, *Aus der Tiefe des Herzens*, Kißlegg 2020.

22 A. Spadaro, *La Civiltà Cattolica*, 2.11.2019.

23 D. Fares, *La Civiltà Cattolica*, 21.3.2020.

24 Benedikt XVI., *Verabschiedung vom Kardinalskollegium*, 28.2.2013.

25 G. Gänswein mit S. Gaeta, *Nichts als die Wahrheit*, Freiburg i. Brsg. 2023.

26 *Ebd.*

27 F. A. Grana, »*Un'umiliazione davanti al mondo*«: *le parole di Padre Georg nell'ultima udienza col Papa. E pensa di continuare lo scontro da Friburgo*, ilfattoquotidiano.it, 3.7.2023.

28 ilpost.it, *Papa Francesco contro il cardinale conservatore Raymond Leo Burke*, 29.11.2023.

29 Ph. Pullella, *Interview mit Papst Franziskus*, Reuters, 4.7.2022.

30 Franziskus, *Ansprache an das Diplomatische Korps*, 9.1.2023.

31 Franziskus, *Ansprache an die Gläubigen der Diözese Rom*, 18.9.2021.

Kapitel II. Sturz eines Mächtigen

1 Presseamt des Heiligen Stuhls, 16.12.2023.

2 Franziskus, *Pressekonferenz*, 26.12.2019 [*Erster Teil bis zur Antwort des Papstes übers. v. G. S.*].

3 *Ebd.*

4 ansa.it, *La difesa di Becciu:* ›*Per il palazzo di Londra non è stato usato l'Obolo*‹, 26.9.2020.

5 Il Fatto Quotidiano, *Scandalo Vaticano, i pm:* »*Soggetti improbabili attori di un marcio sistema predatorio e lucrativo, con incisive complicità interne*«, 3.7.2021.

6 *Ebd.*

7 silerenonpossum.com, *Sloane Avenue: il verdetto del Tribunale Vaticano*, 16.12.2023.

8 *Ebd.*

9 S. Cernuzio, *Chaouqui e Ciferri al processo in Vaticano. Becciu: un piano contro di me*, vaticannews.va, 13.1.2023.

10 *Ebd.*

11 *Ebd.*

12 AdnKronos, *Vaticano, l'audio della telefonata tra il papa e il cardinale Becciu:* »*La lettera che mi ha inviato è una condanna*«, la stampa.it, 30.11.2022.

13 Vgl. N. Winfield, *At Vatican trial, defense questions the legal system itself*, apnews.com, 4.10.2021.

14 F. Viglione, *Gespräch mit dem Autor.*

15 Governatorat der Vatikanstadt, Direktion der Sicherheits- und Zivilschutzdienste, *Relazione di servizio di estrazione di messaggi Whatsapp*, 29.11.2022.

16 Presseamt des Heiligen Stuhls, *Gerichtsurteil des Staates der Vatikanstadt*, 16.12.2023.

17 G. Becciu, *Brief an den Dekan des Kardinalskollegiums*, lanuovasardegna.it, 5.4.2024.

18 I. Scaramuzzi, *la Repubblica*, 17.12.2023.

19 I. Pincara, *korazym.org*, 12.12.2023.

20 L. B. und R. C., *Il Sismografo*, 17.12.2023.

21 *silerenonpossum.com*, 16.12.2023.

22 Franziskus, *Ansprache an die Römische Kurie*, 21.12.2023.

23 G. Boni, *Il 'processo del secolo' in Vaticano e le violazioni del diritto*, statoechiese.it, Nr. 5, Jg. 2024.

24 Vgl. vaticannews.va, *Processo per palazzo di Londra*, 30.10.2024.

25 vaticannews.va, *Urteilsbegründung im London-Prozess hinterlegt*, 30.10.2024.

Kapitel III. Aufräumen

1 Dikasterium für die Laien, *Nota esplicativa*, 11.6.2021.

2 Benedikt XVI., *Summorum Pontificum*, 7.7.2007.

3 Franziskus, *Traditionis custodes*, 16.7.2021.

4 Franziskus, *Brief an die Bischöfe in aller Welt*, 16.7.2021.

5 N. Bux, *Gespräch mit dem Autor.*

6 *messainlatino.it*, 29.3.2021.

7 F. Giansoldati, *ilmessaggero.it*, 28.3.2023. Siehe amtliche Übersetzung des Vatikans: Benedikt XVI., *Brief des heiligen Vaters Papst Benedikt XVI. an die Bischöfe anlässlich der Publikation des Apostolischen Schreibens »Motu proprio data« Summorum Pontificum über die römische Liturgie in ihrer Gestalt vor der 1970 durchgeführten Reform*, 7.7.2007.

8 E. Pentin, *National Catholic Register*, 25.8.2023.

9 C. Marquant, *Gespräch mit dem Autor.*

10 P. Vignon, *Gespräch mit dem Autor.*

11 E. Bianchi, *Gespräch mit dem Autor.*

12 Johannes Paul II., *Ansprache an die kirchlichen Bewegungen*, 30.5.1998.

13 Italienischer Kassationsgerichtshof, *Urteil*, 21.2.2019.

14 Julián Carrón, *la Repubblica*, 1.5.2012.

15 Jean Vanier, *Briefe*, August 2015 bis Mai 2018, fedeeluce.it.

16 Franziskus, *Pressekonferenz*, 7.5.2019.

17 *ilpost.it*, 26.2.2020.
18 *vaticannews.va*, 22.2.2020.
19 Dikasterium für die Laien, Dekret *Le Associazioni di fedeli*, 11.6.2021.
20 Dikasterium für die Laien, *Nota esplicativa*, 11.6.2021.
21 *Gespräch mit dem Autor.*
22 Franziskus, *Ansprache an die Vereine von Gläubigen*, 16.9.2021.
23 Siehe María del Carmen Tapia, *Hinter der Schwelle. Ein Leben im Opus Dei*, München 1996, S. 349.
24 *ANSA*, 24.12.2001.
25 D. Gandini, *Euronews*, 15.11.2021.
26 Franziskus, *Ad charisma tuendum*, 14.7.2022.
27 G. Derville, C. Ayxelà, *opusdei.org*, 23.5.2018.

Kapitel IV. Das Rätsel der Jugend

1 Amtliche Übersetzung: »wir können sagen, den ›betagten‹ Kontinent« [*Anm. d. Übers.*].
2 Franziskus, *Begegnung mit Vertretern der Regierung*, Lissabon, 2.8.2023.
3 Amtliche Übersetzung leicht angepasst [*Anm. d. Übers.*].
4 Amtliche Übersetzung leicht angepasst [*Anm. d. Übers.*].
5 Franziskus, *Vesper mit Bischöfen*, 2.8.2023.
6 Aufgrund des Bezuges auf die Amtseinführungshomilie von Johannes Paul II. wurde hier abweichend von der amtlichen Übersetzung »Habt keine Angst!« statt »Fürchtet euch nicht« übersetzt [*Anm. d. Übers.*].
7 Franziskus, *Pressekonferenz*, 6.8.2023.
8 L. Diotallevi, *La messa sbiadita*, Rubettino 2024.
9 R. Cipriani, *L'incerta fede*, Franco Angeli 2020.
10 L. Berzano, *Gespräch mit dem Autor.*
11 L. Diotallevi, *Gespräch mit dem Autor.*
12 *umbria24.it*, 22.7.2023.
13 G. Gambassi, *avvenire.it*, 30.9.2023.
14 Franziskus, *Pressekonferenz*, 6.8.2023.
15 E. Bianchi, *Gespräch mit dem Autor.*
16 A. Monda, *Gespräch mit dem Autor.*
17 C. Militello, *Gespräch mit dem Autor.*
18 Franziskus, *Christus vivit*, 25.3.2019.

Kapitel V. Die Frauen – verärgert und müde

1 M. Schmid, *Messa*, kath.ch, 28.8.2022.
2 M. Schmid, *Gespräch mit dem Autor.*

3 Julia Knop (Hg.), *Gottes starke Töchter*, Freiburg i. Brsg. 2024, S. 51.

4 P. Rath (Hg.), *Weil Gott es so will*, Freiburg i. Brsg. 2021, S. 80.

5 P. Rath, *Gespräch mit dem Autor*.

6 F. Gmür, *Tavola rotonda*, Rom, 14.3.2024.

7 C. Militello, *Gespräch mit dem Autor*.

8 Johannes Paul II., *Ordinatio sacerdotalis*, 22.5.1994.

9 A. Spadaro, *Interview mit Papst Franziskus*, La Civiltà Cattolica, 19.9.2013.

10 Franziskus, *Evangelii gaudium*, 24.11.2013.

11 M. Schmid, *Gespräch mit dem Autor*.

12 Bischofssynode – Sonderversammlung für Amazonien, Schlussdokument *Amazonien. Neue Wege für die Kirche und für eine ganzheitliche Ökologie*, Vatikan, 26.10.2019.

13 A. Matteo, *La fuga delle quarantenni*, Rubettino 2012.

14 V. Prisciandaro, *Interview mit A. Matteo*, Credere, 3.3.2024.

15 P. Bignardi, *Dio, dove sei?*, Avvenire – Vita e Pensiero, 2024.

16 Siehe C. Cerda-Planas, N. Kalbarczyk und M. Luber, *Doing Synodality : Empirical and Intercultural Perspectives on the German Synodal Way*, Regensburg 2024.

17 C. Cerda-Planas, *Gespräch mit dem Autor*.

18 B. Faye, *Tavola rotonda*, Rom, 14.3.2024.

19 B. Faye, *Gespräch mit dem Autor*.

20 *Seminar zum Thema Synodalität*, Dakar, 10.5.2024.

21 Franziskus, *Ansprache an die Mitglieder der Internationalen Theologischen Kommission*, 30.11.2023.

22 L. Vantini, L. Castiglioni, L. Pocher, *Smaschilizzare la Chiesa?*, Paoline 2024.

23 L. Pocher, *Interview*, europapress.es, 8.2.2024.

24 M. Perroni, *Gespräch mit dem Autor*.

25 Franziskus, *Interview mit CBS*, Osservatore Romano, 21.5.2024.

Kapitel VI. Der Niedergang der Kurie

1 A. Spadaro, *La Civiltà Cattolica*, 18.6.2022.

2 Franziskus, *Pressekonferenz*, 6.11.2022.

3 *MHG Studie*, Deutsche Bischofskonferenz, 12.9.2018.

4 Die Formulierung der betreffenden Stelle von Franziskus, *Schreiben an das Volk Gottes*, 20.08.2018, lautet in amtlicher Übersetzung: »Das zeigt sich deutlich in einer anomalen Verständnisweise von Autorität in der Kirche – sehr verbreitet in zahlreichen Gemeinschaften, in denen sich Verhaltensweisen des sexuellen wie des Macht- und

Gewissensmissbrauchs ereignet haben –, nämlich als Klerikalismus, jene Haltung, die ›nicht nur die Persönlichkeit der Christen zunichte[macht], sondern dazu [neigt], die Taufgnade zu mindern und unterzubewerten, die der Heilige Geist in das Herz unseres Volkes eingegossen hat‹« [*Anm. d. Red.*].

5 Der Synodale Weg formuliert ausführlich: »Leben in gelingenden Beziehungen – Liebe leben in Sexualität und Partnerschaft« [*Anm. d. Red.*].

6 A. Spadaro, *La Civiltà Cattolica*, 18.6.2022.

7 Franziskus, *Brief an das pilgernde Volk Gottes in Deutschland*, 29.6.2019.

8 Die amtliche Übersetzung lautet: »Ich möchte euch zur Seite stehen und euch begleiten.« [*Anm. d. Red.*]

9 Siehe kath.net, *Polnischer Episkopatsvorsitzender Gądecki schreibt DBK in brüderlicher Sorge wegen Synodalem Weg!*, 22.2.2022 [*Anm. d. Übers.*].

10 S. Gądecki, *Brief an Bischof G. Bätzing*, 22.2.2022.

11 *Brief der nordischen Bischöfe zum Synodalen Weg*, synodale-beitraege.de, 10.3.2022.

12 S. Aquila, *Open letter from bishops around the world to bishops in Germany*, archden.org, 12.4.2022. Deutscher Worlaut siehe CNA Deutsch [*Anm. d. Übers.*].

13 G. Bätzing, *Antwortbrief an Erzbischof Samuel J. Aquila*, dbk.de, 16.4.2022.

14 vaticannews.va, 29.8.2022.

15 W. Friedenberger, *Interview*, Passauer Bistumsblatt, 9.6.2021.

16 W. Kasper, *vaticannews.va*, 22.6.2022.

17 Siehe dazu katholisch.de, *Nach Nazi-Vergleich: Bätzing fordert umgehende Entschuldigung von Koch*, 29.2.2022 [*Anm. d. Red.*].

18 Siehe CNA Deutsch, *»Nicht Synodalität im Sinne der Kirche«: Kardinal Schönborn kritisiert »Synodalen Weg«*, 17.6.2022 [*Anm. d. Übers.*].

19 *Vertrauliche Gespräche*.

20 vatican.va, *Erklärung des Heiligen Stuhls*, 21.7.2022.

21 silerenonpossum.com, *Incontro interdicasteriale con vescovi Germania*, 24.11.2022. Siehe auch vaticannews.va, *Wortlaut: Kardinal Ouellet zum Synodalen Weg* [*Anm. d. Übers.*].

22 *Ebd*.

23 *Vertrauliche Gespräche*.

24 A. Spadaro, *La Civiltà Cattolica*, 18.6.2022.

25 *Vertrauliche Gespräche*.

26 Siehe amtliche Übersetzung auf vatican.va, *Comunicato congiunto della Santa Sede e della Conferenza Episcopale di Germania*, 18.11.2022 [*Anm. d. Übers.*].

27 L. Ladaria, *Responsum ad dubium*, 22.2.2021.

28 Franziskus, *Brief an den neuen Präfekten des Dikasteriums für die Glaubenslehre*, 1.7.2023.

29 M. Fernández, *Fiducia supplicans*, 18.12.2023.

30 F. Lepore, *linkiesta.it*, 30.12.2023.

31 I. Scaramuzzi, *Interview*, la Repubblica, 23.12.2023.

32 A. Bonanata, *rainews.it*, 23.12.2023.

33 M. Tosatti, *marcotosatti.com*, 4.1.2024.

34 A. La Rosa, *informazionecattolica.it*, 9.1.2024.

35 Vgl, fsspx.news, *Il cardinale Zen critica il Sinodo e Fiducia supplicans*, 17.2.2024.

36 F. Lepore, *linkiesta.it*, 30.12.2023.

37 V. Fernández, *La Pasión Mística, espiritualidad y sensualidad*, m.dagospia. com, 10.1.2024.

38 J. Arias, *infovaticana.com*, 9.1.2024.

39 open.online, *Dopo quello sul bacio, spunta il vecchio libro del cardinale sull'orgasmo: bufera su monsignor Fernandez*, 8.1.2024.

40 Redazione Catholica, *avvenire.it*, 11.1.2024.

41 A. La Rosa, *informazionecattolica.it*, 20.1.2024.

Kapitel VII. Schwarze Löcher

1 V. Alazraki, *Interview mit Papst Franziskus*, Televisa, 28.5.2019.

2 vaticannews.va, *Precisazione della Santa Sede sul caso di mons. Zanchetta*, 22.1.2019.

3 Franziskus, *Rescriptum*, 17.12.2019; *Vos estis lux mundi*, 7.5.2019.

4 Silvia Noviasky, *El Tribuno*, 14.7.2022.

5 Siehe *Associated Press*, 25.1.2023.

6 F. Raguso, *Gespräch mit dem Autor*.

7 S. Lebrun, *lavie.fr*, 4.4.2023.

8 F. Raguso, *Gespräch mit dem Autor*.

9 F. Tourn, *editorialedomani.it*, 22.1.2023.

10 G. Branciani, *Pressekonferenz*, 21.2.2024.

11 *Ebd.*

12 *Ebd.*

13 F. Raguso, *Gespräch mit dem Autor*.

14 J. Verschueren, *gesuiti.it*, 18.12.2022.

15 *gesuiti.it*, 21.2.2023.

16 L. Besmond de Senneville, *Interview*, La Croix, 17.2.2023.

17 J. Verschueren, *Offener Brief*, gesuiti.it, 24.7.2023.

18 H. Zollner, *Gespräch mit dem Autor*.

19 A. Gagliarducci, *acistampa.com*, 30.3.2023. Siehe zum deutschen Wortlaut vaticannews.va, *Zollner zieht sich aus Kinderschutz-Gremium zurück*, 29.3.2023 [*Anm. d. Übers.*].

20 J. McLellan, *Catholic News* Service, 18.4.2023.

21 Vikariat der Diözese Rom, *Nota*, diocesidiroma.it, 18.9.2023.

22 italychurchtoo.org, *Rupnik scagionato, le vittime censurate e ridicolizzate*, 19.9.2023.

23 tutelaminorum.org, *A call to action*, 27.9.2023.

24 Presseamt des Heiligen Stuhls, *Comunicato*, 27.10.2023.

25 G. Branciani, M. Kovač, *Pressekonferenz*, 21.2.2024.

26 L. Sgrò, *Pressekonferenz*, 21.2.2024.

27 vaticannews.va, *Tutela minori primo rapporto*, 29.10.2024.

28 H. Zollner, *Gespräch mit dem Autor*.

Kapitel VIII. Mitten im Sturm

1 Paul VI., *Ansprache an den katholischen Presseverband Italiens*, 29.1.1966.

2 M. Zuppi, *Gespräch mit dem Autor*.

3 P. Gallagher, *Gespräch mit dem Autor*.

4 M. Zuppi, *Gespräch mit dem Autor*.

5 A. Awdejew, *Gespräch mit dem Autor*.

6 P. Parolin, *Dichiarazione*, Presseamt des Heiligen Stuhls, 24.2.2022.

7 S. Charap, S. Radchenko, *The Talks That Could Have Ended the War in Ukraine*, foreignaffairs.com, 16.4.2024.

8 vatican.va, *Kreuzweg am Kolosseum*, 15.4.2022.

9 M. Muolo, *avvenire.it*, 13.4.2022.

10 A. Lomonaco, *vaticannews.va*, 11.4.2022.

11 M. Muolo, *avvenire.it*, 13.4.2022.

12 vatican.va, *Erklärung des Direktors des vatikanischen Presseamtes, Dr. Joaquín Navarro-Valls*, 18.3.2003.

13 Franziskus, A. Al-Tayyeb, *Dokument über die Brüderlichkeit aller Menschen*, Abu Dhabi 4.2.2019.

14 Franziskus, *Begegnung mit den Jesuiten der Region Russland*, laciviltacattolica.it, 15.9.2022.

15 Franziskus, *laciviltacattolica.it*, 14.6.2022.

16 E. Bonini, *lastampa.it*, 7.9.2023.

17 *ansa.it*, 25.8.2022.

18 Franziskus, *Pressekonferenz*, 2.9.2023.

19 vaticannews.va, *Papst: Bereit, Putin in Moskau zu treffen*, 3.5.2022.

20 L. Fontana, *Corriere della Sera*, 3.5.2022.

21 G. Brunelli, *Il Regno*, 21.4.2022.

22 P. Parolin, *Debatte bei La Civiltà Cattolica*, 13.3.2023.

23 Bundesregierung.de, *Erklärung von New Delhi der Staats- und Regierungschefinnen und -chefs der G20.* New Delhi, Indien, 9. und 10.9.2023.

24 Franziskus, *Ansprache an das italienische Frauenzentrum*, 24.3.2022.

25 S. Zamagni, *Gespräch mit dem Autor.*

Kapitel IX. Unmut im Palast

1 *m.dagospia.com*, 26.5.2024.

2 F. A. Grana, *ilfattoquotidiano.it*, 6.4.2023.

3 M. Santucci, *Vatikan bittet wegen Äußerung von Papst Franziskus über Homosexualität um Entschuldigung*, CNA Deutsch, 29.05.2024.

4 Siehe auch A. Faiola, S. Pitrelli, *Vatikan entschuldigt sich für homophoben Ausdruck*, Frankfurter Rundschau, 30.5.2024.

5 *huffingtonpost.it*, 20.6.2024.

6 *stream24.ilsole24ore.com*, 17.5.2024.

7 *Gespräch mit dem Autor.*

8 L. Diotallevi, *Gespräch mit dem Autor.*

9 W. Kasper, *Gespräch mit dem Autor.*

10 A. Monda, *Gespräch mit dem Autor.*

11 Vgl. Jak 5,7.

12 *Die Form des Wassers (La forma dell'acqua* 1994*)* ist ein Buchtitel von A. Camilleri. Auf Deutsch erschienen 1999 im Verlag Bastei Lübbe [*Anm. d. Übers.*].

13 R. L. Burke, *Vortrag*, lanuovabq, 3.10.2023. Originaldokument im deutschen Wortlaut online unter https://www.cardinalburke.com/images/backgroundimages/PRESENTATION-Convegno-internazionale-La-Babele-sinodale-La-Nuovo-Bussola-Quotidiana-Roma-German-2023ottobre3.pdf (Stand: 16.12.2024) [*Anm. d. Übers.*].

14 J. Bogle, *Presseerklärungen*, LifeSiteNews, 30.10.2023.

15 Franziskus, *Antwort auf die Dubia*, Dicasterium pro Doctrina Fidei, 25.9.2023.

16 *vaticannews.va*, 20.6.2024.

17 *ilsole24ore.com*, 20.6.2024.

18 *vaticannews.va*, 20.6.2024.

19 C. M. Viganò, *Offener Brief an Präsident Trump*, lacronacadiroma.it, 30.10.2020.

20 L. Scrosati, *lanuovabq.it*, 1.7.2024.

Kapitel X. Welcher Papst, welche Kirche

1 G. L. Müller, F. Giansoldati, *In buona fede*, Solferino, 2023.

2 V. Alazraki, *Interview mit Papst Franziskus*, Osservatore Romano, 14.3.2015.

3 Siehe L. Ring-Eifel (Hrsg.), *Die Interviews mit Papst Franziskus*, Freiburg i. Brsg. 2015, S. 230.

4 S. Cernuzio, *vaticannews.va*, 13.12.2023.

5 rainews.it, 12.7.2022.

6 Franziskus, *Pressekonferenz*, 4.9.2023.

7 Franziskus, *Begegnung mit den portugiesischen Jesuiten*, laciviltacattolica.it, 2.9.2023.

8 L. Badilla, *Gespräch mit dem Autor*.

9 P. Poupard, *Gespräch mit dem Autor*.

10 R. Fisichella, *Gespräch mit dem Autor*.

11 G. Carriquiry, *Gespräch mit dem Autor*.

12 Demos, *soldatidelre.it*, 18.3.2022.

13 Demos II, *lanuovabq.it*, 29.2.2024. Das Zitat wurde aus der deutschen Originalübersetzung entnommen. Online zugänglich über: https://newdailycompass.com/en/identitaet-des-naechsten-papstes-kardinal-schreibt (Stand 16.12.2024) *[Anm. d. Übers.]*.

Kapitel XI. Der Süden klopft an die Tür

1 A. Spadaro, *Interview mit Papst Franziskus*, laciviltacattolica.it, 19.9.2013.

2 J. W. Tobin, Rom, 11.10.2024.

3 Siehe J. Loredo, J. A. Ureta, *Der weltweite Synodale Prozess: eine Büchse der Pandora*, Frankfurt a. M. 2023, S. 8.

4 J. Loredo, J. A. Ureta, *Der weltweite Synodale Prozess: eine Büchse der Pandora*, Frankfurt a. M. 2023, S. 27.

5 M. Ouellet, Rom, 24.9.24.

6 Franziskus, *Ansprache zur Eröffnung der 16. ordentlichen Generalversammlung der Bischofssynode*, 4.10.2023.

7 Franziskus, *Homilie*, 4.10.2024.

8 Parish Priests for the Synod (29.4.–2.5.2024), *Groups Reports*.

9 Franziskus, *Brief an die Pfarrer*, 2.5.2024.

10 J.-C. Hollerich, Rom, 26.10.2024.

11 C. Schönborn, *Gespräch mit dem Autor*, 25.10.2024.

12 C. Schönborn, *Heute*, 25.10.2024.

13 S. Sia, *Interview*, KTO, 18.10.2024.

14 Arbeitsübersetzung des Generalsekretariats der Bischofssynode, https://www.dbk.de/fileadmin/redaktion/diverse_downloads/dossiers_2024/2024-10-26_Weltsynode-Abschlussdokument-TED.pdf (Stand: 16.12.2024) *[Anm. d. Übers.]*.

15 A. C. Graber, Rom, 10.10.2024.

Kapitel XII. Gegen den Wind

1   A. Riccardi, *Corriere della Sera*, 10.12.2024.

2   Franziskus, *Botschaft*, 7.12.2024.

3   I. Scaramuzzi, *la Repubblica*, 8.12.2024.

4   I. Scaramuzzi, *la Repubblica*, 24.12.2024.

5   Franziskus, *Ansprache an die Bischöfe des Mittelmeerraums*, Bari 23.2.2020.

6   S. Cernuzio, *Osservatore Romano*, 7.11.2024.

7   S. Zamagni, *Gespräch mit dem Autor*.

8   Franziskus, *Schreiben an das Panamerikanische Komitee von Richterinnen und Richtern* (COPAJU), 9.11.2024.

9   J. Tolentino de Mendonça, *Gespräch mit dem Autor*.

10 Franziskus, *Ansprache an das diplomatische Korps*, 9.1.2025.

11 Franziskus, *Predigt während der Christmette*, 24.12.2024.

12 J.-C. Hollerich, *Gespräch mit dem Autor*.

13 J. Tolentino de Mendonça, *Gespräch mit dem Autor*.

14 V. Paglia, *Gespräch mit dem Autor*.

15 Franziskus, *Predigt*, 23.4.2013.

16 J.-C. Hollerich, *Gespräch mit dem Autor*.

17 Franziskus mit C. Musso, *Hoffe*, München (Kösel) 2025.

18 Franziskus, *Weihnachtsempfang für die römische Kurie*, 21.12.2024.

19 J. Tolentino de Mendonça, *Gespräch mit dem Autor*.

20 Umfrage des Instituts Demopolis, E. Lenzi, *Avvenire*, 17.1.2025.

Wohin steuert die Kirche?

Das Verhängnis
des barmherzigen Hirten

208 Seiten | Gebunden
mit Schutzumschlag
ISBN 978-3-451-39716-5

Ist Franziskus ein Reformpapst? Der Religionsjournalist Michael Meier sagt: Nein! Die Bilanz des Franziskus-Pontifikats ist ernüchternd, sei es bei der Frauenförderung, Missbrauchsbekämpfung oder Synodalem Prozess. Das Buch skizziert prägnant die spannende Geschichte des Pontifikats, markiert deutlich seine Schwachstellen und zeigt neue Perspektiven auf.

In jeder Buchhandlung!

HERDER

www.herder.de